U0857753

国家出版基金项目
NATIONAL PUBLICATION FOUNDATION

法治中国创新研究
主编 肖金明

行政软权力与法治政府建设

门中敬 著

山东大学出版社

图书在版编目(CIP)数据

行政软权力与法治政府建设/门中敬著. —济南：山东大学出版社，2018.12

(法治中国创新研究/肖金明主编)

ISBN 978-7-5607-6261-6

Ⅰ. ①行… Ⅱ. ①门… Ⅲ. ①社会主义法制—建设—研究—中国 Ⅳ. ①D920.0

中国版本图书馆 CIP 数据核字(2018)第 295289 号

责任策划：尹凤桐
责任编辑：尹凤桐
封面设计：张　荔

出版发行：山东大学出版社
　　社　址　山东省济南市山大南路 20 号
　　邮　编　250100
　　电　话　市场部(0531)88363008
经　　销：新华书店
印　　刷：山东新华印务有限责任公司
规　　格：720 毫米×1000 毫米　1/16
　　　　　19 印张　302 千字
版　　次：2018 年 12 月第 1 版
印　　次：2018 年 12 月第 1 次印刷
定　　价：28.00 元

版权所有，盗印必究

凡购本书，如有缺页、倒页、脱页，由本社营销部负责调换

总　序

一

前些年，有一部名为《法治中国》的政论片引人注目，它由“奉法者强”“大智立法”“依法行政”“公正司法(上)”“公正司法(下)”“全民守法”六集构成，比较全面地呈现了改革开放以来尤其是党的十八大以来中国法治建设取得的重大成就。如果说这部政论片还有什么需要改善和加强的地方，那就应当是进一步突出宪法在法治中国建设中的基础地位，凸显依规治党和依法执政对于依法治国战略实施的关键作用，强化法治社会理论与实践对于法治国家建设的重大价值，更加完整地表述新时代全面依法治国、建设法治中国战略的内涵和外延。从一定意义上讲，在推进国家治理体系和治理能力现代化进程中，法治中国是一个需要特别涵养的概念，它已经超出了传统的法学和法治知识体系，强烈需要中国法治理论创新、制度创新和实践创新。基于此，法治中国的时代命题似乎还可以更严谨一些，可以完善各集题名为：第一集“奉法者强，尊宪者威”，第二集“依规治党，依法执政”，第三集“科学立法，良法善治”，第四集“严格执法，依法行政”，第五集“公正司法，司法公信”，第六集“全民守法，法治社会”。这不仅可以进一步加强《法治中国》的完整性，更能够在世界视野中深层次地反映法治建设的中国元素、中国特色和中国风格。

“法治中国创新研究丛书”就是这样一部体现法治建设中国元素、中国特色和中国风格的创新性理论成果。该成果以“奉法者强，尊宪者威”为信条，将党内法规与法治建设、科学立法与良法善治、行政创新与法治政府、公正司法和司法公信、法治社会与社会治理等新时代重大理论和实践命题整合为一个研究系列，或以新内容或以新视角，面向更为宏阔和更有深度的法治中国建设伟大实践，在如下几个领域或方向上的学术创新和理论深化取得了重要进展：

一是秉持法治创新的基本理念，确认“政党—国家—社会”的分析框架，基于在党内法治、国家法治、社会法治三条战线上全面推进法治的逻辑认识，以党内法规现象为研究对象，运用一般法学原理和方法探讨党内法规制度的形成和运作；从提升党内法规研究学理化水平、推动党内法规学学科化的角度，系统探讨党内法治的基本范畴和特别逻辑，超越传统法学与传统法治的视野与范式；在考察中国共产党党内法治历史经验的基础上，分析党内法规制度逻辑，研究党内法治实践规律，深化党内法治理论研究，形成“理论—历史—制度—实践”的党内法治研究框架体系。

二是以立法的科学性为基本出发点，以法治运行的逻辑起点——立法现象为主要研究对象，遵循“实践—规律—制度”的分析理路，探讨科学立法的经验与规律，探索完善立法制度体系的机制与路径，致力于深化科学立法研究，推动立法学学科不断成熟发展，全面提升我国立法实践的科学化、规范化与法治化水平；基于为全面依法治国、建设法治中国战略实施提供坚实立法支持与有力法治保障的实际需要，反对立法虚无主义与法律万能主义，坚持用实践的、发展的、全面的眼光认识立法现象，正确处理立法与法治、改革、发展、反腐等重大命题的逻辑关联；在法学学科体系中明确立法学的智识贡献，多维和真实地揭示立法现象的本质与规律，进而检视和构造立法实践的制度依据、行动过程、产出形态、利益方案和表达方式。

三是以人民主体性为根本出发点，以非强制性的行政权力形态——行政软权力为主要研究对象，从功能主义的理论视阈出发探索行政软权力理论形态及其实践经验，以深入推动中国特色社会主义法治政府建设，推动行政程序法制、行政伦理法制和社会价值评价法制的发展，并坚持“法治国家、法治政府、法治社会一体建设”的基本思路，紧扣时代脉搏，关注行政自主领域软权力治理的实践和法治化路径，回应了行政软权力及其法治化的理论难题，构建起一个比较严谨的理论范畴与体系，为行政国时代硬权力治理与软权力治理相结合的现代行政法治提供理论依据，对创新中国行政法理论和完善中国公法学理论体系，具有重要学术价值，对推进全面依法治国、建设法治中国，深入依法行政、建设法治政府，推进新时代国家治理体系和治理能力现代化，具有重大现实意义。

四是将立法、执法与司法确定为法治国家建设的三个基本维度，明确它们对法治国家、法治政府、法治社会一体建设的重要作用，尤其强调司法是制约权力、保障权利实现的最后一道屏障，立基于四十年改革开放宏大背景之下叙事，贯穿“权利与权力之间的制约平衡”基本逻辑，将公正司法置于各种关系之中予以观察和界定，对公正司法的逻辑与路径展开系统的学理阐述，尤其是打破以往仅从司法主体或者司法过程探讨司法公正的传统，更加注重司法公正的实现逻辑及其路径，将司法改革与公正司法紧密相连，以公正司法的目标方向引导司法改革，以司法改革完善公正司法的维护和实现机制，并按照通过司法改革走向司法公正的逻辑进路，重点探讨司法改革的重大现实问题，分析司法改革面临的迷局和存在的隐患，防范司法改革中的“撕布效应”，以及深化司法改革须正确处理的多重关系。

五是遵循国家法与民间法共治的法治逻辑，呼吁关注以社会权利为基础的民间法现象，基于法治社会中民间法与国家法的关系、民间法的现状以及民间法如何回应社会结构变化等多元角度分析，提出“社会三元结构理论”与回应型民间法的一般理论，夯实民间法与法治社会关系的理论基础，阐明民间法对于法治社会建设的重大意义和积极作用，将法治发展的历史视为一部激昂的政治发展史和一部鲜活的社会发展史，表达了法治依赖于有法有治、政治受制于权力博弈、社会常呼唤多元价值的重要观点，强调法治社会需要在一个严谨又不失活力的宪法框架内，促进政府与社会有界、国家与民间相融，发挥国家法、律令法条的宏观框架作用和民间法、社会规范的“生活化”效应，以促成法治与德治相结合、自治与共治相统一的社会样态。

二

法治中国建设的目标指向近代以来中国人民孜孜以求的民族复兴和国家富强。在历史维度上，法治中国建设必须依托党的领导制度和中国特色社会主义制度予以展开，依规治党也好，良法善治也好，政府法治、司法公信、社会法治也好，都是在这一历史维度下法治中国建设的内在要求，是法治建设所不可缺少的中国元素、重要环节和核心内容。

山东大学肖金明教授等所著《党内法治逻辑与范畴》一书，着眼于完善和发展中国特色社会主义制度，建设中国特色社会主义法治体系，建设社会主义法治国家，推进国家治理体系和治理能力现代化的战略目标，依循党领导人民治国理政新理念新思想新战略，以坚持党的领导、人民当家作主、依法治国有机统一为主线，将“坚持依法治国、依法执政、依法行政共同推进，法治国家、法治政府、法治社会一体建设”与依规治党、依法执政、依法治国有机统一连线，主张通过党内法治推进党内治理，通过党内法治联动国家法治，推进党和国家治理体系和治理能力现代化，科学阐释“党的治理现代化—依规治党、法治政党—依法执政、依法行政—依法治国、法治国家—国家治理现代化”的法治中国建设逻辑体系。

该书在分析党内法规的概念与特征、价值与功能、类型与历史、现象与定位等基础上，侧重于探讨党内法治的一般含义与基本逻辑、党内法治体系的基本构成与建设路径，关照党内法规制度创新，形成覆盖党的领导和党的建设各方面各领域的党内法规制度体系，涵盖党内法规运行“制定—实施—监督”程序与机制的各层面全过程，探讨党内法治与国家法治、政党法治与党内法治、党内法治与社会法治、依规治党与以德治党等党内法治重大前沿问题。探究党内法治逻辑与范畴，目的在于深化党内法规的科学研究，推进党内法规学科建设，对实践中的中国法的形态和体系的新变化作出学理阐释，以丰富发展中国特色社会主义公法学知识体系、理论体系和学科体系，创新发展中国特色风格气派的法治知识体系、理论体系和话语体系。

浙江工业大学石东坡教授所著《科学立法规律与机制》一书，以提升立法活动的科学化水平、构建更为完善的立法制度体系为目标，着眼于在新时代的历史方位中进一步加强和改进立法工作，形成完备的法律规范体系，让立法为全面深化改革提供法治动力，为全面依法治国夯实制度基础，致力于完善和发展中国特色社会主义制度，建设中国特色社会主义法治体系，推进国家治理体系和治理能力现代化。

该书以立法实践开篇，以立法科学结章，确立和解析立法的一系列实践范畴和法理范畴，从本质上将立法确认为一种政治、法律的实践活动，主张在“大数据时代”趋势和新科技背景下重构立法调查及其方式方法，深度把握立法需求体系，萃取立法理性、科学立法设计、运用立法评价以求把握立法效果、发挥立法效应，并始终以审议为中心，突出代议民主权利作为立法决定权利(力)的本源性，在宪制前提和共识基础上开展相对充分的博弈，全面、具体、细密地考量各种利益主张、价值分歧与设计方案，为立法需求者供应具有正当性、合法性、可及性、协同性的法律产品，进而通过置身国家和地方立法实践的切进考察，凝练和锻造立法之法理，发展新时代立法实践所需要的具备阐释功能和批判功能的立法学理论、立法学学科和立法科学。

山东大学(威海)门中敬教授所著《行政软权力与法治政府建设》一书，以推进法治政府建设和国家治理能力现代化为目标，以行政软权力治理法治化为主题，基于行政国时代行政职能多元化背景和行政软权力的概念建构，阐释了行政软权力的权力属性及其理论和现实意义，分析了行政软权力的主要特征、价值与功能、内在作用机理等，重塑了行政权的内部构造，并建构起“行政硬权力—行政软权力”的行政权二元构造理论。

该书在行政权的二元构造理论基础上，探讨了支撑行政软权力发挥实际效用的传统伦理文化、现代法治文化和社会制度规范等软权力资源，以及功能主义模式下行政软权力的法律控制模式——一种符合目前中国国情的，以程序主义法范式为主导的，由行政程序法制、行政伦理法制和社会价值评价法制等复合而成的行政软权力规制模式，形成了比较完备的软权力治理及其法治化理论体系，并依循上述思路回顾了改革开放四十年来政府软权力治理的实践历程，总结了软权力治理的重要成就和基本经验，对行政软权力治理的未来进行了展望。

武汉大学秦前红教授等所著《公正司法的逻辑与路径》一书，从制约权力和保障权利两个方面出发，强调多方主体(部门)及多个制度配合对公正司法的重要性，分别探讨了公民权利与公正司法、最高法院与公正司法、司法如何吸纳民意、检察机关与公正司法、监察改革与公正司法、人民监督员制度与公正司法、宪法实施与公正司法等实质问题，尤其强调司法自身的规律性和能动性对公正司法的重大影响。基于司法规律对公正司法的作用，突出了尊重并运用司法规律能力的重要意义，循由司法规律实现社会正义；特别强调程序公正这一司法规律的重要性，认为程序公正是司法公正的前提，并对"司法能动性"消解或挑战司法规律的许多认知进行了深刻反思，通过分析金融危机中司法权的能动性、司法能动与司法节制以及中美司法能动主义比较，阐明了司法能动性对公正司法的作用及其限制。

该书关注公正司法的域外经验，主要选取了美国和欧盟的一些经验样本进行比较分析，着重介绍了美国最高法院通过裁判说明塑造法院权威的方式、《欧洲司法改革报告(2011～2012)》以及域外经验对中国的启示和借鉴意义。

北京市委党校吕廷君教授所著《法治社会的民间法之维》一书，以国家与民间对比视角探讨民间法对于法治社会的意义，强调与国家法相比的民间法更具"生活化"和地方性色彩，基于丰富多彩的民间法现象客观上勾勒出的一幅法治社会的民间法图景，分析了民间法具体的表现形式和民间法中蕴含的权力与权利逻辑，对厘清法治社会中国家法与民间法的权力边界，分析社会权利与国家权力、政治国家与民间社会之间博弈的意义。观察分析法治社会中存在的乡规民约、订婚制度、民间禁忌、谣言规制和民间信仰等不同形式的民间法，发现部分民间法现象的权力向度与规范属性，以及以“微信”中的权利与权力关系为例证，阐释科技发展解构传统社会权力时所带来的民间法的相应变化。

该书特别关注法治社会中民间司法和民间法治文化，分析了民间司法所具有的独特进路和基本原则，尤其是不同于国家司法所体现的更多内心制约和行为自觉，民间司法对于法治社会建设的独特意义；阐释了“价值—理念—思维”多层次的民间法治文化，通过法文化的“软权力”消除民间法治的灰色地带，以及对民间法与国家法互相协调、形成合力共治的法治社会格局的积极作用。

三

改革开放以来，政治经济社会的变化和发展得益于解放思想、经济建设和民主法治。就法治而言，它当然应当与民主联系起来，民主与法治的关系决定着国家制度的质量和治理的水平。改革开放初期提出的“发展社会主义民主，健全社会主义法制”的政治论断写入 1982 年宪法，至今仍有重大意义。现行宪法第五次修改，新宪法修正案将“社会主义法制”修改为“社会主义法治”，这不仅是再次强调法治超越法制的意义，更重要的是强化民主与法治的关系，这是改革开放四十年后更加突出的事关国家治理现代化的重大命题。

什么是法治？法治当然与人权息息相关，它是权利的可靠保障，规范权力和保障权利，这是千真万确的。2004 年的宪法修正案宣告国家的人权立场：国家尊重和保障人权。党的十八大在描述全面建成小康社会的目标时阐述了完整的法治逻辑体系：依法治国基本方略全面落实，法治政府基本建成，司法公信力不断提高，人权得到切实尊重和保障。新时代以来，中国法治的走向受制于两条主线：权利法治需要进一步加强，治理法治需要给予高度关注。人权与善治已经在法治中国建设进程中高度关联，人权思维和善治逻辑将共同决定着中国法治的进程和水平。这无疑对中国法学尤其是公法学提出了时代要求，面向党的十八大以来中国法治理论创新、制度创新、实践创新所带来的中国法体系的显著变化，中国法学需要一次适应新时代需要的根本性变革和重构。

三十年前，苏联法学理论主体影响消沉，西方法学理论多元影响补位，激活了当时处于僵化状态的法学理论体系，实现了改革开放以来中国法学的第一次变革和重构。比较而言，改革开放四十多年后发生的再一次法学变革和重构则更具根本性和革命性，它以治理革命为时代背景，以法治中国建设为现实依托，以法学中国化为根本目标和本质特征，将是中国法学在第一次变革和重构基础上的转型并升级。这也正是“法治中国创新研究丛书”的学术努力方向和学术价值所在。

肖金明

2018 年 12 月

目　录

绪　论

政府的所有职能中最为神圣的，是它的服务职能，这在所有的政府形式里，都是最根本的。因为倘若政府不以服务于人民作为它的终极目的与意义，就完全没有存在的必要了。

——题记

自古到今，在世界上的每一个国家或地区，对于如何治理国家，人们一直都在进行不断的探索。自近代文艺复兴以来，西方资本主义国家发展出一种建立在代议制民主政治基础上的新型国家治理模式——法治(rule of law)，并被越来越多的国家奉为治国之道。正所谓“国无常强，无常弱。奉法者强，则国强，奉法者弱，则国弱”①。既然奉“法治”为国家的基本治理模式，那么就应当按照法治的思想、观念和制度体系来建设法治国家和法治政府。

中国社会有着几千年的封建历史，且长期缺乏民主法治的传统。清末以来，饱受西方列强的侵略和蹂躏的中国，开启了以“国家富强”和“民族复兴”为目标的近代立宪运动。这一立宪政治运动与“富强”的国家诉

① 语出《韩非子·有度》。按，习近平总书记《在庆祝全国人民代表大会成立60周年大会上的讲话》(2014年9月5日)、《在新疆考察工作结束时的讲话》(2014年4月30日)和《在省部级主要领导干部学习贯彻十八届三中全会精神，全面深化改革专题研讨班上的讲话》(2014年2月17日)中，曾多次引用。

求须臾不可分,并形成了学界公认的“立宪政治—富强”之文化范式。① 这一文化范式,既是催生中国立宪政治运动的源泉,也是中国学习借鉴其他国家先进的宪法思想和观念的羁绊。而这在某种程度上导致了立宪政治在近代中国拿来主义式的水土不服和强烈的工具主义倾向,并导致中华人民共和国成立之前的立宪政治运动均告失败。②

中华人民共和国成立后,我们在国家治理方面进行了有益的探索,开创了新民主主义的历史篇章。其后,我们走过了“文化大革命”时期一段反法治的历史弯路,并有着深刻的历史教训。党的十五大在总结中华人民共和国成立以来特别是改革开放以来民主法制建设经验的基础上,适应建设中国特色社会主义事业的客观要求,适时提出“依法治国,建设社会主义法治国家”,以此作为党领导人民治理国家的基本方略,并以宪法修正案的方式写入现行 1982 年《宪法》。党的十六大将依法治国作为建设社会主义政治文明的重要内容,法治的思想和观念开始在中国广为传颂,被国人奉为治国之重器。现行 1982 年《宪法》虽然已经将“依法治国”作为治国的基本方略,并摒弃了延续几千年的人治的思想、观念和制度体系,但由于长期以来缺乏法治文化的土壤,我们在进行社会主义法治建设的过程中,对于法治的理解仍然存在一些思想和观念认识上的误区,以至于在相当长一段时间内,“法治”一词的含义都被“法制”所替代,成了依法治理的代名词,甚至于在一些问题上出现了反社会主义法治的倾向。与此同时,西方法治思想、观念和制度的传播消解了中国共产党人对民族复兴和国家富强的政治诉求,并与社会主义所秉持的国家主义和集体主义价值观发生了激烈的冲突。

党的十八大尤其是十八届四中全会以来,将依法治国上升到国家治理能力现代化的高度,提出了“全面依法治国”的新方略,并通过第五次

---

① 早期的代表性论述如孙晓春:《戊戌、辛亥时期民主主义思潮初论》,《吉林大学社会科学学报》1994 年第 1 期;王人博:《宪政之累——近代中国宪政文化的沉思》,《现代法学》1997 年第 4 期;程燎原:《宪政与现代化》,《现代法学》1999 年第 1 期。

② 参见门中敬:《中国富强宪法的理念传承与文本表征》,《法学评论》2014 年第 5 期。

宪法修正案贯彻了这一重大的战略转型。在此背景下，建构一种符合“全面依法治国”战略的新时代中国特色社会主义法治理论和制度体系，就成为当下中国政治学界和法学界不得不面对的重大理论和现实问题。

一

然而，要构建中国特色社会主义法治思想、理论和制度体系，就需要对现代法治有一个清醒的认识。

在西方，近代以来伴随着建立在自然正义基础上的自然法向建立在自然权利基础上的自然法的转变，民主法治的发展为法学创造了生机，并逐步形成了以英、美等国为代表的普通法系的法治传统和以德、法等国为代表的大陆法系的法治传统。大陆法系的形式法治与英美普通法系的“rule by law”的含义并不相同。前者是一种民主正当性的形式法治，实际上就是“法律形式主义”——依代议机关按照法定程序制定出来的法律进行的治理，而后者则是一种正当法律程序意义上的法治。大陆法系的这种法律形式主义，以德国“概念法学”的兴起为标志，“是一个内部自洽的逻辑系统，完全可以自行运作，法官的判断就如自动售货机一样，一边输入案件事实材料和法律规定，另外一边判决就出来了。这种‘法律形式主义’虽然维护了一般正义，但却失去了个别正义”①。在相当长一段时间内，这种维护一般正义的形式法治，主要在于保证依法行政的民主正当性，其主要的制度功能与意义在于：防止行政权的恣意。

如今，随着“行政国”②时代的到来，以及行政之民主正当性基础的解决（即民选行政首长），法治的制度功能与意义开始转向“限制立法权与

① 吴情树：《形式法治与实质法治》，《检察日报》2011年2月10日。

② 梅克尔（Adolf Merkl）在自己的著作《行政法总论》中第一次使用了“行政国”这个概念，但是目前对于“行政国”并没有形成一个公认的、完整的系统概念，即使从功能意义上来看，也远没有达到“构造”的层次，主要还是停留在对现象的概括上，因而“服务行政”“福利行政”“福祉国家”“行政国家”等概念常常被混为一谈（参见陈新民：《公法学札记》，中国政法大学出版社2001年版，第35页）。本书中“行政国”指的是，随着行政的范围开始扩展，政府的行政权力也逐渐变大。

行政权”，传统的形式法治开始逐步走向实质法治。在英、美等普通法系国家，民主正当性基础上的形式法治并未被推崇，其主要缘由在于其源远流长的自然法传统和司法程序主义。基于“法官造法”的传统，普通法系国家的形式法治往往等同于“正当法律程序”，而非大陆法系民主的形式正当性。因此，普通法系国家的判例通常以“权力分立与制衡”作为解决立法权与行政权冲突的理论基础，一开始就具有“限制立法权与行政权”的双面意义。在当代，虽然英美法系和大陆法系开始出现融合的趋势，但毫无疑问的是，两者在形式法治上的着重点还是存在本质性差异的。

从19世纪末到20世纪初，西方大陆法系国家开始反思传统的“形式法治”，以德国的“利益法学”和“自由法运动”的兴起为标志，进入了实质法治时代。这种法治形态，既强调法律规则的刚性要求，又强调法官的自由裁量权和法律解释权。法官在解释法律的时候，不能仅仅实行形式解释，还要进行实质解释；不仅要保障一般正义，也要保证个别正义。“法律目的论”就是这个时代的产物。但是，实质法治在实现个别正义的同时，往往不能保障一般正义的实现。①

大陆法系国家倡导的实质法治是相对于形式法治而言的。作为一种重要的法治形态，它是对形式法治的一个重要补充和修正。但在某种程度上，这种法治样态消解了传统上“法律保留”限制行政权和立法权的制度功能与意义，法律保留已经不再显得那么重要了。甚至有些学者认为，对于依法行政而言，实质法治原则的倡导会导致法律保留的制度逻辑呈现出一种内在的分裂：“法律保留本身就蕴含了鼓励乃至催促代议机关积极立法的制度取向，法律保留的制度逻辑呈现两种取向：一方面限制行政权，强调消极行政，体现了法治的理念；另一方面则是张扬立法权，强调代议机关积极立法，体现了民主的要求。两者之间的紧张关系使得法律保留的制度逻辑呈现出一种内在的分裂，而其中民主又占据上风。从中不难看出，法律保留本质上是民主代议机关对行政权的一种控

---

① 参见吴情树：《形式法治与实质法治》，《检察日报》2011年2月10日。

制手段，其强化的是代议机关的权力中心地位。”①

因此，对于实质法治来说，“法治的意思就是指政府在一切行动中都要受到事前规定并宣布的规则的约束——这种规则使得一个人有可能十分肯定地预见到当局在某一情况中会怎样使用他的强制权力，和根据对此的了解计划他自己的个人事务……在已知的竞赛规则之内，个人可以自由地追求他私有的目的和愿望，肯定不会有人有意识地利用政府的权力来阻挠他的行动”②。如果人们承认行政国时代的实质法治国观念，且行政取得了相当的民主正当性（事实上也是如此，当今世界大多数法治国家的行政首长大都获得了民主正当性），那么法律保留的作用就是有限的，仅限于保持法律体系的一致性和法的安定性，传统的法律规范主义就不再显得那么重要了。

我国深受大陆法系影响，所以在建设中国特色社会主义法治的过程中，基于人民代表大会制度这一政体架构，更加强调党的领导和全国人民代表大会的最高国家权力机关的性质，这种顶层设计对于维护中国共产党的权威具有重要的政治现实意义。在这样一种制度安排下，英美法系法治传统中的“司法程序主义”这一形式正当性以及司法独立原则被消解了，而大陆法系法治传统上的“民主正当性”也因协商民主而非竞争性民主制度发生了制度上的变化，基于民主制度的法律保留原则在制度功能上也从大陆法系国家的“限制和约束行政权”变为保持“国家法制统一”。在这种情势下，如何在坚持人民代表大会制的基础上维护一般正义和形式法治，实现个别正义和实质法治，以及保持两者间的适度平衡，便成为当下中国公法学界面对的重大理论问题。对于法治政府的建设而言，也会面对一些迫切需要解决的新时代中国特色社会主义政府法治的方向性问题。

---

① 黄舒芃：《法律保留原则在德国法秩序下的意涵与特征》，《中原财经法学》2004年第13期。

② [奥]哈耶克：《通往奴役的道路》，滕维藻等译，商务印书馆1962年版，第73～74页。

二

改革开放四十年来的政府法治，与法制的社会诉求密不可分。起先，因应市场经济建设的需要，制定出台了一批与市场经济发展相适应的民商事法律。随后，伴随着人权观念的兴起和政府对市场干预方式的转变，国家先后制定出台了大量的行政法律法规，行政诉讼法、行政处罚法、行政许可法和行政强制法等相继制定出台，为行政机关的依法行政提供了法律制度上的支持。曾几何时，人们一旦提及“法治”，便立马会想到“依法行政”，似乎只要贯彻了依法行政，那么这个政府就一定是法治型政府。所以，在相当长一段时间内，政府官员开口闭口都是“依法行政”。这种观念认识在某种程度上促成了 2004 年国务院《全面推进依法行政实施纲要》(以下简称《纲要》)[①]的出台。

然而，当把“法治”与作为国家行政机关的“政府”[②]捆绑在一起的时候，作为国家的治国方略似乎就被切割了成了一个个的法治片段。在域外“法治政府”的概念当中，“政府”属于“大政府”的概念，既包括行政和立法，还包括司法。依法行政(原理)只是行政法范畴内的一个概念、原则和理论体系，虽然其目标指向的是政府法治，但它本身不过是实现法治的一个手段或必要的环节。但在我国，由于一直以来行政强权现象的存在，政府即行政的观念，以及行政的执行权属性及其对人们日常生活产生的深远影响，导致人们对依法行政的基本诉求比较强烈，产生了一

---

① 《纲要》总结了推进依法行政的基本经验，适应全面建设小康社会的新形势和依法治国的进程，明确提出要“经过十年左右坚持不懈的努力，基本实现建设法治政府的目标”。《纲要》还规定，全面推进依法行政，建设法治政府，必须以邓小平理论和“三个代表”重要思想为指导，坚持党的领导、人民当家做主和依法治国三者的统一，忠实履行宪法、法律赋予的职责，确保法制统一和政令畅通，保护公民、法人和其他组织的合法权益，提高行政管理效能，降低管理成本，创新管理方式，增强管理透明度，把发展作为执政兴国的第一要务，推进社会主义物质文明、政治文明和精神文明协调发展。《纲要》还要求，各级行政机关实施行政管理要做到合法行政、合理行政、程序正当、高效便民、诚实守信、权责统一。

② 《纲要》中的“政府”指的是“小政府”，即行政系统的政府概念。

种“依法行政等同于法治政府”的偏颇认识。这是完全可以理解的,因为在依法行政实践中人们看到的往往是行政滥权和行政越权的现象。

不得不承认,当下人们对于法治的理解,往往会关注法治之保障人权的面向,而忽视了法治之调整国家和社会的政治功能面向。然而,如果在建设社会主义法治的过程中,忽视了法的政治功能和目标导向,那么依法行政的作用就可能会被消解掉,甚至会产生违反法治建设初衷的后果。以依法行政为例,虽然依法行政的目标指向法治,但依法行政并不能完全等同于法治。举一个亲身经历的事例。

> 十多年前,我家住在青岛市四方区的本溪路上。这条路南北走向,我住的家属宿舍在路的东侧,某国棉厂的职工宿舍在路的西侧。不知何时,在这条马路上自发形成了一个早市。早市的存在为人们提供了生活的便利,但也带来了诸多困扰:交通阻塞,垃圾成堆,噪声污染。尤其是像我这样的“夜猫子”,经常睡得晚,起得也晚,但在凌晨时分,早市便开张了,“叮叮当当”的声音便开始响起,真的是不堪其扰。有人打电话给城管,城管一来,商贩们便开始“逃跑”,还经常躲到我们教工楼的楼道里。城管走了,市场便迅速恢复原样。为此,人们会经常看到“猫捉老鼠”的大片上演。记得在2007年的秋天,我亲眼目睹了城管执法人员与小商贩的“对峙”事件,至今记忆深刻。那天上午9点左右,我吃完早饭下楼,马路上到处是人,围着一辆城管的执法车辆。一位身上背着一个2岁左右儿童的妇女,双手抓着被城管执法人员强制扔进执法车里的“铁推车”(经营用的)死不放手,城管执法人员正在“劝说”这位妇女配合执法。同时,围观的群众开始七嘴八舌地指责城管执法人员:“人家身上背着一个小孩子,容易吗?”“做个小买卖还犯法了不成?”“你们这些吃公家饭的真没有良心!”……

众所周知,法治的首要含义是“人人遵从法律”。那么,这位背着小孩子的女商贩的行为,显然是不符合依法行政要求的,而城管执法人员对占路经营的行为进行执法是一种合法性的行为,是依法行政,是符合一般观念上的法治要求的。可能法律学人会问,法治的第二层含义不是

“人人所遵从的法律是制定良好的法律”吗？也许城管执法人员所执行的“法律”可能并不是什么良法呢！这个问题我不是没有想过，为此笔者还查阅了相关法律文件，发现这次的城管执法似乎并不存在所谓的“恶法”问题，法律似乎没有也不可能对哪条街道开设早市这样的问题作出规定。为什么呢？我们学习法律的各位学人都非常清楚，由于行政与立法的分工不同，以及行政活动本身所具有的“无所不在、随时在场与持续不间断”①的特点，诸多行政管理事务领域并不能完全由法律来加以规范。也就是说，法律不可能对哪个地方哪条街道可以开设早市这样的问题作出细密的规定。那么，何谓依法行政？依法行政的法是什么？如果是法律（广义上的），那么在法律并不属于“恶法”的情况下，这种执法困境如何解释？即便是上升到人权保障的高度，似乎也无法得出一个令人满意的答案。换言之，欠缺政治功能和目标导向的“依法行政”，便会失去它本来应有的面目。所以，必须对什么是政府法治的基本内涵，在政治和社会功能方面进行一次重新评估。

要对法治政府（即行政法治）下列各功能作一个重新评估，首要的是要搞清楚政府法治的基本内涵是什么。从传统法治的内涵出发，我们大致可以得出以下结论：政府执法所遇到的执法困境本身，彰显了一种非法治的社会治理状态（并非人人遵从法律）。或许，人们可以把这种非法治的社会治理状态，归罪于不守法的民众（如城管执法中的小商贩）。但很显然，这样的“归罪”并不合情合理，甚至可以归类于“强盗逻辑”的范畴。因为“有法可依，有法必依，执法必严，违法必究”只能说是执法活动的一项原则精神，不能认为达到“有法可依，有法必依，执法必严，违法必究”的社会治理状态，我们就实现政府法治了。因为如果这样的话，中国早在秦始皇时代不就已经实现现代法治了吗？或许你可以将这种非法治（不守法）的状态归罪于依法行政的“法”，或者说这个“法”不是良法。显然，这样的论断同样过于武断。在多数情况下，依法行政的“法”并非恶法。因为什么是恶法，并没有一个明确的、统一的标准。有人可能觉

① 尹夕阳：《论法律保留原则》，武汉大学硕士学位论文，2008 年。

得，那个标准是人权，凡是侵犯人权的法律都属于恶法。但是，这样的观念更加武断，因为根本就不存在不受法律限制的人权。① 以自由权为例，规定开车时靠右侧行驶，就是对自由权的限制。再比如，划定单行线，也是对自由权的限制。只有那种类似于《反犹太人法》那样的法才显然属于恶法，不过这样的法律毕竟是极少数的。

那么，如何才能形成一种政府法治的治理状态呢？我想最重要和最根本的，是人们自愿遵从法律，自愿遵从政府管制。因为法治的首要含义是人人遵从法律，其次是制定良好的法律。问题是，解决诸多现实社会矛盾问题，似乎并不能全部通过民主立法的方式解决；而且，依法行政的"法"在多数情况下并非恶法，并在某种程度上反映了人民的意志。那么为什么还会出现非法治的状态呢？

记得在2009年，笔者曾经给青岛市所有的城管中队长作过一次学术报告。学术报告结束后，有人提了一个大家共同关心的问题：怎么解决城管"执法难"的问题，尤其是小商小贩违法摆摊的现实困境。这个问题似乎并不容易回答，因为城管执法难的问题，既不是"依法行政"的"法"存在问题，也不是城管执法人员没有依法行政，而是由我们对行政法治的理解存在观念认识上的偏差造成的。当时，笔者给大家提了一个建议，请大家回去以后，在本辖区内做一次深入调研，并在调研报告的基础上向所在的市政府或区政府提出以下建议：在每3平方公里左右的区域内，设免费的早市和夜市（不收费或仅收取卫生费，由政府负责清扫卫生）。理由是，我们的政府，既是富人的政府，也是穷人的政府，最根本的不是传统的干涉行政做得好不好，而是服务行政做得好不好。也就是说，建设一个法治型政府，最基本和最重要的是实现它"为人民服务"这一调整国家和社会的政治功能。因为我们的国家不是"守夜人"国家，我

① 卢梭在《社会契约论》一书中解释说，他所说的"每个结合者及其自身的一切权利全部都转让给整个集体"，并不意味着全部权利、财富和自由的让渡：我们承认，每个人由于社会公约而转让出去的自己的一切权利、财富、自由，仅仅是全部之中其用途对于集体有重要关系的那部分。（参见[法]卢梭：《社会契约论》，何兆武译，商务印书馆2005年版，第19、38页）

们的政府也不是有限政府，而是人民政府、全能政府。而且，基于中国的文化传统，富人和穷人在一定区域内混居是比较普遍的现象，这不像有些西方国家如美国，有明显富人区和穷人区的区分。所以，源自西方法治发达国家的“守夜人”国家、有限政府和传统干涉行政理论，似乎并不能解决我们面对的问题。

之所以强调政府法治的根本是服务行政，还有一个更为重要的理由，即法治具有社会性。一个社会形成一种有序的状态，靠的不完全是严刑峻法，而是靠对普通民众的利益维护。比如，目前中国的乱停车现象比较严重，需要依法治理。但是，这一现象并非完全因为中国人的素质问题，更多的是因为房地产财政和停车场严重不足的问题，是服务行政的问题。现在的多数老百姓觉得，交通警察贴罚单就是为了“完任务”和“捞钱”。其实事情并不是这样的。为什么？因为停车位严重不足！社会性的另一个表现是社会法治或“软法”治理。[①] 社会法治是指人们普遍形成遵从社会规则的意识和习惯的一种治理状态。在社会领域，绝大多数的人与国家法律是不太打交道的，除了生老病死、结婚、偶尔的交通违章等行为与国家法律有关以外，多数情况下人们遵从规则的意识和习惯是由学校、单位和行业的规章制度决定的。如果学校、单位、行业的规章制度这样的“软法”朝令夕改，官僚主义文化严重，那么人们便不可能养成遵从规则的意识和习惯。

将服务行政作为法治政府的根本职能，主要考虑的是国家作用的实现。传统上，行政权能的实现主要是通过法律赋予的强制性手段，在本书中笔者称之为“行政硬权力”，即靠国家强制力为后盾的一种行政权能

---

① 关于软法治理的主要文献，请参见罗豪才、宋功德：《认真对待软法——公域软法的一般理论及其中国实践》，《中国法学》2006 年第 2 期；姜明安：《软法的兴起与软法之治》，《中国法学》2006 年第 2 期；罗豪才、毕洪海：《通过软法的治理》，《法学家》2006 年第 1 期；罗豪才、周强：《软法研究的多维思考》，《中国法学》2013 年第 5 期；周佑勇：《在软法与硬法之间：裁量基准效力的法理定位》，《法学论坛》2009 年第 4 期；沈岿：《软法概念之正当性辨析——以法律沟通论为诠释依据》，《法商研究》2014 年第 1 期；江必新：《论软法效力——兼论法律效力之本源》，《中外法学》2011 年第 6 期。

实现方式。这一方式，对于国家治理来说具有举足轻重的地位。但单纯依靠强制手段，是不可能真正实现法治之“人人守法”的状态的。在一党长期执政的政治现实下，人们的关切点更应当放置在政府如何基于其权威和吸引力来协商、说服、引导人们与政府的合作上来，而不是动辄透过强制性手段来实现其调整国家和社会的政治功能。

所以，对于中国这样一个法治起步比较晚，儒家文化长期占据主导地位的国家来说，实现政府职能最根本的手段，必然是服务行政。当然，这并不等于说干涉行政不重要，而是说，单纯依靠干涉行政，并不能实现法律“调整国家和社会”的政治功能与目标。对此，世界银行行长詹姆斯·沃尔芬森曾告诫：“政府作用的问题无论在发展中国家还是在工业国家的日程上都是首要问题之一。对于很多国家来说，近年来的教训是政府未能兑现诺言。因此很多国家感到符合逻辑的结局应该是小政府。这样的政府就会无害了，但也做不了多少好事了。”[①]所以，在今天这样一个行政国家时代，对于一个全能型政府来说，过于强调限制政府权力，完全奉行消极行政和有限政府的宗旨，仅仅把政府看作“守夜人”，仅仅把法律规范主义作为唯一的治国良方，既无法实现法律之调整政治和社会的功能与目标，也不利于中国政治文明的内在生成和发展。

三

党的十八大以来，以习近平同志为核心的党中央积极适应国家治理面临的新形势新任务新要求，不断提高治国理政水平，全面推进党、国家、社会各方面事务治理制度化、规范化、法治化，加快推进国家治理体系和治理能力现代化，为国家长治久安提供成熟制度支撑。习近平在中国共产党第十九次全国代表大会上所作的报告，充分肯定了在中国共产党的坚强领导下，我们在国家治理体系和治理能力现代化方面所取得的显著成就——中国特色社会主义制度更加完善，国家治理体系和治理能力现代化水平明显提高。报告明确指出“国家治理体系和治理能力有待

---

① 世界银行：《有效的政府》，《科学决策》1997 年第 3 期。

加强”，并进一步从战略高度出发，对国家治理体系和治理能力现代化提出了一系列新的要求，是一份大力推进国家治理体系和治理能力现代化的宣言书。

国家治理能力和治理体系现代化的根本目的，对于法治国家建设来说，主要是通过立法、执法和司法来实现它调整国家和社会的政治功能。因为“任何法律的诞生都离不开以法律规范的形式得以巩固的政治的形成意志，而法律适用包括行政和司法形成的调整国家和社会的政治功能”①。但是，法律之调整国家和社会功能的实现，不可能脱离“人民主体性”这个根本出发点，一旦脱离，便会走向法治的反面——人治。对于中国的法治建设来说，建构一种将人民主体性放置在根本地位上的社会主义法治，既是实现法律之调整国家和社会功能的政治需要，也是维持国家长治久安的需要。由于人民处于国家和社会的历史进程当中，所以法治要适应社会的发展，必须跟国家和社会的历史形态相适应，跟人民的品格相适应。

因此，现实中根本就不存在一个一成不变的法治形式和样态。所谓的“科学立法”“严格执法”和“公正司法”，都不可能脱离一个国家的政治形态和社会发展现状而存在。举一个中国人都熟悉的“请客吃饭”的例子。中国文化是一种家团主义文化，所以在招待客人时通常有主陪、副陪，主宾、副宾之说。这种座次安排体现的是一种秩序，也是一种“政治”——“尊卑有序”。与此同时，请客者请客吃饭买单，客人则“客随主便”，而不是“自负其责”。因为中国人喜好“劝酒”，所以如果有客人喝多了出现伤亡事件，请客者和劝酒者都是要负一定法律责任的。② 而在奉

① [德]魏德士：《法理学》，丁晓春、吴越译，法律出版社 2005 年版，第 38～39 页。

② 参见江苏省高级人民法院(2017)苏民申 1262 号、宁夏回族自治区高级人民法院(2016)宁民申 501 号、湖南省高级人民法院(2016)湘民申 634 号、浙江省高级人民法院(2013)浙民申字第 202 号、天津市高级人民法院(2017)津民申 2073 号、甘肃省高级人民法院(2017)甘民申 176 号、四川省高级人民法院(2014)川民申字第 484 号、上海市高级人民法院(2014)沪高民一(民)申字第 1565 号。这些判例无一例外地认定组织者或者积极劝酒者都要承担一定的法律责任。此类案例还有很多，不再一一列举。

行个人主义的国家，因实行分餐制以及个人自我负责，这样的判决似乎是完全没有道理的。再比如，在司机们的强烈要求下，为治理“行人乱穿马路”的问题，沈阳、南京、北京、济南、青岛等地都曾经制定出台了被媒体称之为“撞了白撞”的地方性法规（现都已经废止），试图对这样一种不文明的行为进行管制。① 这样的法律规定，有人（多数为司机）为之叫好，而有人（多数为行人）反对。法律专家和法学家们大都认为，“撞了白撞”的法律规定是违法的。这样的法律规定出台的背后，实际上反映了法律调整国家和社会的政治功能，但同时似乎又成了“法治建设”的障碍。

笔者曾经多次在学术报告中谈及这一问题，无论从法理还是从民事权利保障的视角，“撞了白撞”的地方立法规定似乎都是不妥当的。按照传统法治理论，这一规定显然属于“良法之治”层面的问题。但是，对于一个全能型的政府来说，改变“行人乱穿马路”这一乱象，却是一个不得

---

① 1999 年 8 月 30 日，沈阳市人民政府发布《沈阳市行人与机动车道路交通事故处理办法》，同年 9 月 10 日施行。其中第八条规定：“行人通过有人行信号控制或没有人行信号控制，但有路口交通信号控制的人行横道时，须遵守信号的规定，因行人违反信号规定与机动车发生交通事故，机动车方无违章行为的，行人负全部责任。”第九条规定：“在设有交通隔离设施和施划人行横道线的路段上，行人因跨越隔离设施或不走人行横道，与机动车发生交通事故而机动车无违章行为的，行人负全部责任。”第十一条规定：“行人走路须在人行道内行走，没有人行道的须靠路边行走。行人在机动车道内行走，与机动车发生交通事故，机动车方无违章行为的，行人负全部责任。”第十二条规定：“在封闭式机动车专用道或专供机动车通行的立交桥、高架桥、平台桥等道路上，行人与机动车发生交通事故，机动车方无违章行为的，行人负全部责任。”第十三条规定：“行人在机动车道内有招停出租车、逗留等妨碍机动车通行的行为，发生交通事故，机动车方无违章行为的，行人负全部责任。”这些规定被新闻媒体概括为“行人违章撞了白撞”。新闻媒体认为，该《办法》这种“交通事故责任者应当按照所负交通事故责任承担相应的损害赔偿责任”的规定，体现的是“以责论配”。既然机动车驾驶员不负交通事故责任，就不必承担交通事故损坏赔偿义务，行人被机动车碰撞得不到赔偿就意味着白白被撞，故将以上规定概括为“撞了白撞”，并加以大力宣传。沈阳的这一规定是“撞了白撞”首次以法规形式面世。随后，深圳、上海、重庆、鞍山、抚顺、郑州、乌鲁木齐、济南、海口等地也纷纷效仿，相继发布了类似“撞了白撞”的地方性法规。后来发布的这些地方性法规中规定，行人、非机动车因违章导致交通事故的发生，机动车驾驶员无违章行为，并采取了适当避让措施未能避免交通事故发生的，由行人、非机动车驾驶人负全部责任。一时间，“撞了白撞”时尚般地迅速风靡全国各地。

不面对的社会现实问题。一方面是为了保障行人的生命安全,另一方面为了保障司机的生命和财产安全。显然,政府不能仅靠制定法和严格依法行政来解决这一乱象,而是必须通过提高治理能力尤其是提高社会服务能力来解决上述问题。从传统行政法上的控权理论,尤其是法律保留理论,这一意见显然是找不到法理依据的,只能从积极行政和服务行政理论中,从结构功能主义下的行政保留理论和责任行政原理中,从软法和软权力治理理论中,寻求可能的答案。而这种法治的样态和理论探究,并不为当今公法学界的主流观点所重视。

因此,对于我国这样一个全能型政府来说,行政法不能局限于法律"规范主义"[①]这样一个单一的理论框架,还应当将"功能主义"[②]一并纳入进来,使其共同为政府法治建设和国家治理能力现代化服务。这样一来,就为我们行政法学的研究开辟了一条全新的道路,不仅要关注规范主义理论和传统干涉行政下的传统政府法治,还要关注功能主义理论和

---

① 规范主义属于西方传统的主流公法思想,它是以形式主义和自由主义为哲学基础,以法律为准绳,以个人权利为外部界限,以司法审查为实现手段的一种行政权的治理风格。规范主义强调行政行为的正当性来源于作为民意机关的国会所制定的法律,行政行为的作出,必须有法律的授权,否则即为违法。此时,行政法就像一条以司法审查为齿轮的"传送带",把民选立法机关的指令传送到各个当事人,行使管制权力的行政机关通过遵从行政法所传达的民意而获得合法性。从本质来看,规范主义侧重的是形式法治和消极行政,行政机关只是"守夜人"的角色而已。然而,事实并非如理论那般纯粹。规范主义所体现的那种立法对行政的绝对统摄,并不符合法治发展的一般规律,甚至面临着严峻的"合法性危机"。[参见毛玮:《行政法红灯与绿灯模式之比较》,《法治论丛》2009 年第 4 期;刘春:《行政保留的法治逻辑及其规范构成》,《中南大学学报》(社会科学版)2018 年第 1 期]

② 公法中的功能主义范式,发端于文艺复兴时期,于 20 世纪初被系统阐释,并在二战后成为一股强劲的公法学思潮。功能主义关注的是实质法治,更加注重对行政权本身的关怀。在本质上,规范主义对公民权利的保障属于一种消极的态度,旨在通过确保行政权保持"守夜人" 的角色,实现公民权利的自由空间。相反,作为"绿灯理论"的功能主义,对政府职能的态度则是积极的。它寄希望于政府职能的有效发挥,政府能够提供越多越好的公共服务,行政合法性就得到越好的实现。[参见程关松:《公法理论中的三种功能主义范式》,《江西社会科学》2010 年第 9 期;刘春:《行政保留的法治逻辑及其规范构成》,《中南大学学报》(社会科学版)2018 年第 1 期]

服务行政下的现代政府法治，更要关注这两种理论和制度体系的衔接与立法体制的选择问题。

也许有人会说，我们的行政权并没有被关进“制度的笼子里”，现在谈功能主义和服务行政还为时过早。况且，功能主义与服务行政在西方法学理论当中是一种建立在代议制制度基础上的、针对积极行政的补充性理论，并不能代替传统规范主义和干涉行政的主流地位。这种观念认识本身，并非完全正确。因为当下的法学研究必须有一个导向性的问题，功能主义和服务论本身所导向的恰是民主制度意图解决的问题或者说人民的主体性问题。从根本上来说，法治政府建设和国家治理能力现代化，必须坚持人民的主体性。从政府的本质上来说，是服务型政府；从行政的本质上来说，是服务行政。如果政府法治建设和国家治理能力现代化的推进脱离了这一政治功能与目标导向，便会走向法治的反面，甚至使法律成为国家和社会治理的一个纯粹工具。因为中国特色社会主义的政府法治建设，并不是通过“执政党轮替”来“迫使”行政落实其积极行政和服务人民的政府职能的。不考虑这一中国的政治实际和国情，“拿来主义”式地把法律规范主义作为唯一的法治药方，实际上会导致政府法治“名与实不符”的问题，既不利于中国法治的内生成长，也不利于国家治理能力现代化的深入推进。

况且，对权力的控制与不受限制的权力扩张之间的冲突与矛盾，还容易使权力陷入一种“权力陷阱”当中。一方面，长期的权力浸润导致社会的自制能力严重下降，迫切需要国家权力的进入。人们习惯于寻求政府的帮助，而不是自主解决问题；另一方面，法律对行政愈来愈细密的控制，又迫使行政权缩手缩脚，不敢越雷池一步，更因怕担责任而不敢主动作为。

限制政府权力尤其是行政立法权的一个必然后果已经开始显现。一方面是庸政和懒政的现象，另一方面是社会治理诉求下的“以政策代替法律”现象。所以，大家可以看到，改革开放四十多年来政府法治建设的结果，让行政开始摆脱了“服务人民的锁链”。可以说，丧失了服务行政这个根本，单纯依靠规范主义和干涉行政理论指导政府法治建设，很容易使之走向责任政府的反面，让政府法治成为一种僵化的、机械的形式法治。而这从根本上来说，既不能满足当今福利时代人们对积极行政的社会诉求，也不利于国家治理体系和治理能力现代化的提升。

实践证明，权力过分集中，行政管理方法单一化，越来越不能适应政府法治建设事业的发展，也无法充分调动经济、政治、文化和社会各领域中基层细胞和广大劳动者的积极性。过去高度集权型的行政管理体制的最大弊病，就是缺少社会主义民主机制，压抑了广大群众的创造性、主动性。只有相信人民群众的觉悟、智慧和能力，才能使行政管理逐步摆脱单一的强制方法。①

我国党和政府一直以来都非常重视其服务于人民这一根本职能。在改革开放之初，中国共产党第十二届中央委员会第三次全体会议通过的《关于经济体制改革的决定》（1984 年 10 月 20 日）指出："要改变那种长期形成的领导机关不是为基层和企业服务，而是让基层和企业围着领导机关转的局面，扫除机构重叠、人浮于事、职责不明、互相扯皮的官僚主义积弊。"党的十七大报告提出："要坚持用制度管权、管事、管人，建立健全决策权、执行权、监督权既相互制约又相互协调的权力结构和运行机制。"党的十八届三中全会和党的十九大进一步指出，全面深化改革的总目标是"完善和发展中国特色社会主义制度，推进国家治理体系和治理能力现代化"。无论是改变官僚主义积弊，建立既相互制约又相互协调的权力结构和运行机制，还是推进国家治理体系和治理能力现代化，其根本都是要建设一个人民满意的政府。而建设人民满意的政府之根本，是运用好政府的权力，既要将政府权力关进笼子里，更要抓住"权为民所用"这个牛鼻子。

目前，改革已经进入攻坚期和深水区，社会主义法治建设实践中出现了一些新困难，面临一些新挑战。要解决这些困难和挑战，给人民带来福祉，建设一个廉洁高效的服务型政府是关键。廉洁高效的服务型政府，要求政府在国家治理的过程中，更多地运用"软法"和非强制性权力

---

① 参见杨海坤：《行政指导——政府管理的一种新方式》，《河北学刊》1988 年第 4 期。

来落实其服务于人民这个根本职能。这既是新时代中国特色社会主义法治的必然要求,也是民心所向。因此,在新时代推进全面依法治国战略的过程中,政府法治之建设应当从单纯的权力控制走向"权力控制与服务人民"并重的治理轨道上来。因为社会主义国家的政府是人民的政府,建设服务型政府体现了社会主义的本质,是实现社会主义民主和建立社会主义新型政商关系的根本保证,也是落实现行宪法、维护宪法权威的必然选择。①

① 现行 1982 年《宪法》第二十七条第二款规定:"一切国家机关和国家工作人员必须依靠人民的支持,经常保持同人民的密切联系,倾听人民的意见和建议,接受人民的监督,努力为人民服务。"

第一章
“行政软权力”的概念引入

在西方，从分权角度论述行政权是学术的主流。17 世纪的洛克首创“立法行政联盟三分论”，之后孟德斯鸠创立了“三权分立”理论 ，使行政权成为一种“受控权”。戴西的“规范主义”强调行政法是“控制政府权力的法”，认为必须通过以司法审查为中心的控权体系来保护个人的权利与自由。而这种理论是根植于自由放任的资本主义时期的现实土壤，反映了政府与个人、公益与私益之间的二元对峙 。规范主义对行政权的理解基于与立法权、司法权的分离，对行政权的属性认识从制度层面上认为是一种从属性的执行权，从操作层面上是一种“被控性”的权力，强调“私域”在“公域”里应受到的尊重，最大程度地防止政府权力的恣意。①

我国公法学界对政府权力或行政权的研究起步较晚。20 世纪 80 年代以来，行政法学的研究可以说是依托西方的规范主义理论、将行政行为尤其是具体行政行为作为核心概念所建立起的一套规范主义控权理论。这一理论在我国行政法制发展中的重要成果，是先后制定出台了一系列重要的行政法律法规，如行政诉讼法、行政处罚法、行政许可法、行

① 参见张树义、梁凤云：《现代行政权的概念及属性分析》，《国家行政学院学报》2000 年第 2 期。

政强制法等。应当说，改革开放四十年来行政法制建设，基本做到了从无法可依到有法可依，可谓成效显著。但是，伴随着行政法律法规制定得越来越多，法律对行政的规制越来越细密，我们发现，这种规范主义的理论框架及其制度建构在某种程度上加剧了行政机关所要应对的日益复杂的社会局面与更小的权力活动空间之间的紧张态势，消解了其对人民主体性的关怀，且愈来愈不能应付行政职能多元化所带来的诸多现实问题。

正是在这样的背景下，行政法学界开始重视对行政权的研究。早在2000年，张树义、梁凤云教授就曾发表《现代行政权的概念及属性分析》[①]一文，开始了对现代行政权概念和属性方面的研究。随着对行政权的研究逐步深入，在行政权的概念、属性、形态、运行机制以及扩张和控制等方面，出现了不少开拓性的成果。[②] 与此同时，因应改革开放和建立社会主义市场经济的需要，在公共治理领域出现了一种全新的非强制性权力方式大量运用的现象，为将国际外交关系领域的“软权力”概念引入行政权理论体系提供了现实基础。本章拟在对政治学、国际关系与国际政治学、社会学中的“权力”和“软权力”概念进行释义的基础上，将行政软权力引入行政权，并作一学理上的分析与阐释。

---

① 参见张树义、梁凤云：《现代行政权的概念及属性分析》，《国家行政学院学报》2002年第2期。该文通过对现代行政权的价值取向与传统行政权(相当程度上是对现时中国行政权行使的实际状况)的对比分析方法，即通过“从属法律性—漠视法律性”“职能多元性—职能单一性”“非专属性—专属性”等几组变量组合来分析现代行政权的属性，并由此阐明现代行政权的概念内涵。

② 参见应松年、薛刚凌：《论行政权》，《政法论坛》(中国政法大学学报)2001年第4期；关保英：《论行政权的自我控制》，《华东师范大学学报》(哲学社会科学版)2003年第1期；喻中：《论行政权的两种形态及其法理意蕴——以授权性规范的表达方式为视角》，《社会科学》2005年第8期；张艳丽：《行政权运行机制试析》，《学习与探索》2005年第1期；朱最新：《行政权概念新释》，《武汉大学学报》(哲学社会科学版)2005年第6期。

■ 第一节 “权力”的通常含义及其缺陷

权力是一种广泛存在的社会现象，是政治学、国际关系与国际政治学和法学的核心概念，是一个“使用频率颇高，凭直觉去理解，很少有严格定义的词”①。不仅如此，权力“作为西方传统中的一个核心概念，人们一直缺乏共识”②。《权力社会学》的作者罗德里克·马丁、《布莱克维尔政治学百科全书》的作者戴维·米勒和韦农·波格丹诺夫在他们的著作中介绍了17世纪以来著名的思想家关于权力的定义及其争论。这些定义和争论大致可概括为七种：因果论、关系论、集体论、信息流论、一维论、二维论、三维论。③ 除此之外，还有米尔斯的权力精英理论④、霍曼斯价值报酬观⑤等，不一而足。

“权力”的定义虽然众说纷纭，但在相当长一段时间内，人们对于权

---

① [英]罗德里克·马丁：《权力社会学》，丰子义等译，三联书店1992年版，第80页。

② Talcott Parsons, “On the Concept of Political Power,” *Proceedings of the American Philosophical Society*, Vol. 107, No. 3(June 1963), p. 232. 对于权力的不同定义，可参见[古希腊]柏拉图：《理想国》，郭斌和等译，商务印书馆1986年版，第47页；[古希腊]亚里士多德：《政治学》，吴寿彭等译，商务印书馆1965年版，吴恩裕所作序言《论亚里士多德的〈政治学〉》；[古罗马]西塞罗：《论共和国　论法律》，王焕生等译，中国政法大学出版社1997年版，第256页；Leo Strauss & Joseph Cropseyeds, *History of Political Philosophy*, Chicago: The University of Chicago Press, 1987, pp. 296-317, 409；[美]汉密尔顿等：《联邦党人文集》，程逢如等译，商务印书馆1982年版，第264页。

③ 参见李元书、李宏宇：《论权力的实质、渊源和特性》，《学习与探索》2001年第6期。

④ 米尔斯认为，权力是指在面临反对情况下能够实现自己意志的能力，而权力精英则指那些处于能作出重大决定的人。（参见贾春增：《外国社会学史》，中国人民大学出版社2000年版，第260页）

⑤ 该观点认为，权力是“提供某种有价值报酬的能力，而权力依赖于这种能力。报酬因为稀缺，因而是有价值的，决定报酬稀缺价值的是报酬的供求关系”。（[美]鲁A·华莱士、艾莉森·沃尔夫：《当代社会交换论的权力观析评》，王茂福、黄勤译，《武当学刊》（哲学社会科学版）1996年第2期）

力的理解大都建立在武力、强制、支配或惩罚能力这样的概念上。比如，权力是“一个人不顾他人反抗而实现自己意志的能力”①，“在个人和集团的双方或各方之间发生利益冲突或价值冲突的形势下执行强制性的控制”②，“使用武力的能力”和“应用制裁的能力”，“指它的保持者在任何基础上强使其他个人屈从或服从于自己的意愿的能力”③，“控制他人的力量和能力”④，等等。

这种通常意义上的“权力”释义，既不把自愿顺从作为“制度性权力”(institutionalized power)，也不把“权威”和“说服”视为一种权力的形式，而是将权力指向“强制力量”或“支配力量”。这种概念逻辑上的指引，虽然有助于指出权力的本质所在，但也存在一个天然的缺陷，即将“权力”看作“政府作恶的根源”，忽视了“权力”和“权利”之间的互动关系。在根本上，这种观念抛弃了权力的“合法性”(自愿顺从)，秉持的是一种“强权即正当”的逻辑。事实证明，对于现代国家治理和国际关系来说，基于强权的执政或基于武力的国际地位维护，都不具有完全的正当性。

对此，美国学者丹尼斯·朗指出：“利用集体控制的暴力手段来压迫绝大多数人民的强制性‘禁卫军’例子，通常视为极端的情况……现代极权主义独裁统治造成了这种可能性：几乎完全依靠恐怖及其群众心理效果作为统治基础。这种政权，虽然可能比强调共识和合法性第一的理论家确认的更持久，但从长远来看是昙花一现的。”“通常称为‘马基雅维利学派’政治分析的悠久传统，倾向于把合法当作统治者获得国民适时默认的诡计。这种态度把强制和操纵，或‘武力’和‘欺骗’当作唯一重要的政治权力形式。然而，晚近一些思想家，包括所谓马基雅维利学派在内，

---

① Max Weber, *Economy and Society*, edited by Guenther Roch and Claus Wittich, NewYork: Bedminster Press, 1968, p. 926.

② [美]克特·W·巴克：《社会心理学》，南开大学社会学系译，南开大学出版社1984年版，第420页。

③ [英]A. 布洛克等编：《枫丹娜现代思潮词典》，中国社会科学院文献情报中心译，社会科学文献出版社1988年版，第453页。

④ [美]乔·萨托利：《民主新论》，冯克利等译，东方出版社1993年版，第32页。

已经认识到,统治者的有意识欺骗与真正在意识形态上坚信它们统治的使命相比,只起很小的作用。"[①]

显然,过度强调权力的"强制"或"支配"属性,将导致极权主义和绝对权力。极权主义意味着社会秩序完全由政治权力或国家权力达成,私人空间被压缩到几乎不存在的状态,自由被减至最低限度。对此,马克思在分析西班牙革命失败的原因时指出:"一个重要的原因是人民对领导人的'顺从',人民在委任这些代表时,根本没有想到限制他们的权力和确定任期。"[②]目前,从权力的多种界定方式来看,人们对于权力的本质、内涵和外延的把握愈加多样化,不再认为这种通常的含义具有天然的正当性。

在法学领域,强调权力的强制或支配属性,同样有助于人们认识到权力的"暴力本质"。而且,还可以便当地为规范主义控权理论提供依据。我国学界在对待权力的概念上,通说采纳的就是这种通常意义上的权力概念。比如,"权力是指特定主体(包括个人、组织和国家)在其职责范围内拥有的对社会或他人的强制力量和支配力量"[③],"权力是社会所承认的迫使人们不得不服从的力量"[④]。以至于像"法是以国家强制力为保障的"这样的提法在大学课堂上大行其道。

然而,强调权力的强制或支配属性并非界定权力的唯一方式。《布莱克法律辞典》提出的权力的三种法学定义之一,就是权力是做某事的权利、职权、能力或权能。该定义始于英国哲学家霍布斯的观点,他将权力看作"一种对别人预期行为产生影响的能力"[⑤]。美国学者罗伯特·达

---

① [美]丹尼斯·朗:《权力论》,陈振伦、郑明哲译,中国社会科学出版社 2001 年版,第 138 页。

② 《马克思恩格斯全集》第 10 卷,人民出版社 1962 年版,第 480 页。

③ 卓泽渊主编:《法理学》,法律出版社 1998 年版,第 114 页。

④ 孙英:《权利义务新探》,《中国人民大学学报》1996 年第 1 期。

⑤ [英]罗杰·科特威尔:《法律社会学导论》,潘大松译,华夏出版社 1989 年版,第 131 页。

尔更是认为:“权力在本质上为一种多重的影响力。”[①]这种定义方式表达了权力的两方面含义:从行为动因角度看,权力表现为一种职权,即做某事的权能;从行为的过程看,权力表现为多重的影响力,强制力只是其中一种刚性的影响力。如果依权力的作用力强弱来划分,则可分为强制力、支配力和影响力。[②] 可见,在界定权力时,不仅应当关注其强制或支配属性,还应当关注其影响力这一属性。

■ 第二节 国际关系领域“软权力”的概念

软权力(soft power)是一种无形权力,是通过自身文化、意识形态、社会制度等方面的吸引力而不是强制力来影响他国意愿的同化性权力(co-opting power)。该概念最早由约瑟夫·奈(Joseph S. Nye, Jr.)于1990年出版的《注定领导世界:美国权力性质的变迁》一书中首次提出。约瑟夫·奈从国际政治权力性质发生变化的角度,全面系统地阐述了国家权力的概念[③],指出一个国家的权力由软权力和硬权力两部分组成。在约瑟夫·奈看来,软权力是在新的国家政治外交关系中重视权力运用之方式与手段的产物,是指通过吸引力而非强制手段,让他人自愿追求你所要的东西之能力。软权力的运用,表现为通过自己思想的吸引力或者决定政治议题的能力,让其他国家自愿效仿或者接受体系的规则,从

---

① [美]罗伯特·A·达尔:《现代政治分析》,王沪宁译,上海译文出版社1987年版,第36页。

② 参见上海市人民政府行政法制研究所“行政指导”课题组:《中国行政指导的实践与理论研究(上)》,《政治与法律》2003年第3期。

③ Joseph S. Nye, Jr., “Soft Power,” *Foreign Policy*, Fall, 1990; Joseph S. Nye, Jr., “The Changing Nature of World Power,” *Political Science Quarterly*, Vol. 105, No. 2(1990), pp. 11-12.

而间接地促使他人确定自身的偏好。① 也就是说，让别人追求你想要的东西。

软权力并非是权力政治分析中的新概念，类似观念在许多政治家的著作中都有论及。政治学家丹尼斯·朗(Dennis H. Wrong)认为权力有武力、操纵、说服和权威四种形式。② 美国战略家柯林斯(John M. Collins)把影响人民思想和行动的政治力量、人民的性格、精神面貌和教育程度以及起领导作用的因素都视为权力的组成部分。③ 葛兰西(Antonio Gramsci)认为权威形态有两种："强制支配"及"共识支配"，指出权威的核心不在于强制和暴力，而在于用价值观成功地塑造全社会，建立权威也就是塑造共识的过程，故而突出文化、思想、意识形态的重要性。④

软权力是相对于历史上的权力观念(把权力理解为是一种强制力量)而言的。在以往历史中，物质主义主导国家权力思维，权力是一种迫使人们必须服从的或不得不服从的强制力量，实力因素在国家权力运行中起决定性的作用。换言之，凡是权力都是有形权力——硬权力(hard power)，都是通过引诱和威胁的手段来迫使他人从事原本不会实践的行为，以达成自身想要的结果。正如马克斯·韦贝尔所指出的那样，权力"是一个人或一些人在某一社会行动中，甚至是在不顾其他参与这种行动的人进行抵抗的情况下实现自己意志的可能性"⑤。但从国家权力的发展变迁中我们却发现，单凭硬权力维持的国内统治或国际霸权，往往会招致高昂的成本代价和激烈的抗争，并最终导致权威的衰落和终结。

"软权力"(soft power)的这一概念在国际政治外交关系领域被提出

---

① Joseph S. Nye, Jr., *Bound to Lead: The Changing Nature of American Power*, New York: Basic Books, Inc., Publishers, 1990, pp. 31-32.

② 参见[美]丹尼斯·朗：《权力论》，陆震纶、郑明哲译，中国社会科学出版社 2001 年版，第 26～75 页。

③ 参见[美]约翰·柯林斯：《大战略》，中国人民解放军军事科学院译，战士出版社 1978 年版，第 401 页。

④ William Robinson, *Promoting Polyarchy: Globalization, US Intervention and Hegemony*, Cambridge: Cambridge University Press, 1996, pp. 21-64.

⑤ [英]汉斯·格恩：《马克斯·韦贝尔文选》，牛津大学出版社 1964 年版，第 180 页。

以后，迅速风靡全世界，成为冷战后非常流行、使用频率极高的一个专有名词，为国际关系学界、政治学界、社会学界所普遍重视，并成为以美国为首的资本主义国家在国际政治外交关系中向其他国家输出意识形态和价值观的重要手段。① 以美国和西欧重要发达国家为例，在国际关系和国际政治领域通过其意识形态、制度和国际威望等的传播，在诸如人权外交、民主对话、拓展市场经济共同体等方面，为维护其经济、社会的快速发展和塑造其国际地位等发挥了极其重要的功能。

在我国，由于受传统政治文化的影响，政治权力的研究和应用并不受重视，在国际交往中总是受到牵制，近些年开始则逐步好转。以近几年抗震救灾、社会信用体系建设、“一带一路”等为例，政治力量、政府和政治领导人的权威、传统文化的弘扬等发挥了至关重要的作用，不仅重塑了政府的权威，而且在诸多领域达成了国人的政治共识。由此看来，将软权力引入国家权力的范畴以及重视软权力的运用确实有助于为国家的发展奠定一个较好的国际政治环境。

第三节 “行政软权力”的概念

在行政法领域，随着改革开放和社会主义市场经济的深入推进，一些非强制性的行政管理手段和方式，如行政指导、行政计划、行政合同等，开始在社会管理和公共治理领域得到普遍运用。然而，传统行政法学在对待行政权的问题上，往往将行政权界定为一种强制性或支配性

① 值得注意的是，尽管软权力的运用通常表现为“通过自己思想的吸引力或者决定政治议题的能力，让其他国家自愿效仿或者接受体系的规则，从而间接地促使他人确定自身的偏好”，但提出这一概念的主要目的却在于：以其强大的军事实力和经济实力做后盾，在传统的武力威胁、恐吓的基础之上，通过其在国际交往中形成的权威话语权，操纵或说服其他国家就范，或者通过其强国文化向其他国家的人民或者政治团体输出价值观，以较小的成本实现其国家意志。

的权力，把那些非强制性的、对公民不产生实际法律效果的行政行为视为行政事实行为或者非权力方式，以至于在相当长的一段时间内，行政诉讼法仅规定了针对"具体行政行为"的合法性审查。[①] 这种定义方式及其做法，很容易忽视建立在权威和同化顺从基础上的"非强制性"的权力形态及其运用方式，并将其排除在法律的规范和约束对象之外。可以说，该界定客观上为规范主义控权理论在我国的发展提供了理论支持。

建立在针对具体"行政行为"的规范主义控权理论上的行政法学，必然把行政权界定为执行权，把行政权限制在"简单地对社会秩序的维护"上，并把对行政行为的外部法律控制作为主要或唯一的控制方式。显然，这种控制是"一种非良性的运行状态 "，"是对个别的控制而不是对普遍的控制，是对违法性的控制而不是对违反行政理念的控制"。[②] 这种规范主义控权理论及其法制实践，客观上限制了行政权，但也降低了行政权的社会效能，提高了行政执法成本，忽视了行政权在实际运行中的人格化倾向，并可能产生以下不利后果：一方面，如果对行政权进行细密的法律控制，包括实体规则和程序规则的控制，会导致"捆绑住行政权的手脚"，并使之丧失积极形塑社会和实现国家作用方面的效能；另一方面，如果不对行政权采取细密的法律控制，又会导致行政权的自我膨胀和滥权现象的发生。

为了解决寻求控制行政权与实现社会效能之间的平衡，一些学者提出了平衡论。早在 1993 年，罗豪才先生就提出了这一重要理论。该理论认为，行政法的全部发展过程就是行政机关与相对一方的权利义务从不

---

① 1989 年 4 月 4 日中华人民共和国主席令第 16 号公布、1990 年 10 月 1 日起施行的《行政诉讼法》，仅规定针对具体行政行为的合法性审查。及至 2014 年 11 月 1 日《全国人民代表大会常务委员会关于修改〈中华人民共和国行政诉讼法〉的决定》修订并自 2015 年 5 月 1 日起施行的新《行政诉讼法》，才将"具体行政行为"改为"行政行为"，扩展了行政行为审查的范围。

② 参见关保英：《论行政权的自我控制》，《华东师范大学学报》（哲学社会科学版）2003 年第 1 期。

平衡到平衡的过程。现代行政法不应是管理法、控权法，而应是“平衡法”。其存在的理论基础则应当是“平衡论”，即在行政机关与相对一方的权利义务关系中，权利与义务在总体上应当平衡。它既表现为行政机关与相对一方的权利和义务分别平衡，也表现为行政机关与相对一方各自权利义务的自我平衡。平衡论是以各种现实的法律手段作为存在基础和实现保障的。① 可以说，该理论把脉中国行政法制发展的特殊国情，对于推动行政法制建设沿着正确轨道发展，对于促进社会主义市场经济体制的形成，对于实现民主与效率的有机统一，以及建立具有中国特色的现代行政法学体系，都有着十分重要的意义。② 另一些学者则关注对行政权的自我控制机制的研究。如关保英教授认为：“在现代法治国家，权力控制固然重要，而权力的自我控制则更加重要。”“大多数学者在探讨行政权的控制理论时，基本上都是从行政权外部控制的角度出发，外在性的他律控制，虽是必要的，但它却是被动的、高成本的。对行政权的控制，内在化的控制才是主动的、低成本的控制。”③然而，行政权的自我控制通常有赖于外部的政治压力，没有外部政治压力的内部控制，并不具有现实可能性。

不管怎样，当下行政法学必然面对的一个重要问题，即如何做到既有助于行政之积极形塑社会功能的实现，又有助于将行政权关进制度的笼子里。如前所述，采取复杂细密的法律控制并不可取，这容易使行政

① 参见罗豪才、袁曙宏、李文栋：《现代行政法的理论基础——论行政机关与相对一方的权利义务平衡》，《中国法学》1993 年第 1 期。

② 有学者指出：平衡论虽然准确地把握住了行政法中“行政机关—相对人”这一核心矛盾，并就此建立起管理法、控权法、平衡法三个理想类型，但“平衡法”很难找到现实的对应物，且“总体平衡”缺乏实际操作的可行性。（参见晨曦：《“平衡论”的困境》，《中外法学》1996 年第 4 期）

③ 关保英：《论行政权的自我控制》，《华东师范大学学报》（哲学社会科学版）2003 年第 1 期。

出现陷入瘫痪的情况。[①] 而任由行政权的自我控制,似乎也不具有政治现实上的可行性。那么,应当如何实现对行政权的控制呢?这首先需要对行政权有一个更加深入的了解。如果我们把行政权看作是一种强制性、支配性的权力形态,那么就必然会出现对行政的法律控制和司法控制的诉求,并产生前述可见的不利后果。

可喜的是,国际政治和外交关系领域出现的软权力概念,为我们重塑行政权的内部构造提供了契机,也为解决上述公共治理实践困境提供了一种全新的理论分析路径。国际政治关系领域的软权力(soft power)是一种通过自身文化、意识形态、社会制度等方面的吸引力而不是强制力来影响社会公众自觉参与行政活动的意愿的同化性权力(co-opting power)。它是一种通过其潜在的影响力、理性的说服力和内在的吸引力来实现其目标的权力形态,其运用方式不是强制和暴力,而是说服、倡导、商谈式的,核心在于通过其价值观或权威来成功地塑造全社会并达成共识,突出其文化、思想、意识形态的重要性。

显然,将国际外交关系领域的软权力概念引入国家内部的治理,可以为达致秩序的广泛认同提供理论和制度上的资源,有助于改变传统上"警察国家"[②]的形象,也有助于真正落实"和谐"的社会主义核心价值观。对于作为国家权力之重要组成部分的行政权而言,经典"分权与制衡"理念的分化演绎已使得现代行政权的执行性特征受到质疑。而行政

---

① 对此,庞德曾指出:"法律使行政陷入瘫痪的情况,在当时是屡见不鲜的。几乎每一次有关治安或行政的主要措施都被法律所禁止。……别的国家在行动前提交行政、检查和监督的事情,我们都交给了法院;宁可用一般法来告知个人所应负担的义务,让他依自己的判断自由行动,并当他的自由行动违反了法律时对他进行起诉和施以预定的刑罚。将行政限于无以复加的最小限度,在当时被认为是我们这个政体的基本原则。换言之,当一些人走向一个极端并接受官僚支配时,我们却走向了另一个极端并接受法律的支配。"([美] E. 博登海默:《法理学——法哲学及其方法》,邓正来、姬敬武译,华夏出版社 1987 年版,第 354 页)

② 此处的警察国家不是单纯的警察系统,而是指"政府不受法律约束,呈现极权特征,任意侵犯个人权利和自由,对人民实行全面、严密和镇压性的控制,凭借警察等暴力工具维持政治统治和社会秩序的国家"。(章剑:《论警察国家——以纳粹德国和〈1984〉大洋国为样本》,《江苏警官学院学报》2013 年第 6 期)

权的强制性行使方式虽然目前仍然占据主导地位，但已不能完全代表行政权的行使特点。在构建多元民主与和谐社会的大背景下，硬权力运用所体现的核心价值和功能开始衰减，在公共治理和维护社会秩序中无法占据垄断性的主导地位，而软权力的引入和运用回应了这种变化。因为行政软权力的行使，不存在国家强制权，更符合“治理”的特点。

事实上，进入20世纪以来，特别是第二次世界大战以来，西方发达国家由于对经济与行政管理的社会需求不断增加，政府职能逐步扩大、丰富与活跃，特别是世界范围的民主化潮流的推动和国家的福利性质逐渐增强，传统的管理行政、秩序行政逐步转向以给付行政、服务行政为特征的现代行政，以行政机关为中心和行政权力的单向行使为全部内涵的传统行政法日益转向更注重人权和民主的现代行政法。在这个转型过程中，为了解决积极行政与保障人权之间的内在冲突，规范主义开始受到质疑，新结构功能主义[①]崭露头角，并在行政法领域获得了前所未有的成功。传统的行政权及其运行方式已经开始发生革命性的变化，现代行政逐步呈现出职能多元化的趋势，行政软权力逐步在行政活动中发挥着重要的调整作用，出现了行政方式的多样化、柔软化趋势。而行政指导、行政契约、非拘束性计划等非权力行政方式的出现和广泛运用，就是其中一个突出现象。[②] 如今，行政软权力已然是行政权的一种特殊形式，是通过劝导、指导、建议、协商等非强制性的方式，并透过与行政相对人的互动而达致行政管理目标的一种特殊行政权能。

可见，将行政软权力概念引入行政权，重塑行政权的内部构造，已经不仅仅是一个理论建构问题，而是对公共治理实践的理论回应问题。为此，必须改变传统上对行政权之强制性和支配性属性的单一认识，将行

---

① 其认为，社会是相互关联的结构组成的系统，社会系统的存续以各个结构的功能性作用为前提，社会的整体稳定依靠各组成部分的功能发挥，且在结构发生变化时，结构的自我整合可以促进系统趋向新的稳定。(参见[美]戴维·波普诺：《社会学》，李强等译，中国人民大学出版社2000年版，第108～109页)

② 参见莫于川：《非权力行政方式及其法治问题研究》，《中国人民大学学报》2000年第2期。

政软权力的概念引入行政权，重构行政权的内部构造，以便发掘针对这一软权力运用方式特有的法律控制模式。与此同时，将行政权的内部构造界定为“行政硬权力—行政软权力”并建构起保持两者间适度平衡的制度架构，或许能够解决“平衡论”所遇到的理论和现实困境。

第二章
行政权二元构造的理论和现实意义

行政权作为国家权力的主要组成部分，具有针对将来的积极塑造功能，在维护国家和社会秩序、解决各类纠纷、保障公民的合法权益、实现国家职能等方面，发挥着愈来愈重要的作用。根据行政管理学理论，行政管理是一种权力管理，是行政机关单方面运用权力进行指挥和组织的活动。它的基本方法就是以国家强制力作为后盾，发布具有强制性的行政命令，使被管理对象无条件地服从国家意志。在传统行政法理论中，总是强调行政法律关系中行政机关的单方面意志，即一切由国家行政机关说了算，其他相对人(包括各种被管理对象)都无条件地服从行政机关的权力指挥，因而行政法的传统调整方法只存在一种，即权力指挥——服从方法。① 故而传统观点一般认为，解决行政权与公民私权利的失衡问题，应当采取一种西方法治国家普遍运用的规范主义控权模式。

近些年来，伴随着公共行政、服务行政的快速发展，行政权能在实际运用过程中出现了强制性权力过度使用的问题，并发生了一系列的群体

① 参见杨海坤:《行政指导——政府管理的一种新方式》,《河北学刊》1988 年第 4 期。

性事件。[①] 纵观这些群体性事件的发生，有着传统行政管理体制、行政一体化和行政组织法制不健全等方面的深层原因，但从规范行政权运作的视角来看，建立在传统干涉行政基础上的规范主义控权模式，宏观上虽然可以有效地实现政令畅通和行政效率问题，但并不能从根本上解决我国一直以来存在的行政权与公民私权利之间的失衡问题。基于中国化的问题意识和行政软权力的概念建构，本章将试图在对传统行政强制性权力——行政硬权力运用方式的内在缺陷进行分析的基础上，对行政权二元构造的理论和现实基础展开分析。

■ 第一节 传统行政权(硬权力)运用方式的缺陷

在我国传统行政领域，行政权通常以国家强制力为其保障的行政硬权力为其核心表现，盖因传统行政权作为实现国家行政职能的有效途径，其实际运用可以全面迅速地实现政府职能所致。近些年，在行政执法领域，行政机关基于行政一体化原则和行政效能的考量，对传统行政权，如强制权的使用上，表现出持续的、高涨的使用偏好，在行政许可、行政处罚、行政强制、税收、城市治理等传统行政权运行领域频繁地使用行政硬权力。即使是在城市房屋拆迁、公共服务、环境美化、行政指导等诸多非传统行政权运用领域，由于行政公共理性的消解和部门经济利益的驱使，行政硬权力的身影也随处可见。传统行政权单一、僵化的运用方式已经愈来愈不适应当代行政的发展。

首先，硬权力是行政权的核心表现，是行政权得以顺利实现的有效

① 如2014年5月杭州众泰群体性事件、2015年4月广东河源群体性事件、2015年12月甘肃永昌群体性事件、2016年海南海口市群体性事件，等等。这些群体性事件诱因多种多样，主要原因有土地动迁、经济纠纷、环境保护、医疗纠纷，而且诉求内容逐渐多样化，但是其背后都显示出行政手段存在一定的问题，这也是矛盾激化的原因之一。

途径，属于最迅猛、最激烈的权力表现形态，其实际运用可以全面迅速地实现政府目的。因而，在行政机关及其工作人员与民众的互动关系中，一方面，政府对硬权力表现出持续、高涨的使用偏好，大到城市拆迁、土地征用，小到催讨税款、限制养犬都需要行政机关的参与和配合，这在某种程度上也说明了在医院、业主委员会、商业公司等非行政机关中会出现那么多兼职的行政机关工作人员的根本原因。另一方面，公众面对行政机关简单的物理性硬权力时，不再表现为同化顺从（co-opting compliance），而是表现出越来越明显的不信任，甚或出现了“以暴制暴”的行动倾向。导致这种现象的根本原因在于，以硬权力表现形态出现的行政权无法获得公众的内心认同，从而使个人和组织在行政机关及其工作人员与民众的互动关系中迅速被边缘化。

其次，随着公共行政的飞速发展，文化多元化和经济一体化进程的不断推进，新旧价值体系和利益格局不断发生冲突，仅以强制力为核心的行政硬权力运用方式，无法建立有效的公众参与机制，无法形成对政府决策权、执行权行使的理性制约力量，无法有效地激发公众对行政权运用正当性的理性支持。正如杨海坤教授所指出的那样：“随着经济体制、政治体制的改革，行政管理，包括行政命令和直接管理在一定范围内仍然是十分必要的，不能弃之不用；但另一方面，社会主义行政管理关系和方法应该向多样化方向发展，其中包括行政指导关系和方法应该得到充分的发展。”“建立新型的富有生气的行政指导关系是经济体制以及各方面改革提出的要求，是国家政治、经济、社会生活民主化的要求，是社会主义初级阶段的经济基础发展对其上层建筑中国家行政管理提出的要求。”①

再次，行政机关是建构社会安全和信赖气氛的关键，其在处理群体性事件中的冷静态度、使用强制力上的克制态度和提供公共服务方面的热情态度，都属于积极的社会塑造活动，对于吸引或引导公民合法、和平表达自己的意见，形成尊重规则和培养参与公众生活的公共知识和能

---

① 杨海坤：《行政指导——政府管理的一种新方式》，《河北学刊》1988年第4期。

力，建立社会主义和谐社会都有着极为重要的现实作用。而传统行政硬权力运用方式的普遍使用，降低了行政机关对社会公众参与行政管理活动的影响力和社会塑造过程中的内在吸引力。

最后，从行政法治理论与实践来看，为规范和约束传统行政权，传统行政法学体系的建构也就不可避免地以规范和约束行政行为为核心。尽管改革开放四十年来的行政法制理论与实践，在很大程度上有效地约束和规范了行政权能及其运用，建立了一系列的约束与规范行政权的法律制度，加大了对行政行为的事后控制和对公民私权利的救济力度，但由于行政职能多元化的事实以及行政一体化、行政组织法制不健全的影响，对行政权的传统控制模式就显得力不从心。尽管新结构功能主义在行政法学界已经开始受到重视，但由于传统法制文化的影响，缺乏对伦理制度和社会主义主导文化的建构，我国并未形成类似于西方法治国家以司法为主导，与理性、自然法思想相契合的“三位一体”的行政权控权模式。这在某种程度上加剧了行政机关所要应对的“日益复杂的社会局面与更小的权力活动空间”之间的紧张态势（详细论述请参见本书第八章）。

第二节 行政权二元构造的理论意义

改革开放以来，我国在控制行政权方面做了大量卓有成效的工作。一方面，国家紧锣密鼓地制定出台了一系列的法律法规以约束行政权能及其运用；另一方面，通过行政复议法、行政诉讼法和国家赔偿法的制定实施，加大了对行政权的事后控制和救济力度。但是，由于我们并未形成类似于西方以司法为主导与理性、自然法思想相契合的“三位一体”的行政权控权模式，导致规范主义下的控权实践，在某种程度上加剧了行政机关所要应对的日益复杂的社会局面与更小的权力活动空间之间的紧张态势。在当下，如何对行政权能的实际运用进行有效控制、如何保障行政机关积极实现国家职能，并实现国家职能与保障公民私权利之间的平衡，就成为我们必须面对的历史课题。

作为处理国与国关系的软权力观念的提出，为我们借鉴和引入行政权、完善行政权的内部构成以及发展符合中国实际的"三位一体"控权模式提供了契机。将软权力引入行政权的内部构成，对于建构科学化的行政权内部结构，明晰行政机关的角色定位和权威重塑，形成"三位一体"的行政权控制模式，促进行政权的理性运作，具有重要的理论价值。

一、有利于行政权内部结构的科学化

在传统行政法学上，在有关行政权的表述中，往往特别重视行政权的专政职能与管理职能，过于强调硬权力和国家职能的快速实现，从而破坏了行政关系中的主体均衡，导致权力享有主体被凸显，个人和组织被边缘化为无奈和顺从的权力对象，在一定程度上造成了个人和组织对行政机关怀疑甚或敌对的气氛。这种"威权治理"除了会引发潜在的不和谐因素以外，还不可避免地导致硬权力在运用过程中遇到阻力时的退缩（"小闹小退让"，"大闹大退让"），从而影响了政府和行政机关的权威，为少部分人通过非法律途径向行政机关施压提供了借口，并形成对行政执法极为不利的环境。

近些年来，由于过分迷信强制和制裁的力量而忽视了执法过程中所有参与者制度性的相互学习，加剧了规则表达和规则实践之间的背反。①同时，行政机关在运用强制性权力的过程中，反而出现了硬权力"硬不起来"——"执法不能"和"执法打折扣"——的现实困境。这种现象的发生，影响了政府的权威和打击违法犯罪的力度，也对大量阻挠执法、上访现象产生了深层次的影响。再就是过于强调行政权的硬权力特性，也容易引起行政机关对自身强权的自我认同乃至滥用，导致权力元素被单一化。因此，单纯强调行政权的硬权力单一构成，不利于发挥个人和组织在行政活动中的主体性和能动性。相反，通过对软权力构成的挖掘，以

① 参见王锡锌：《中国行政执法困境的个案解读》，《法学研究》2005 年第 3 期。

及对行政权内在品格的重新塑造，不仅能有效改善行政机关与民众之间怀疑甚或敌对的气氛，也有利于引导民众积极参与到行政活动中来，以适应转型期社会所面临的诸多现实问题，形成更加科学合理的多元权力运作模式，构造科学合理的行政权内部结构。

二、有利于行政机关的角色定位和权威重塑

在近些年的行政活动中，行政机关作为执法机关的角色被一再强调，加剧了行政机关及其工作人员与个人和组织的二元对立。而我国的法律制度仍处于整体建构的发育期。法律规则的不断制定尽管提供了可资执行的资源，但法律规则本身的合理性和正当性仍然面临审视和重估的风险。这在行政执法实践中被转化为对行政活动正当性的疑问，而这一疑问恰恰是作为微观主体的行政机关工作人员所无法回答的。但法律的执行又是不可放弃的，于是行政机关工作人员片面执行法律的情况比较多。比如：2002 年的“黄碟案”①，2009 年的“钓鱼”执法案②，2011 年江苏无锡的暴力执法事件③等，都曾造成了一定的社会影响。

行政权的硬权力和软权力之二元构造，有助于服务型政府建设和角色定位。从软权力的角度看，行政机关不应被简单定义为拥有强制力的执法

---

① 2002 年 8 月 18 日晚 11 时许，延安市宝塔公安分局万花派出所民警称，接群众举报，新婚夫妻张某夫妇在位于宝塔区万花山乡的一所诊所中播放黄碟。民警以看病为由敲开房门，后扣押收缴了黄碟、VCD 机和电视机。此案在社会上引发巨大反响，后张某夫妇及其律师与宝塔公安分局达成补偿协议，由宝塔公安分局进行经济补偿和赔礼道歉等。

② 2009 年 9 月 16 日，上海市民张某驾车遇路人搭乘，被闵行区城市交通行政执法大队扣押，并以无营运证擅自从事出租汽车经营行为为由，作出行政处罚决定。此案掀起全国人民对“钓鱼”执法的质疑热潮。张某向闵行区法院提起行政诉讼，要求撤销行政处罚决定，法院当庭判决被告的行政处罚决定违法。

③ 2011 年 5 月 24 日下午，无锡锡山区东北塘街道城管聘用人员顾某、浦某等 6 人在东北塘菜场检查市容环境卫生时，与位于菜场西门的一处小商品百货店店主胡某发生争执。因胡某不同意收回店外违法占道设摊并先动手，城管队员与胡某及其朋友遂发生肢体冲突。事发后有市民将这起城管打人事件的视频发布网上，随即引来大批网友关注。

机关，行政机关的任务也并不是简单地实现国家职能和进行社会控制。将软权力引入行政权的内部构成，将有利于重塑行政机关的公共服务职能，强化个人和组织对行政活动的参与力度，增加个人和组织对行政活动的归属感和认同感。同时，将软权力引入行政权，还有助于改变政府权威的塑造方式，将过去那种“无可选择的”政府权威变为以经济政治实力为基础、在制度范围内“可以进行选择的”政府权威。在我国，行政权威来自于人民又服务于人民。行政权威不再是绝对的而是相对的，服从也不再是少数决定多数的被迫的强制性服从，而是由多数决定的自愿服从。因此，与硬权力所表达的垄断的话语权不同，以软权力构造所形成的更为开放的行政权话语系统，能够弥补硬权力行使所带来的行政机关的权威减损，充分调动公民的参与热情，潜移默化地影响公民思维，在更为广阔的层面上争取公民的职业认同，从而有利于建立更有效和持久的行政权威。

三、有利于构建“三位一体”的权力运行与权利保障模式

我国传统上行政权运行与权利保障模式，是一种以规范和约束行政行为为主导的、消极性的权力运行和权利保障模式。这种模式，一方面要求行政机关“法无授权即禁止”；另一方面强调行政行为的合法性，并以此进行权利保障和救济。但是，强调行政权作为硬权力的消极职能，进而强调行政机关的职权法定性、行为合法性和权责一致性，而忽视了行政权作为行政软权力的积极职能，降低了行政机关在人民群众中的威信，无法回应当今时代行政职能多元化的现实和构建服务型政府的要求，无法获得社会公众对行政执法活动的内心认同。况且，我国的政治体制有别于西方国家的分权与制衡体制，形成发达国家以司法为主导，与理性、自然法思想相契合的“三位一体”行政权控权模式，还需要长期的法治实践。

随着公共行政的飞速发展，文化多元化和经济一体化进程的不断推进，以吸引力为核心的软权力必将在维护社会和谐、保持社会稳定、妥善处理人民内部矛盾、防范和打击犯罪、保障人民生命财产安全以及弥补现有体制下行政权与公民私权利之间的失衡等方面，起着硬权力无可替代的作用。而且，行政软权力运用方式的科学运用，还有助于行政机关

建立一系列的行政执法伦理制度，也有利于程序主义法范式、协商民主和社会价值评价机制的建立，从而构建一种与行政职能多元化相契合的“三位一体”的权力运行与权利保障模式（关于该模式的详细分析，请参见本书第八章“行政软权力的法律控制模式”）。

第三节 行政权二元构造的现实意义

目前，我国社会格局正从以前的一元中心向多元共存的方向转化。在此过程中，国家管理活动也日益显现出多元化运作的态势。对于行政法学而言，以行政硬权力单一结构为特征的行政权的运用及其控制模式，由于缺乏对当今社会的适应，开始受到行政法学界的诟病和反思。一方面，在传统硬权力统御的行政权运作中，一些柔性的软权力行政方式也逐渐被发掘出来并日益受到重视，如行政指导、信息交流、温情执法等；另一方面，伴随着社会国家理念的兴起和多元协商民主的建立，为应对日益复杂的社会局面，行政权的运作方式发生了很大变化，一些独立的行政软权力运用方式也开始得到普遍的运用，行政指导、行政合同、行政协商、行政和解、利益诱导行政、模仿行政等独立的行政权运行方式得以不断地被挖掘，为在理论上重新建构行政权理论提供了现实基础。以行政指导为例，通过行政指导的方式向行政相对方灌输管理思想、发展策略，可以在相当程度上降低行政相对方收集、整理信息的成本，减少相对方对行政管理的阻力，使行政机关更好地为相对人服务。同时，通过行政指导也可以对现行法律法规不完备进行灵活的补充。

一、有利于改变传统行政权单一、僵化的运行方式

传统的行政权运用方式，过于注重行政权的专政职能和国家职能的快速实现，从而破坏了行政关系中的主体均衡，往往过分地强调行政权的强制性特性和行政权威，忽视社会公众在行政活动中的主体性地位，

导致权力享有主体被凸显、作为行政相对人的个人和组织被边缘化的现实困境，在一定程度上造成了个人和组织对行政机关怀疑甚或敌对的气氛。而在非传统行政权运行领域，由于受传统行政权观念的影响，过于强调行政权的硬权力特性，不注重行政软权力运用方式的科学运用，从而导致行政权单一、僵化的运行方式。因而，将行政软权力引入行政权，对于科学界定不同权力形态的运行领域，改变传统行政权单一、僵化的运行方式，建构更加科学合理的多元权力运用方式，对于解决目前转型期社会所面临的诸多现实问题，具有重要的现实意义。

二、有利于建立有效的公众参与机制

硬权力是一项预设性的权力，在行政机关面对相对人时并不必然发生，更多的时候表现为一种威慑力。行政机关长期以一种全能的智者和强者的面貌出现，在很大程度上使行政机关对其管制能力产生一种过于自信的心态，极易失去本应具有的与民间沟通和协调的耐心。而软权力作为一种以吸引力为核心的权力形态，则必须以理性说服力为其实现条件。由此，软权力就成为一种沟通的权力，并为形成开放性的行政权能创造条件。正是在这个意义上，商谈原则要能通过法律媒介而获得民主原则的形式，只有当商谈原则和法律媒介彼此交叠，并形成为一个使私人自主和公共自主互为前提关系的权利体系。① 值得注意的是，行政软权力具有形式多样、灵活性和互动性的特点，难于通过传统的行政立法进行法律规制，为避免强制权的过度使用，必须重视行政程序的立法工作，强调程序在规范行政软权力中的作用，加强与相对人的沟通和交流，争取相对人和社会的真正内心认同，有利于建立有效的公众参与机制，而这也正是软权力的内在旨趣所在。

三、有利于提升行政机关的公共服务职能

我国的行政机关历来有相当广泛的公共服务职能，并不能为硬权力

---

① 参见[德]哈贝马斯:《在事实与规范之间》(修订译本)，童世骏译，三联书店 2003 年版，第 155 页。

所涵盖。主要体现在三个方面：首先，在提供公共服务的过程中，行政机关及其工作人员，应当以人民公仆的角色回归社会，积极主动地为公众服务，成为人民公仆的形象代表。其次，在行政执法和提供公共服务的过程中，行政机关工作人员必须具备较高的专业技能，从而高效快速地维护社会秩序、解决社会矛盾和提供专业指导。最后，基于中国特殊的国情和我国的行政职业伦理传统，要求行政机关工作人员必须成为社会伦理的典型代表。

在近些年的行政活动中，行政机关的公共服务职能被一再地弱化，而其作为执法机关的角色则被一再强调，加剧了行政机关及其工作人员与个人和组织的二元对立。同时，由于我国的法律制度仍处于整体建构的发育期，所以法律规则的不断制定尽管提供了可资执行的资源，但法律规则本身的合理性和正当性仍然面临审视和重估的风险。这在行政执法实践中被转化为对行政活动正当性的疑问，而这一疑问恰恰是作为微观主体的行政机关及其工作人员所无法回答的。但法律的执行又是不可放弃的，于是行政机关及其工作人员片面执行法律的情况还比较多。有一些案例比如延安“黄碟案”、警察依法行政致死孕妇案等造成了很坏的社会影响。同时，由于受传统行政法学的影响，一些独立的行政软权力运行方式，如行政合同、行政指导、行政调解等，却一直以来都没有受到足够的重视。由于缺乏相应的法律规制，导致行政机关的公共服务职能被弱化，甚至出现无法可依的局面。

因此，从传统控权的角度看来，行政软权力的引入及其运用方式的科学界定，有助于强化行政机关的公共服务职能。即便是在传统的行政权运行领域，行政软权力运用方式如协商、听证等的合理运用，也有助于增加社会公众对行政执法的归属感和认同感。因而，将行政软权力引入行政权的内部构造，有利于形成更为开放的行政权话语系统，弥补行政硬权力行使所带来的行政机关的权威减损，充分调动公民的参与热情，潜移默化地影响公民思维，在更为广阔的层面上争取公民的职业认同，从而有利于建立更有效和持久的行政权威。

第三章 行政软权力的特征、价值与功能

对于作为国家权力之重要组成部分的行政权而言，经典“分权与制衡”理念的分化演绎已使得现代行政权的执行性特征受到质疑，而行政权的强制性行使方式虽然目前仍然占据主导地位，但已不能完全代表行政权的行使特点。在构建多元民主与和谐社会的大背景下，硬权力运用所体现的核心价值和功能开始衰减，在公共治理和维护社会秩序中无法占据垄断性的主导地位，而软权力的引入和运用回应了这种变化，因为软权力的运用方式乃是说服、倡导、商谈式的，不存在国家强制权，更符合“治理”的特点。恰如我国台湾地区行政学家张金鉴所言：“政治愈进步，社会愈文明，教育愈发达，非强制性的行政行为，愈居于重要地位。”①

在传统行政权运行领域，行政权通常是以硬权力的运行形态，发挥其内在的强制力、运用过程中的威慑力和对社会的直接影响力。这种权力运行模式因其能够高速、快捷有效地实现政府目的，历来为所有政府所偏好。这种以硬权力单一结构为特征的行政权运行模式，通常因无法获得公众的同化顺从(co-opting compliance)而缺乏对当今社会的适应，开始受到世界各国行政法学界的诟病和反思。自 20 世纪以来，福利国家、保护国家、助长行政、给付行政等新型之国家目的观及行政作用论渐

① 张金鉴:《行政学概要》，汉林出版社 1982 年版，第 235 页。

渐被接受，行政机能遂呈几何级数之增繁多涉。① 现代行政逐步呈现出职能多元化的趋势，行政的"非强制性"逐步在行政活动中占据主导地位。如日本学者田冈认为："除维持治安和确保税收这样一些传统的权力作用外，与人民福利紧密相联的非权力性的管理作用在行政活动领域越来越占了更大的地位。"②时至今日，恐怕还没有人能够怀疑行政职能多元化的事实和行政的"非权力性"在社会治理中所发挥的重要作用。③

行政权职能多元化和行政权的"非权力性"之属性的凸显，迫使我们重新审视和思考行政权的基本属性和内在品格问题。国外关于作为处理国与国关系的软权力观念的提出，为我们借鉴和引入行政权、完善行政权的内在品格提供了契机。本章旨在分析行政软权力的概念和特征的基础上，对行政软权力在公共治理、维护社会秩序、塑造政府权威等方面的独立价值和功能进行学理上的分析与探讨。

■ 第一节 行政软权力的特征

一、注重团体能力

行政软权力的享有主体是享有国家权力的国家行政机关或者公权力组织，通常是以团体能力为其实现行政权能的依归，因而更加注重其团体能力而非个人能力。正如斯科特·戈登所言："权力不只是行动的人的能力，而且是在合作中行动的能力。权力决不是单个人的属性；它

---

① 参见诚仲模：《行政法之基本理论(二)》，(台北)三民书局 1997 年版，第 5 页。

② [日]西冈等：《现代行政法概论》，康树华译，甘肃人民出版社 1990 年版，第 9 页。

③ 需要特别注意的是，用"非权力性"来表述非强制性的行政软权力，是一种从权利救济视角出发得出的结论，并不正确。

属于一个团体，并且只有当团体能够保持在一起时它才能存在。"[①]斯科特·戈登对于权力的上述观点充分反映了现代社会权力的特性，对于行政软权力而言是特别契合的。以警察机关在治安管理活动中行政软权力的运用为例，对公众的劝导、指导、建议等行为，往往体现的是在合作中行动的能力，是整个警察机关能力的体现，而不是仅仅表现为某一个警察的能力。

实现行政权能通常依靠的是团体合作而非单个人的能力，享有行政软权力的主体是国家行政机关或是公权力组织。正如斯科特·戈登书中所说："权力不只是行动的人的能力，而且是在合作中行动的能力。权力绝不是单个人的属性；它属于一个团体，并且只有当团体能够保持在一起时它才能存在"[②]这种说法十分贴切行政软权力的特性。如在治安管理活动中，公安机关对公众运用行政软权力时，采取说服、劝导的行政行为。它体现的绝对不是某一警察的执法能力，而是整个公安团体的合作能力。

团体能力注重对整体形象的维护，对行政中的合作有着更高的要求。在通常情况下，单纯依靠执法者的强制性执法手段，虽然也能够达成行动的目标，但并不利于团体能力的提升，因为纯粹的强制并不足以形成合作。而行政软权力采用的是非强制性的权力运用方式，重视与相对人的互动，在互动和同化顺从中实现行政的管理目标，从而更好地维护行政机关的团体形象和团体能力。在近些年的行政执法活动中，一些行政机关过多地使用法定的强制性权力运用方式，虽然带来短期的执法效率，但严重损毁了执法机关的形象，弱化了执法机关的权威和团体能力，导致出现了不少学者相对人恶意抵制执法机关的现象。尤其是在近几年出现的一些强拆现象，造成公众对执法机关的严重不信任，降低了执法人员个人在执法活动中的行动能力。

---

① [美]斯科特·戈登：《控制国家——从古代雅典到今天的宪政史》，应奇等译，江苏人民出版社2005年版，第12页。

② [美]斯科特·戈登：《控制国家——从古代雅典到今天的宪政史》，应奇等译，江苏人民出版社2005年版，第12页。

二、非强制性

软权力(使得他者期望你所期望的目标)吸引民众,而不是迫使他们改变。[①] 非强制性是行政软权力的本质性特征。行政软权力不以强制、惩罚、威慑为支撑,而是表现为一种同化顺从(co-opting compliance)。同化顺从在于行动的协同性和观念上的一致性,要求行政权能在实际运用过程中,要获得公众的内心认同和行动支持,就必须在相互理解和尊重的基础上寻求问题解决的途径,并基于其公众心目中的威信通过专业指导、利益引导、舆论导向等方式发挥其效能。特别需要注意的是,行政软权力不以强制力做后盾,不具有强制性之特点,并不意味着不存在法律规制问题;相反,其结果和运行过程仍然要受到法律的严格规制和调控。以行政指导为例,谁有权指导、如何指导、对于指导所产生的结果谁来承担责任等问题都需要法律的明确规制,以免软权力向硬权力的转化而危害软权力赖以发生作用的基础。

软权力是一种非强制性权力,早期行政法学界受日本学者的影响,认为行政机关实施的非强制性行为是一种非权力行为:凡是权力行为都具有强制力,凡是不具有强制力的行为都是非权力行为。这种简单的在权力与强制力之间画等号的观点有失偏颇,最多只是习惯于传统刚性行政的一种认识。在现代民主社会,刚性行政的范围越来越萎缩,或者说将为越来越多的柔性行政所替代。现代行政手段将日趋多样化,强制是而且仅仅是行政权实现手段中的一种而非全部。在这种情况下,强制力作为识别公权力行为的唯一标准显然是与现实不符的。非强制性的行政行为,仍属行政行为,仍然是行政主体运用行政权力的表现方式。[②]

---

① 参见[美]约瑟夫·S·奈:《硬权力与软权力》,门洪华译,北京大学出版社 2005 年版,第 6 页。

② 参见上海市人民政府行政法制研究所"行政指导"课题组:《中国行政指导的实践与理论研究(上)》,《政治与法律》2003 年第 3 期。

三、灵活性与互动性

行政软权力最显著的特征之一就是灵活性。法无明文规定不可为、法无授权即禁止，这是指行政硬权力在运用中受到明确的法律规制。然而在行政软权力的场合中，行政主体在不同的行政情景中，面对不同的行政相对人可以“对症下药”地实施如协商、劝诫、合作、引导等不同的软权力措施，各种措施之间亦可根据具体情况相互转化。只要不违反法律的禁止性规定，能够实现行政目的，不必像强制性行为那样必须按照既定的制度规定贯彻到底。行政执法者可以自主选择便捷、高效的方法和措施。在一种方式不起作用或失效后，执法者可以迅速地更换另一种执法方式，可见行政软权力具有较高的灵活性。因为无论是行政指导通过建议、协商的方式，还是行政合同通过自愿平等的公私合作方式，甚至于制定内部规章、标准的过程中都采用了非正式的协商，体现了现代行政活动方式的转变以及灵活多元、高效便捷的行政活动方式越来越受到学界的重视。①

通常传统意义上的行政权所体现的绝大多数是单方、单向性特征，而行政软权力则体现双方、双向性的特征。如行政指导、行政奖励需要行政相对方进行主动配合，才能达到应有的效果。行政合同则需要有双方“合意”才能订立生效，并且行政合同的订立需双方合意具有同步性。同样行政调解也是如此，如果纠纷当事人不承认、不买账，其亦无法生效，必须经过被调解人的自愿承认，才有法律执行力。因此，在通常情况下，行政软权力在运用时必须以双方的互动为基础。但是，并不能由此得出行政软权力行为需要相对人的“同意”才能成立和生效，以及未经相对人同意的软权力行为就一定属于行政事实行为的结论。（详细论述请参见第七章“行政指导的概念和性质”）

---

① 参见蒋红珍：《非正式行政行为的内涵——基于比较法视角的初步展开》，《行政法学研究》2008 年第 2 期。

■ 第二节 行政软权力的独立价值与功能

在这个多元民主的时代，每个人都有自由依据法律行事，但这种自由不能没有边际，否则秩序便会荡然无存。行政硬权力以强制、威吓、教育等手段实现其权能，通常见于行政管理领域，对于维护一国的社会秩序发挥着重要作用。但由于其运行方式较为单一，通常会涉及对公民自由的限制，且行政人员总是以管理者的姿态出现在社会公众面前，因而难于获得社会公众的普遍认同和行动上的支持。近些年出现的强制拆迁、城管铁面执法等就彰显了其运行成本较高、社会认同感较弱的缺陷。而行政软权力的优越性则在于它的专业性、权威性和运行方式的多样性，因而极容易获得广泛的社会基础，缓和硬权力与人们对自由的需求之间的潜在冲突。近些年来，温情执法、文明执法等观念开始受到重视。这些权力运行方式尽管也属于软权力的运行范畴，但并不是软权力的主要组成部分。将行政软权力引入行政权，其根本的指导思想和目的并不在于传统的执法伦理和文明执法问题，而是在于对一些新型的公共治理领域的运用以及改造一些传统的硬权力运行方式为软权力运行方式，以便实现公共治理的高效化、低成本化。

首先，行政软权力运用方式在公共治理中的普遍应用，能够增强人们的主体意识，减少协商中的障碍，从而有效地减少国家强制力和公众意愿间的对抗，减少公共治理的成本。其次，行政软权力的阐释和应用，使得传统的行政权在公共治理中的功能发生了根本性的转变，使得行政权在消极限权和积极行权的困境中获得了生命力，也为行政权从单纯的“个人行权”转向“团体行权”而发挥其团体的能力，从而发挥其在公共服务中的潜在影响力、在运用过程中的理性说服力和在社会塑造过程中的内在吸引力。再次，行政软权力通过专业指导、利益引导、民主协商等运用方式发挥作用，其权能的实现往往有赖于社会压制而不是国家强制，有赖于行政活动的吸引力而不是强制力，体现出独立于硬权力运用的独立价值和“自我管制”的功能。再就是，行政软权力的运用有利于建立符合国情的主导法治文化。

一、有利于实现行政的积极塑造功能

行使硬权力虽然可以充分地发挥行政机关的作用，并且取得立竿见影的好效果，但是在面对行政机关既有权限以外的问题时，要么会面对行政滥权的后果，要么就是行政不作为的职责，公民权利意识的觉醒往往会对行政机关提出更多更高的要求。计划经济被淘汰的原因就是，无法全面地掌握分散在社会各个方面的信息——尤其是社会分工日益复杂、社会信息愈加多样——就不能建立有效的管理机制，从而作出准确有效的判断和规划。“如果存在无所不知的人，如果我们不仅能知道所有影响实现我们当下的希望的因素，而且还能够知道所有影响实现我们未来需求和欲望的因素，那么主张自由亦就无甚意义。”①

行政的客体是社会的共同生活。行政服务于共同体的事务，服务于共同体中的人。行政不限于法律的执行，行政机关还承担法律没有明确规定因而一般地产生于法律委托的任务。在此范围内，行政机关必须竭尽全力活动，根据自己的创造性作出反应。② 在传统的干涉行政领域，行政权通常以硬权力的运用方式执行法律规定的事务，受到法律的严格规范与控制。行政机关运用法律所给定的处理或制裁手段，对违反法律的行为进行强制性的干预，比如对违反交通规则的人给予交通处罚，对违反治安管理法的行为进行治安处罚。但在公共服务、市场运行领域，行政权则通常可以通过软权力的运用方式出现。以美国为例，20 世纪 60 年代，为防止政府过多地干预市场可能给本国经济发展带来巨大的经济损失，美国政府试图减慢以美国为基地的多国公司的资本输出速度，鼓

---

① [英]弗里德利希·冯·哈耶克：《自由秩序原理》(上)，邓正来译，三联书店 1997 年版，第 28 页。

② 参见[德]哈特穆特·毛雷尔：《行政法学总论》，高家伟译，法律出版社 2000 年版，第 6～7 页。

励这些公司在国外储备和借用美元，结果造成美国控制之外的欧洲货币市场迅速兴盛起来。① 可见，行政软权力通过专业指导、利益引导、社会评价、民主商谈等方式，针对不同群体和不同领域的需要，在具体的社会环境中解决冲突，容易获得社会公众的普遍认同与支持，便于便捷、高效地实现行政的积极塑造功能。

行政软权力可以通过多种方式促进行政相对人乃至于全体公民的信息交流，通过引导的方式来为其规划行动。公民在此条件之下亦有自主选择和自主决定的权力，在遇到问题的时候，也可以得到及时、妥善的指导和帮助。行政机关也不必费尽心思去搜集信息，就能完成行政的积极塑造。尤其是面对超出权限的情况时，这种宽容状态下的行政，只要在正当的范围之内，经由众多主体作出的行为，更容易获得认同。众多人士经由独立的和竞争的努力，能促使那些我们见到便会需要的东西出现。②

二、有利于构建和谐稳定的社会秩序

秩序是指社会关系相对均衡、社会交往互动正常有序的状态。③ 和谐稳定的社会秩序是法治政府构建的基本土壤，也是文明进步与发展的前提条件。所以说，良好社会秩序是任何一个政府的追求。在行政权施行的过程中，社会秩序的构建与维护是一个绕不开的话题，不同阶层的利益，尤其是公民和政府之间的对抗与冲突，必然都是社会不稳定的影响因素。而人类社会正是这样，在产生矛盾和化解矛盾的过程中前进。在这个商品经济高度发展的时代，人们对于社会秩序也有了更高的要求。在这一秩序构建的过程中，行政权力有着决定性的作用。

---

① 参见[美]约瑟夫·S·奈：《硬权力与软权力》，门洪华译，北京大学出版社 2005 年版，第 3 页。

② 参见[英]弗里德利希·冯·哈耶克：《自由秩序原理》（上），邓正来译，三联书店 1997 年版，第 29 页。

③ 参见陆益龙：《转型中国的社会秩序构建机制研究》，《人民论坛·学术前沿》2013 年 9 月（下）。

传统行政硬权力的运用方式，不利于塑造社会公众的主体意识，使得行政机关在社会治理活动中总是处于被动的地位，甚至会引发一些群体性事件，从而严重地损害了政府及其行政机关的权威。以城管为例，过去粗暴的行政硬权力运用方式带来了较大的社会反响，导致很多群体性事件的发生，严重地损害了政府权威。而行政软权力的运用，以获得社会公众的普遍认同为宗旨，对于维护社会稳定、构建和谐社会将发挥不可估量的作用。以社区巡警为例，以社区为基础的执警的做法有赖于培训巡警足够友好及富有吸引力的态度，从而使社区愿意帮助他们实现共同的目标。①

因而，行政软权力灵活多样的运用方式一方面可以减少纠纷，保持社会秩序的和谐稳定；另一方面，其合理选择及其运用能够为行政机关积累治理经验，形成良好、互动的公共治理模式，为法律的进一步规制奠定基础。甚至于在某些传统的干涉行政领域，行政机关也可以采纳一些灵活的行政软权力方式如告诫、劝说、协商等，作为进一步依法处罚的行为依据。目前，这种方式已经在某些领域获得比较普遍的运用，甚至获得了立法上的支持。如在环境保护方面，现在很多环保机关已经不再采用处罚措施，而是使用奖励的办法，以此鼓励个人和单位遵守及执行环境保护法，并且划拨了专项资金用于发放奖励。在科技管理方面，已经大量地采用行政奖励的方式，并且范围有逐步扩大的趋势。如《国家科学技术奖励条例》和《退耕还林条例》第十条第二款②等。在解决民事纠纷、环境保护、工商、公安、医疗等诸多领域的纠纷时，行政机关往往会采用行政调解。

三、有利于降低公共治理成本

公共治理成本主要是指，行政主体为达成行政目的，在行使行政权

① 参见[美]约瑟夫·奈：《软力量》，吴晓辉、钱程译，东方出版社 2005 年版，第 5 页。

② 《退耕还林条例》第十条第二款规定："在退耕还林工作中做出显著成绩的单位和个人，由国务院有关部门和地方各级人民政府给予表彰和奖励。"

力、履行行政职能过程中所耗费的人力、物力、财力的资源总和，并且能够用货币度量的价值牺牲。公共治理成本具有补偿不对等性、非盈利性等特点。这些价值牺牲基本来自于纳税人交纳的税收，还有少部分是社会公众、机构的捐赠。从减轻纳税人的角度出发，也应当对公共治理的成本加以控制。

在国际关系领域，如果一个国家可以使其权力被他国视为合法，则它将遭受更少对其所期望的目标的抵制。如果该国支持使得他国按照主导国家的预期采取行动或限制自身行为的制度，它可能无需以高昂代价运用强制性权力或硬权力。① 同样在一国内，在国家治理的过程中，冲突是不可避免的，但是一些合法的行政行为为何屡屡得不到尊重，甚至是得到相对人的反抗和旁观者的冷漠与嘲讽，矛盾由此被激化甚至爆发，这是大家都不愿意看到的。

行政硬权力的运用方式在执法过程中，由于无法获得社会公众的普遍认同，通常会耗费大量的执法成本，且达不到预期的执法效果。如在解决拆迁补偿、下岗失业等问题而引发矛盾时，因为硬权力的天然弊端——方式粗暴、缺乏弹性——只会导致矛盾加剧。实践证明，单靠行政硬权力运行方式来管理会带来较大的成本负担。而行政软权力在运用过程中，通过舆论约束、利益引导、民主协商等方式，更多的是依靠共同体成员的自觉遵守，使其能够积极主动地服从管理，这正是软权力的独到之处。软权力可以使行政相对人感受到行政对其自身的关怀和保障，减少对抗性，代之以信赖和主动遵守，并且在协商中递减硬权力所带来的伤害。降低内耗，减少抗争，以此达到降低行政成本的目的。运行成本较低，能够节省大量的社会成本，从而可以用较少的成本达至调整社会关系、维持社会秩序的目的。以环境污染为例，政府通过加大环保宣传的力度，通过较为频繁的行政指导、环保情况通报、社会宣传等方式，往往会赢得社会的信任，建立社会公众的环保意识，从而为通过社会

---

① 参见[美]约瑟夫·S·奈:《硬权力与软权力》，门洪华译，北京大学出版社 2005 年版，第 6 页。

压制引导企业主动、积极地去执行法律奠定基础,减少公共治理的政府成本支出。尽管初期治理的效果可能并不显著,但从长期角度来看却会产生巨大的规模效益。

四、有利于塑造政府权威

《马克思主义原理词典》和《马克思主义哲学全书》都认为,“权威”一词源于拉丁文“auetoritas”,含有尊严、力量、权力的意思,是社会实践中产生的最有威望、最有支配作用的力量。① 而《马克思主义大辞典》对“权威”的解释是“社会生活中由人们所公认的威望和影响而形成的支配力量,被看作是已经制度化了的合法权力。当某种思想、组织或某人的价值、功绩、品德被社会所公认时,就可成为权威。国家的法律、传统的习俗、个人的魅力、一定的职位以及由此产生的权力,是权威形成的基础。”②不难看出,权威昭示着力量与通知,并且要得到普遍的认可。

对于政府权威,很多学者也提出了自己的看法:“政府合法的政治权力的影响力及其对影响力的服从与认同。它有两层含义:一是政府权威依赖于政府合法的政治权力;二是该政治权力具有一定的影响力,社会成员对由此产生的影响力的主观服从与价值认同。”③也有学者认为,权威其实和政府的合法性密不可分。“合法性就是国家公民对政府的权力与威严及政府的能力与威望的认同与遵从,简单地说就是对政府权威的认同与遵从。”④有学者从政治学的角度来看待政府权威:“政府权威是一种公共权威,是政治权威的核心。它是以政府对经济、政治、社会的管理主体地位得到社会力量的认同和支持,从而表现为对管理客

---

① 参见刘炳瑛主编:《马克思主义原理辞典》,浙江人民出版社 1988 年版,第 229 页;李淮春主编:《马克思主义哲学全书》,中国人民大学出版社 1996 年版,第 504 页。

② 卢之超主编:《马克思主义大辞典》,中国和平出版社 1993 年版,第 644 页。

③ 徐国亮:《政府权威研究》,山东大学出版社 2006 年版,第 2 页。

④ 崔金云:《合法性与政府权威》,《北京大学学报》(国内访问学者、进修教师论文专刊)2003 年。

体的制约能力。"①还有学者从外部管理的角度来看待政府权威:"政府权威是指政府在管理各种公共事务过程中形成的得到人民认同的权威和影响力。"②

所以说,政府权威并不是和人类社会共同产生的,而应当是一个历史性的范畴,是伴随着统治阶级的出现,并且内涵不断发生变化的一个概念。笔者认为,政府权威应当包含外部性和普遍认可两个特点。总而言之,这里所说的政府权威应该是在进行国家治理的过程中,能够得到社会普遍认可和尊重的政府机关的影响能力。

政府对于一个国家的发展而言起着极其重要的作用,因而加强政府的权威就成为一个必然的选择。但是,政府权威的塑造并不等同于政府能力的不断加强,否则就会陷入"诺斯悖论"③而不能自拔。随着社会多元化的不断发展,过去通过意识形态所建立的政府权威已经演变成为以经济政治实力为基础、在制度范围内"可以进行选择的"政府权威。从我国宪法的规定来看,政府与人民的关系乃是一种服务与被服务的关系,政府权威来自于人民又服务于人民,政府权威的建立必须从政府职能的转变中获得社会公众的普遍认同。因而,重塑政府权威,就必须从政府本位向社会本位转变,树立"以公众为中心,以公平为基础,以市场为导向,以效益为目标"的行政服务理念。

为全面实现政府能力之目的,行政硬权力之运用方式对于行政机关而言有着强大的吸引力。这种权力运用方式尽管可以形成一种"强制型权威",却不利于政府在社会公众中的威望——一种"非强制型权威"的建立,而"非强制型政府权威"乃是现当代社会国家实现其和平发展与和

---

① 廖扬丽:《论法理型政府权威的一般理论》,《齐齐哈尔大学学报》2003 年第 9 期。

② 吴开明:《浅谈新形势下强化政府的非权力性权威》,《中国行政管理》2008 年第 1 期。

③ "国家的存在是经济增长的关键,然而国家又是人为经济衰退的根源。"([美]道格拉斯·C·诺斯:《经济史中的结构与变迁》,陈郁、罗华平等译,上海三联书店、上海人民出版社 1994 年版,第 225~226 页)诺斯在其著作中重点描述了国家与社会经济既相互联系又相互矛盾的关系形态。

谐稳定之社会秩序的根本所在。通过协商民主和正当程序的法律规制，行政软权力之运用方式，能够摈弃传统行政硬权力形成的垄断话语权，构造一种更为开放的行政权话语系统。因而，行政软权力的普遍运用，有利于充分落实协商民主制度，推动程序理性价值观念的社会传播，充分调动公民参与行政法治实践的热情，潜移默化地影响公民的公共思维和行为，从而有利于建立更为有效和持久的政府权威。

第四章
行政软权力和硬权力的作用机理

在西方一些法治发达国家，行政软权力运用方式甚至开始有限度地取代传统行政权的运行方式，进入传统上以强制力为特性的行政权运行领域，并取得了较好的社会效果。如美国在环保领域建立的环境评估等级制度，德国的“非正式的行政处分”，日本的“公布违法事实”，等等。在中国，“质量万里行”的月饼质量大检查，也属于独立的软权力运用方式的大胆尝试。而在我国，随着改革开放的逐步深化，行政权运用方式开始出现多元化的趋势：一是传统以强制力为保障的行政权运行领域，如行政处罚、行政许可、行政强制等领域，在这些传统行政权运行领域中，行政软权力的运用方式得以被挖掘。二是在公共行政和服务行政领域，如城市亮化美化、城市建设、给付行政等大量的新兴领域，行政软权力开始具有独立的运用空间。如今，后现代主义法学者开始有一个研究的新动向：怎样使行政进入自我管制的状态？

在我国，行政机关历来就有相当广泛的公共职能。在计划经济时代，我国奉行的是全能型管制政府，任何人只要按照既定的轨道运行就可以①，服务职能奉行的是一种“命令—服从”的关系模式，缺乏公众的主动性和积极性。20 世纪 70 年代末开启市场经济体制改革后，我们对政府职能进行了重新定位，开始强调政府的公共服务职能，而这客观上为行政软权力的运用提供了现实政治基础。党的十六届三中全会明确指出，要“完善政府社会管理和公共服务职能 ”，“深化行政审批制度改革，切实把政府经济管理职能转到主要为市场主体服务和创造良好发展环境上来”。②至此，服务行政开始受到党和政府的高度重视，非强制性的行政软权力运用方式得以被挖掘和普遍运用，为社会主义市场经济的建立和服务型政府的建设发挥了重要的促进作用。本章拟对行政权硬权力和软权力的作用机理作一分析，以便正确理解两者各自的运行规律及其内在关系。

第一节 行政软权力的作用机理

软权力作为一种权力形态，通过其潜在的影响力、理性的说服力和内在的吸引力，深刻揭示了现代国家的权力二元构造，为分配权力和维护社会结构稳定发挥了共识塑造和生产真理的功能，为达致秩序的广泛认同提供了理论和制度上的资源，已经越来越为国际社会所普遍重视。在我国，随着公共行政的飞速发展，文化多元化和经济一体化进程的不断推进，新旧价值体系和利益格局不断发生冲突，仅以强制力为核心的硬权力已经无从建立公民社会的内心认同。以内在吸引力和同化顺从

① 中华人民共和国成立后，因应计划经济的需要，逐步实现了生产资料的公有化，个人的财产权利被淡化，个人生活资料采用配给制的票证分配。国务院《关于一九五八年度国民经济计划草案的报告》指出：“从社会工资总额、社会购买力总量、社会商品总量、文化卫生、教育科学、基础设施等诸多项目进行了统筹规划，实行全面的供给制度。”

② 参见《中共中央关于完善社会主义市场经济体制若干问题的决定》(2003 年 1 月 14 日中国共产党第十六届中央委员会第三次全体会议通过)。

为核心的行政软权力在服务型政府建设中发挥着越来越重要的作用，在维护社会和谐、妥善处理人民内部矛盾、建设社会主义民主和建设服务型政府等方面，具有传统硬权力不可替代的功用。

一、软权力在公共服务中的潜在影响力

服务行政是现代政府的根本职能。“服务行政”（Leistungsverwaltung）[①]这一概念最初是由德国行政法学家的厄斯特·福斯多夫（Ernst forsthoff）在《作为服务主体的行政》一文提出的。为了解释“生存照顾”（daseinsvorsorge）[②]这一概念明确提出“生存照顾乃现代行政之任务”，所以“政治权力的拥有者负有满足人民生存照顾之义务”，服务行政由此出现。[③] 作为服务行政重要的运用方式，行政软权力在行政执法和公共服务中具有传统行政强制性权力不可替代的潜在影响力。

（一）软权力在公共服务中的潜在影响力体现为执法者的角色转变

在提供公共服务的过程中，行政软权力有助于让行政机关工作人员以人民公仆[④]的角色回归社会，变身为热情的邻人、友善的朋友，积极主动地为公众服务，成为人民公仆的形象代表，实现从“权力本位”向“权利本位”的角色转变：一是管理者向服务者的角色转变。从管理者向服务者的角色转变，意味着公共服务不仅是实施行政行为的主要依据，更应当是行政机关的价值追求，还意味着公民不仅是公共服务的对象，更是

---

① 台湾地区法学界与日本法学界多数学者将“Leistungsverwaltung”翻译为“给付行政”。

② 个人生存所必需而须取用己身之外的东西，任何提供这些取用物者即为生存照顾。

③ 参见陈新民：《公法学札记》，中国政法大学出版社 2001 年版，第 47 页以下。

④ 但丁在其政治名著《论世界帝国（1311 年）》一书中，第一次提出了“人民公仆”这一概念。公仆思想在我国可谓源远流长。柳宗元是我国历史上明确表述“公仆”思想的第一人，他在《送宁国范明府诗序》中曾指出：“夫为吏者，人役也。”民国时期孙中山曾在多个场合反复提及这一概念。1957 年，毛泽东对他身边的工作人员说：“我不是皇帝，我是国家主席，是人民的公仆。”（参见柳成焱：《论“人民公仆”理论的历史由来和基本要求——对〈江泽民文选〉中“公仆意识”的政治学解读》，《云南行政学院学报》2006 年第 6 期；高放：《“公仆”的理念与实践》，《中国浦东干部学院学报》2008 年第 6 期）

公共服务的中心。只有实现从管理者向服务者的角色转换，才能真正改变政府的官僚作风，才能让行政执法人员真正成为人民公仆。二是执法者向责任者的角色转变。服务行政奉行责任理念。责任理念要求在实施公共服务的过程中，不但要积极主动地作为，更应当承担各项应当承担的责任，只有将责任理念贯穿始终，在提供公共服务的时候行政人员才会有责任意识，不会出现“踢皮球”的现象。只有明确责任人、明确岗位职责、明确责任范围，对于消极不作为的工作人员予以及时严惩，在实际工作中切实担负起应负责任，公共服务效果才能满足公民的期望。

（二）软权力在公共服务中的潜在影响力体现为执法者的专业技能

“行政制度主要是起稳定性作用的”①，“如果一种需要是始终存在的，集合体满足它的方法就会发展成为不断重复的活动和程序。经过不断的重复，在某一阶段上，它们就会为大家所公认，并被赋予正式的组织机构。简言之，它们被制度化了。所谓制度，就是在群体满足公共需求的重复性实践活动中所形成的程式化的行为模式的产物”②。在行政执法和提供公共服务的过程中，没有足够的专业技能和专业素养，就不可能高效快速地维护社会秩序、解决社会矛盾和提供专业指导，更不可能为大家所公认，成为制度内在的因子。由于行政软权力追求灵活性和合法性的统一，需要根据具体的情况作出积极的应变，甚至没有明确固定的要求和限制，这对执法者的专业技能和专业素养提出了更高的要求。高素质的专业人员在运用软权力的过程中，更加容易使行政相对人对行政执法活动产生内在认同感，从而发挥行政软权力潜在的影响力。

执法者的专业技能和素养需要通过职业训练的方式获得。通过专业训练的方式，将其固化下来并进行推广。这种固定化的处理模式，不仅可以迅速地满足行政相对人的要求，还可以节约时间和精力。更为重要的是这种标准化的反应，可以保证公平性，平等地对待每一位公民。

① [法]莫里斯·奥里乌：《行政法与公法精要》，龚觅等译，春风文艺出版社 1999 年版，第 6 页。

② [美]莱斯利·里普森：《政治学的重大问题——政治学导论》，刘晓等译，华夏出版社 2001 年版，第 44 页。

通过制度上的设计来保证行政效率，不但可以提升公民的满意度，还能减少错误成本。不仅如此，行政软权力还强调其灵活性，在遇到特殊情况时，应当及时予以变通处理。

（三）软权力在公共服务中的潜在影响力体现为执法者的职业伦理

执法者的职业伦理在行政软权力的运用中具有举足轻重的地位，因为人们更加习惯于从道德而非法律的视角来看待执法者和执法行为。亲和的形象、温和的语言、彬彬有礼的行为会让行政软权力真正发挥其亲和力和潜在影响力，故而现代法治国家都非常重视执法者的职业伦理建设。

“职业伦理的每个分支都是职业群体的产物，那么它们必然带有群体的性质。”[①]所以说，行政机关工作人员的职业伦理的构建必然也是群体性的和公共性的。公共服务职业伦理主要包括以下三个方面：一是合法性。合法性是职业伦理的基本要求，因为任何不合法的行为首先是不道德的，任何行政行为如果超出了法律的限制，不在法律允许的范围内进行，都将损害到执法者的道德形象。二是公共性。公共性要求执法者在提供公共服务的过程中，在语言、行为规范上体现出对公共利益的诉求，而不是对私利、偏袒、命令等的偏好。三是积极性。积极性是行政软权力运用的内在要求，在提供公共服务的时候，应当采用良好的方式，做到谨慎善良、积极履行。

为更好地发挥行政软权力在公共服务中的潜在影响力，应当通过以下方式来构建职业伦理制度：一是加强行政执法人员的职业伦理教育。通过职业伦理教育，提升行政执法人员的思想道德水平，树立其服务人民、服务社会的历史使命感和历史责任感。二是建立一套完整的行政伦理监督与制约机制，强化对于行政执法人员的职业伦理监督。三是建立一套职业伦理培训和奖惩制度。

---

① [法]爱弥儿·涂尔干：《职业伦理与公民道德》，渠东、付德根译，上海人民出版社 2006 年版，第 199 页。

二、行政权在运用过程中的理性说服力

法律必须是双重的。首先，它们必须是“不可调和”的法律，大胆声言何者该做或何者该禁，即“专制的规定”。其次，它们必须有诉诸理性的前言，以起温和的劝说作用。强制与劝说、“专制”与“民主”、智慧与同意的适当结合在任何时候都是明智的政治制度的特征。[①] 行政机关作为法律适用机关，一方面它在运用行政权时表现出法律”强制”的一面；另一方面，它还必须诉诸理性，以求得强制与说服的适当结合。由于硬权力是一项预设性的权力，在多数情形下表现为一种威慑力。这种威慑力与法律的强制性相结合，容易导致行政机关以一种“物理性”强制者的面貌出现，从而使行政机关对其管制能力产生一种过于自信的心态，极易失去本应具有的与民间沟通和协调的耐心。而软权力作为一种以吸引力为核心的权力形态，以理性说服力为其实现条件。因此，加强与相对人的沟通和交流，争取相对人和社会的真正内心认同正是软权力的旨趣所在。

理性说服力在现实中有着重要的作用：一是有助于提升行政效率。很多观念认为行政硬权力的效率更高，其实不然，行政硬权力缺乏弹性，容易导致相对人的反感，也特别容易激化矛盾，会出现一些计划外的事情，增加行政成本，降低行政效率。行政软权力强调与相对人的沟通和交流，通过说服，让相对人可以彻底了解行政机关行为的意义所在，积极主动地配合行政机关，减少行政活动过程中的不必要对抗，防止矛盾的发生和激化，减少阻力，降低执法成本，减少行政复议和行政诉讼，从而提升行政效率。二是有助于取得良好的社会效益。众所周知，在行政硬权力的运用过程中，容易遭遇执法阻碍，尤其是在采用行政处罚或行政强制措施的时候。但在采用软权力运用方式的时候，其理性说服力有助于消除相对人对行政行为的抵触，推动行政行为的顺利实施，减少再次违反行政规范的概率。

---

① ［美］列奥·施特劳斯、约瑟夫·克罗波西：《政治哲学史》（上），李天然等译，河北人民出版社 1993 年版，第 82 页。

三、行政权在社会塑造过程中的内在吸引力

公民参与行政权的行使过程，通常出于两方面的考虑：一是培养公民权利意识、自主意识的需要。二是通过参与，公民可以了解行政运作的过程，并有机会主张自己的权利或发表自己的意见，在此过程中锻炼自己，以真正实现人民当家作主。

在强调行政法治的今天，美德作为统治者所必须具备的素养往往被人们所忽略，然而美德却是统治者所必需的，“对神坚定不移的敬畏不仅来自灵魂的知识，也来自星辰运动的知识。唯有把这种知识与大众的美德结合起来的人，才是城邦的合适的统治者”①。在我国，行政机关的形象历来是健康积极和令人信赖的。以警察机关为例，20 世纪六七十年代流行的《一分钱》儿歌塑造了今天大多数中国人关于警察的初始印象，即“警察叔叔”的和善形象；80 年代电视连续剧《便衣警察》的播出，更让人们对警察肃然起敬，警民关系如鱼水之情；90 年代推出的济南交警②及福建“漳州 110”③，则让公众对“严格执法，热情服务”及“有困难找警察”等口号至今仍耳熟能详。

行政机关是建构社会安全和信赖气氛的关键，其在处理群体性事件中的冷静态度、使用强制力上的克制态度和提供公共服务方面的热情态度，都属于积极的社会塑造活动，对于吸引或引导公民合法、和平表达自

---

① ［美］列奥·施特劳斯、约瑟夫·克罗波西：《政治哲学史》（上），李天然等译，河北人民出版社 1993 年版，第 85 页。

② 20 世纪 90 年代，济南交警严格执法、规范执法、文明执法，给人民群众带来了很好的印象，群众自发给交警送绿豆汤，主动与交警谈心，警民关系的改善促进了整个社会的精神文明建设。公安部决定在全国公安系统学习推广济南交警经验。1995 年 10 月 15 日，时任中共中央总书记的江泽民为济南交警题词——“严格执法、热情服务”。

③ 1990 年 8 月，“漳州 110”报警服务台成立，成为全国首创。后“漳州 110”成为当地群众最熟悉、最信任和不可或缺的社会保障体系之一，赢得了群众的广泛支持，喊出了“远亲不如近邻，近邻不如 110”的赞语。1997 年，国务院授予“漳州 110”以“人民的 110”荣誉称号，并成为“全国精神文明创建活动示范点”“全国青年文明号信用建设示范创建单位”。

己的意见，形成尊重规则和培养参与公众生活的公共知识和能力，建立社会主义和谐社会都有着极为重要的现实作用。

第二节 行政硬权力的作用机理

美国学者约翰·罗尔斯在其名著《正义论》中指出，即使在一个组织良好的社会中，为了社会合作的稳定性，政府的强制权力在某种程度上也是必需的。在现代工业国家，人们越来越清晰地意识到，市场这一“各种力量的自由游戏”，本身就具有危险性。1929 年爆发的世界经济危机，用一种极端的方式展示了经济自我调控带来的失衡。而在很多时代发生的银行和金融危机也向我们昭示出规范和控制的必要性。因为有权的利益群体总是试图获得对政府和立法的过度影响，在某些时候，甚至使政治机构陷入被勒索的境地。[①] 行政机关在行政管理活动中不能仅仅完全依靠其潜在影响力、理性说服力和内在吸引力来完成行政权的运作，在必要的时候还必须依靠其强制力的运用。

一、硬权力的内在强制力

行政权包含了直接使用和指挥军队、警察的权力，带有极强的内在强制色彩，其内在强制力在国家对社会行使统治方面有着不可替代的作用，经由行政硬权力的形式使得公共秩序和安全可以得以迅速构建。从另一个角度来看，硬权力的合理运行是国家权力得以存续和运转的正当性基础。易言之，对硬权力的形式结构和实质性目的进行理解的基本概念基础应该是社会秩序，尤其是硬权力运行过程中的一般性规则和标准，硬权力的存在是社会秩序形成和行政行为实现的必然条件。以警察权为例。作为国家权力的组成部分，警察权是一种对他人和资源的支配

---

① 参见[德]齐佩利乌斯:《德国国家学》,法律出版社 2011 年版,第 418 页。

能力，历来被认为是一种“必要的恶”，具有积极和消极两方面的作用。从积极角度看，它是组织社会、维持秩序、实现公共政策目标不可缺少的手段。在构建社会主义和谐社会的过程中，警察权在消除影响和谐社会建设的各种不利因素，积极预防、妥善处置群体性事件，维护民主团结、生动活泼、安定和谐的政治局面，为构建和谐社会提供可靠的安全保证和优质高效的服务，创造公正高效的法制环境，推动在全社会实现公平和正义等方面具有其他公共权力不可替代的作用。①

硬权力的强制力是以国家强制力为后盾的，在行政活动的过程中，行政相对人有服从的义务，国家的其他机关有协助的义务。强制力是行政硬权力的根本属性，缺乏强制力的行政是“没有牙齿的”。当然，并不意味着在行政活动中一定要凸显其强制力，它只是在穷尽除强制力以外的一切手段的前提下的一种备用的保障手段和最后的方案。尤其是在相对人能够自觉履行行政义务的时候，根本不需要考虑行政强制力的问题，所以“政府的惟一作用就是镇压人们的恶行。如果今天人们消灭了罪恶，明天他们就有权要求取缔政府及其所有恶事”②。

硬权力在运行过程中不可避免地会带有强制性，但是需要注意的是，这种强制性在不同历史时期、不同国家的表现形式是不一样的。在早期社会更多的是以纯粹的暴力形式出现。但是随着个人人权意识的加强、社会制度的完善，这种裸露的强制性被逐渐隐藏，尽管存在却表现得更加隐晦。一旦当行政活动受到阻碍的时候，这种硬权力的强制性就会明显地表现出来，通过各种手段或者方式，达到预定的行政目的。

二、硬权力在运用过程中的威慑力

硬权力在运用过程中的威慑力是由其内在强制力派生的，对行政相对人的行为趋向产生巨大的心理影响，并使之产生对违法行为的畏惧心

① 参见江宜怀：《我国警察权现代转向中的若干问题探析》，《中国人民公安大学学报》2006年第6期。

② ［英］雪莱：《雪莱政治论文选》，杨熙龄译，商务印书馆1981年版，第70页。

理,从而减少违法犯罪行为的发生。威慑效应普遍地存在于政治、外交、军事、经济等各个领域之中。一般说来,威慑是一种心理上的影响因素,通过外部施加的影响,借以改变人的心理动态、行为模式等。硬权力的威慑对于社会秩序的问题、行政目的的完成都有着重要的作用。“痛苦与快乐是人类行动的巨大动机,当一个人意识到或者料想到痛苦是一种行动的结果时,他便按照这样一种方式行动,以致似乎趋向于以一种特定的力量将其从实施该行为中拉回来。如果痛苦的分量明显大于所预期的快乐的分量,他便会绝对被阻止实施这种行为。”①所以,硬权力的威慑不必追求到达完全威慑的效果,只要满足相对人和一般公民对相关的规范产生一定的畏惧心理即可,这样一来也能够节约行政成本。

硬权力的目的应当也是维护公共利益、促进社会和谐发展,保障全体公民利益,只有在这个基础上建立的硬权力才是有意义的,才能够得以顺畅地推行。和其他的硬权力不同,行政硬权力具有合法性和公共性的特点,依托于社会形态而存在,所以,即使在硬权力的实施过程中,也应当是代表社会公共利益、受到法律约束的。只有社会存在普遍的理性,硬权力在指引、评价、可预测的基础之上,才能成立硬权力的威慑,使得人们在社会活动的过程中可以审慎地选择自己的行为方式,并且清楚地认识到所引发的后果和应该承担的责任。

硬权力的威慑应当是贯穿始终的。人们在选择行为之前,硬权力就开始发挥威慑作用,让人们需要进行一个全面的衡量。如果行为开始实施,在此过程之中出现违反预定规范的情况时,威慑效应会影响行为人的进一步行动。即使行为结束,威慑效应的存在也会让行为人作出完全不同的预设。所以说,硬权力的威慑并不在于惩戒而是希望通过这种一般和特殊相结合的方式,使社会主体心理发生变化,从而积极主动地遵守行政规范,履行行政义务。

---

① [英]菲利普·本:《刑罚与威慑》,邢馨宇译,邱兴隆主编:《比较刑法》第 2 卷(刑罚基本理论专号),中国检察出版社 2004 年版,第 530 页。

三、硬权力对社会的直接影响力

硬权力的直接影响力有利于迅捷、高效地实现行政职能。这种影响力是由行政权的特定作用方式决定的，如查封、扣押、行政拘留等等。与其他国家权力不同，它与相对人有着更经常、更广泛、更直接的联系。[①]

硬权力的出发点不是说服和指引，而是通过压制、暴力等方式强行改变公民行为，手段相对单一，作风较为粗暴。这样就会引起不同程度的恶性反应：在行政活动的过程中容易遭受到阻力，严重拉低行政效率；容易损害公民个人利益，损害政府形象；扰乱社会秩序，恶化政府和公民之间的关系；容易膨胀和失范，破坏法律权威。所以，硬权力基于其直接关涉行政相对人的权益，往往会对行政相对人造成侵害而存有消极的作用。

硬权力不可避免地会带有侵害性和破坏性，这就要求在适用的过程中必须要谨慎。行政秩序的构建确实离不开硬权力，但并不意味着硬权力是行政秩序构建过程中任何时候都是不可或缺的。因为“秩序并非一种从外部强加给社会的力量，而是一种从内部建立起来的平衡”[②]。要想更好地发挥硬权力在行政过程中的作用，应当是权力和法治的统一。这样才能保证行政的威严和神圣，才能更好地发挥硬权力的作用。因为只有公民心中自发地对硬权力产生敬畏，才可以让行政权深入人心，取得积极的配合，通过硬权力的积极实施和适当约束，无疑会产生这种自觉自愿的服从。

---

① 参见应松年、薛刚凌：《论行政权》，《政法论坛》2001 年第 4 期。

② [英]弗里德利希・冯・哈耶克：《自由秩序原理》（上），邓正来译，三联书店 1997 年版，第 183 页。

■ 第三节 行政软权力与硬权力的关系

行政权力本身意味着强制，而且行政权力与强制的确常常紧密地勾连在一起。[①] 但是在新时代，我们不能再一味地强调行政的硬权力，政府在治理的过程中越来越强调服务、契约、指导等柔性的软权力。在行政权的二元构成中，硬权力与软权力能彼此增强对方，双方并不对立。强调软权力的重要作用，并不是要忽视硬权力的行使。相反，硬权力与软权力都是行政权不可或缺的两个方面。因此，有必要从硬权力与软权力二元构成的角度，科学定位硬权力与软权力之关系。

一、硬权力是软权力发生作用的基础

行政权之运用，既关涉国家职能的实现，又受行政法的控制以防范其侵犯人权。在社会转型期，伴随着公共行政的兴起，行政职能已经发生了很大的变化。给付行政已经取代传统的管理行政，一些新型的行政管理手段得以产生，并产生了深远的社会影响。但是，行政机关作为执法机关是实现行政管理目标的重要力量，硬权力的运用仍然是实现行政管理目标的最后一道屏障。特别是在具有武装性质的国家治安行政和司法行政方面，行政机关往往肩负着保障人权、惩治犯罪、服务群众、维护国家安全和社会稳定的重要使命。脱离硬权力，行政权将丧失其必要的威慑力和影响力，并危及行政管理秩序的有序运行。因此，硬权力的运用，仍然是保障人民群众的有序生产、生活以及维护社会稳定的重要方式。也正是在此基础上，软权力才有可能发挥作用，才有可能建立与

---

① 参见[英]弗里德利希·冯·哈耶克:《自由秩序原理》(上)，邓正来译，三联书店 1997 年版，第 166 页。

人民群众良性互动的物质和心理基础。如果抛开硬权力，软权力无以附着，最后将根本无法实现其行政职能。

二、软权力有助于增强硬权力

如前所述，软权力总的来说是以硬权力为基础的，因而，在硬权力与软权力之间容易形成一种悖论：既然具备惩罚的力量，为什么对话和协商的能力还是必要的？但是，软权力对于硬权力的支撑作用亦是不可缺失的。软权力通过特定的运用方式而产生其实际效力，并进而消解硬权力行使所产生的消极作用。通过对行政指导、行政合同、行政调解等软权力运用方式的考察，我们发现软权力主要通过对话与沟通、商谈以及说服而产生效用。

（一）对话与沟通的目的在于信息交流

让公民在行政权运作过程中发出声音，倾听、理解并真诚地考虑诉求本身，是形成良好互动的心理基础，也是行政机关及其工作人员与行政相对人达成共识的必要路径。

（二）商谈的目的在于说服，旨在转化偏好

我国 20 世纪 80 年代以来的协商民主，强调公众意识和观念可经由商谈而形成，行使公共权力的授权被置于公共说理和协商一致的基础上。商谈原则要能通过法律媒介而获得民主原则的形式，且商谈原则和法律媒介彼此交叠，并形成为一个使私人自主和公共自主建立起互为前提关系的权利体系。① 公共权力借此更易获得正当性。

（三）说服可以引发合作而且节省硬权力资源，可以无限期地持续下去

武力的使用具有自我制约的副作用，强力只会在绝对威胁的情况下顺从。但高压不仅消耗能量，而且一定要维持在现在或更高的水平上，否则会影响到将来威胁的可信度。与此形成对照的是，成功说服致力于共同目标和对现存关系的支持，产生了一种倾向于从相同视角看待接下

---

① 参见［德］哈贝马斯：《在事实与规范之间》，童世骏译，三联书店 2003 年版，第 155 页。

去发生危机的动力，当相互敬重与遵从的互惠模式形成为习惯时，就不用过分依赖于硬权力的使用了。

总之，单纯的硬权力或单纯的软权力都不是完整的行政权力形态。老子有云："交易之道，刚者易折。"行政权力的根本追求在于达到行政目的，硬权力天然附带的强制性容易遭到对抗，故而通过软权力加入的方式，可以有更加便捷的途径来达到行政目的。

三、行政软权力和硬权力相互渗透、互为表里

"寸有所长，尺有所短。"硬权力与软权力相互联系，并非泾渭分明的关系，而是呈现出"你中有我，我中有你"的格局。其表现形式往往是硬权力运用方式与软权力运用方式的混合使用。以行政执法为例，执法人员在采取行政强制措施的同时，往往要符合纪律要求和程序规范，更多的时候要通过对话与沟通、协商和说服等软权力的运用方式来完成行政职能。即使在硬权力特征较为明显的行政权运用方式也体现出软权力的身影。如警察机关购买性能更好的警用产品，从表面上看是在加强自己的硬权力，实质上亦可以转化为政治影响力。

在进行国家治理的过程中，行政权的强制性是不可避免的。但是我们也应该看到，单纯的强制性已经引发了很多问题。目前，造成政府间各部门协调不顺、政府与公民对立的主要原因就是传统硬权力的过度使用和软权力的缺失。强调软权力的运用并不意味着抛弃硬权力，更不是让行政完全挣脱法律的束缚，而是通过更加柔和的行政手段来进行国家的治理，向着服务型的政府去转变。所以，强调行政权力的二元构造，有利于通过不同的行政手段来解决各类社会问题，单纯靠硬权力维持的政府在社会逐步进入稳定状态以后，往往会付出高昂的成本，也很容易激发社会的矛盾。现在软权力作为一种新的行政权力，已经成为政府行政的一种重要手段，在行政指导、行政合同、行政协商、行政和解、利益诱导行政、模仿行政等诸多领域发挥着愈加重要的作用，并通过潜移默化的过程，发挥其影响力，形成公民的广泛认同，以营造一个良好的社会氛围。

总而言之，软权力和硬权力并没有明显的界限划分，因为二者在实施的过程中往往是共同采用的，即使是单纯的说服行为，其背后也存在着硬权力的影响力。软硬之分从学理上来说，是一个比较的概念。正如《道德经·第二章》所言："有无相生，难易相成，长短相形，高下相倾，音声相和，前后相随。"这二者不过是一枚硬币的两面。

第五章
行政软权力资源

行政软权力运行的实际效能，通常有赖于建构一种有助于形成行政公众内心认同的软权力资源。由于软权力资源不等同于软权力，是一种潜在的实力，故而只有转化为改变他人行为标准的现实力量，才能够实现其应有的社会功效。简言之，只有具备了足够的软权力资源，才能产生有影响力的软权力。没有软权力资源的有力支撑，软权力运用方式就无法发挥其在公共服务和社会治理中的应有作用。

■ 第一节 传统伦理文化

行政软权力作用的实现，有赖于行政权威的塑造。权威"以服从为前提"①，是根植于人类社会一种使人信从的力量和威望。它遍布于社会生活的各个领域，既可以是某一学科或范围内最具地位和影响力的人物，又可以是社会政治、经济、文化诸领域内最具影响力的机构、制度、学说等。在传统社会里，权威更多的是建立在传统型和领袖魅力型的基础

---

① 《马克思恩格斯选集》第 2 卷，人民出版社 1995 年版，第 51 页。

上；而在现代社会里，权威则主要建立在法理型的基础上。社会政治生活领域中的政治权威是以行政权威为其表现形式，政府（包括中央和地方）通过对社会进行政治统治和实施行政管理而获得的权力以及在此过程中形成的影响力和威望构成行政权威的基本内容。①

在西方，伦理文化呈现出个体主义（含利己主义）、快乐主义（含功利主义）、人道主义（含人本主义）、多元主义（含虚无主义）等精神特质。②这些精神特质，在近代与自由和人权的观念发生了勾连，成为宪法和法律内在的因子，真正实现了伦理规范与法律规范的平衡和统一。由此，权利不再是“武力”或“支配”的代名词，而是具有了“平衡”“宽容”的现代道德和伦理意蕴。这在某种程度上深刻影响了人们的法治观念，人人遵从法律的道德和伦理观念深入人心。

与西方的伦理文化传统不同，中国传统文化的核心是道德伦理而非法律。在古代关于权力的定义中，权力有两层含义：一是指权威，如“锤，谓之权”（《广雅·释器》）。二是指权衡，如“权，然后之轻重”（《孟子·梁惠王上》）。可见，中国传统伦理文化中的“权力”观念，更加重视权威的塑造，更加重视权力之同化顺从的思想和观念，排斥极权主义和绝对权力的观念。但是，中国古代的这种平衡的权力观与民主法治的关联性并不紧密。在中国的传统文化中，“义”一直占据着主导性的地位。儒家从“人性善”的立场出发，主张“德治”。如孔子曰：“君子喻于义，小人喻于利。”（《论语·里仁》）孟子云：“上下交征利而国危矣！”（《孟子·梁惠王上》）法家则从“好利恶害”的人性论出发，主张“法治”。墨家则强调义利并重，如墨翟主张，“义，利也”，“兼相爱，交相利”。（《墨子·兼爱下》）在汉代，统治者采纳董仲舒“罢黜百家，独尊儒术”的治国方略以前，“义”“利”还没有走向对立的局面。孔子虽然反对“言利”，但总是反对“不义”之利。荀子也认为，“义与利者，人之所两有也”（《荀子·大略》）。到了宋代，随着理学的兴起，“义”“利”才真正走向了对立。如朱熹认为：“天理存，则人欲亡；人欲

---

① 参见唐亚林：《论转型期行政权威》，《政治与法律》1994年第4期。

② 参见杨君武：《西方伦理文化的基本精神》，《湖湘论坛》2001年第2期。

胜，则天理灭。”（《朱子语类》）由此，中国的政治乃是一种道德政治，它是建立在“义”的基础之上的。封建王朝基于其“家国天下”的皇族统治模式，必然会坚持“义”优先于“利”的观念。显然，平衡的权力观并不与国家治理的法律制度发生勾连，而是与权力持有者的道德伦理紧密关联。

在中国封建社会，权力在社会层面和国家层面都呈现出不同于西方国家社会的面貌。在社会层面，道德权威通过儒教传统的“礼制”得以落实，恰如历代贤君明主所做的那样，使民众得以教化、社会得以和谐。在国家层面，即便是建构了一整套的道德约束机制“礼制”来强化对统治者的权力约束，但由于那种维护皇权或特定利益集团的政治体制无法实现公共利益与个人利益的统一，统治者的权力无法像在民主国家那里一样得到真正普遍的约束。而且，即便是出现了贤君明主，一个不容争辩的事实是，如果不采用民主政治，随着“贤德”的异化，往往会带来更大的不宽容。而这种不宽容的主体通常是那些手中握有权力的特权阶层，以及那些依附于权力持有者的特殊群体。在这种情形下，对于社会基层民众来说，儒家道德文化及其礼制传统，就完全蜕化为毛子水先生所言的“世俗的忍耐”，成为“勉强而行之”的代名词。对于权力持有者而言，伦理道德已经完全蜕化为一种政治上的策略行为，纯然不是毛先生所言的“根据人性而规定的一种做人的态度”。或者说，我们所讲求的那种世俗意义上的“恕道”，它的另一面便是不宽容，所谓的“恕”乃是不宽容的一个源泉。因此，在社会层面，道德意义上的宽容的确是可能存在的，但在国家层面，它必然会异化为一种政治上的策略行为，成为统治者不宽容的源泉。在西方中世纪，当宗教与政治上没有分离的时候，这种策略性的宽容同样是统治者进行统治的一种重要方法和手段。

中华人民共和国成立后，屈辱的历史曾使中国人厌恶自己的伦理文化传统，并曾一度试图将其“消灭”。1978 年改革开放后，中国社会经济的快速发展和外来文化的侵蚀，又再一次使得传统伦理文化发生了巨大变化：一方面，腐败现象的滋长和蔓延严重地影响和败坏了政府的声誉，使政府廉洁形象受损。腐败现象产生的一个突出特点就是权力商品化、权钱交易。在一些地区和部门，商品交换原则侵入了政治生活，侵入了政务活动，侵入了某些普通公务人员的职业行为之中。一部分人利用他们手中掌握的职权，大搞权钱交易，置国家和人民的利益于不顾，谋取个人的贪欲和私利。这种状况一定程度上造成民心涣散，人民群众对政府的信任感和认同感有所下降，客观上造成了行政权威的弱化。[①] 另一方面，社会经历着从经济多元到文化多元的巨变，人们在理想、道德、价值取向等方面面临越来越多的选择，也经历着由此所带来的“价值选择迷乱”，而这同样对行政权威构成了较大冲击。

这种中西方伦理文化对待“权力”的观念差别，反映的是两者间“人治文化”和“法治文化”的巨大差别。在建设社会主义法治国家的今天，人们逐渐意识到，中国传统伦理文化中的那些优良文化因子，如公平、宽容、孝道、节约、勤劳等，依然是支撑这个社会正常运转的根本所在。不能否认儒家礼制传统在社会价值共识形成方面的重要作用，甚至于应当把这种礼制看作是一种古代宪法的早期模型。因为礼制的背后是社会价值，是社会共同体的价值共识载体。而这个价值共识载体同西方近代以来所形成的“人权共识”一样，发挥着同样的宪治功能。

因此，我们在进入全面依法治国新时代的今天，应大力挖掘传统文化中的伦理文化。通过对伦理文化的重新阐释，加强对职业伦理的培训力度；通过健康积极的行政伦理文化的认同力、感召力、凝聚力乃至支撑力，增强谋求共识和利益共同的可能性；通过观念互构使行政权更具亲和力，从而增强行政权的感召力。目前，中国共产党强调加强党内法规的制度建设，目的似乎在于通过党内法规对传统那些道德领域的思想和行为加以约束，实现“道德的党内规范约束”，以此来实现党员领导干部的“道德权威塑造”。这种方式，实际上与中国传统文化中的德治传统一脉相承，是一种转换了权威塑造的新方式。除了这种党内法规的“权威塑造”方式之外，人们可能更加关注现代法治文化与传统伦理文化的衔接问题；或者说，如何透过法治的方式落实那些优良的传统伦理文化资源，将是中国法学界不得不面对的一个时代命题。

---

① 参见唐亚林：《论转型期行政权威》，《政治与法律》1994 年第 4 期。

第二节 现代法治文化

法治文化也是重要的软权力资源，因为法治的最高层级或样态，是法治文化人文基础。然而，由于中国一直以来尊崇德治的传统，使得“儒术”开始侵入到法律领域，使得权利保障机制变得更加困难，以至于无法发挥其保障权利的功能。特别是在权力持有者掌握道德价值判断权威的时候，其所倡导的那种世俗意义上的道德宽容的观念，就成为阻滞权利获得救济的重要原因之一。传统价值观中的“塞翁失马，焉知非福”这样的经验性价值判断，往往会严重地削弱基本权利诉求的实现。当政治性权利的行使不能立刻转化为一种直接利益的情形下，权力行使者往往会运用其经验性价值判断作为自己是否行使权力的道德准则。而传统上的那种世俗的道德意义上的宽容观，对这种经验性价值判断的盛行起到了推波助澜的作用。儒家的“无讼”与“厌讼”观念，就是这种道德意义上的宽容观在法律救济中的一种显现。①

基于德治文化传统，中国的传统治理模式，既不同于西方古代的君主专制，也不同于现今西方国家的民主法治，而是表现为一种“威权主义”②。在这种模式下，国家通过控制“知识”(学而优则仕)塑造着社会道

① 参见莫纪宏:《现代宪法的逻辑基础》，法律出版社2001年版，第105页。

② 威权主义是指处于民主政体和极权政体之间的一种非民主、非极权的政体形式。特点是严格遵从政府的权威，而政府常运用压制性手段，用来维持和执行社会控制。在威权主义的国家中，国家权威渗透到公民生活的各方面，其中很多方面根据其他的政治观来看，都应属于个人自由的范围。威权主义的程度不同，甚至非常民主和自由主义的国家也会在某种程度上表现出威权主义的一面，例如在国家安全问题上。(http://zh.wikipedia.org/zh-cn/%E5%A8%81%E6%9D%83%E4%B8%BB%E4%B9%89，2010年4月9日访问)

德习俗,人民的权利主要受制于社会道德习俗而不是国家权力。[①] 所以人们会看到,历史上那些成功的社会变革运动,并不是某些学者所认为的"自上而下",而是"先自上而下,后自下而上"。[②]

在这种威权主义的国家治理模式下,公民权益的实现往往与不遵从法律联系在一起。将法律抛置一边而恣意践踏公民权利的,既包括政府官员也包括普通的社会民众,比如,在"文化大革命"期间,对权威的信任和长期积累的仇视,被一股脑儿地激发出来,形成了强大的社会压制性力量,造成了极大的不宽容。由此,中国三千余年的历史,并未见民主实践与成功的先例,倒是可以找出不少类似于西方"参与民主"的例子来。到今天,中国知识分子们仍然在探索。在当下,我们应当建构什么样的法治文化,以便为中国特色的社会主义法治提供文化上的支撑呢?进而,什么样的法治文化资源可以为行政软权力提供助力?

要挖掘法治文化资源,就要加强法治文化建设,繁荣法治文化作品创作,大力开展法治文化活动。尤其是要创造一些老百姓喜闻乐见的优秀法治文化作品,让法治文化浸润到社会生活的方方面面,提升"人人守法"的文化基础和文化保障。但是,由于受传统官僚文化的严重影响,我国在法治资源挖掘方面还有很长的一段路要走,到处充斥的"官僚文化"电视剧,钩心斗角的历史剧,以及倡导一种反法治的打斗剧等,都无助于新时代社会主义法治文化建设的推进。客观来说,近代以来由西方传入的平等、民主、自由、人权等文化因子,由于没有文化传统所内生的宪制[③],没有与西方法治文化相契合的国家统治机构和基本制度。对西方的平等、民主、自由、人权采取"拿来主义",必将导致"水土不服",并与现

---

① 在中国传统社会,允许地方行政官员控制司法资源,以便灵活处理社会问题,塑造官员的权威。法律在某种程度上受制于政策,严格执行法律通常是行不通的。因而,塑造权威具有重要的政治意义和社会现实意义,以至于在权威的塑造过程中会夹杂一些"神话"或"迷信"。

② 中国历史上的那些著名的改革运动获得成功的原因,除了政策的大力推行以外,主要是与社会民众的心理和思想潮流发生了某种契合。这种政策的推行通常是对以往严苛制度的一种纠偏行动,往往能够获得民众的普遍支持。

③ 参见杜维明:《儒家文化的现代转化》,中国广播电视出版社 1992 年版,第 378 页。

存的国家统治机构和基本制度产生剧烈的冲突。因此，在构建社会主义法治文化的今天，就必须下大力气挖掘中华民族的精神特质，提炼传统文化中的合理内核，赋予其符合现当代法治精神的文化内涵，在全社会倡导一种积极的、符合中国法治实践的现代法治文化，这也是今后一段时期一项重要的任务。

可喜的是，近些年国家开始重视法治文化在培养社会法治观念中的重要作用，不断推动法治文化建设工作。比如，2016 年全国人大常委会发布了《关于开展第七个五年法治宣传教育的决议》。根据该决议，司法部在第八次全国法治宣传教育工作会议报告中指出："要切实加大法治文化建设工作力度，充分发挥法治文化在培养社会法治观念、引领社会法治风尚中的重要作用。下一步，将继续采取以下措施：一是把法治文化建设纳入现代公共文化服务体系，推动法治文化与地方文化、行业文化、企业文化融合发展；二是繁荣法治文化作品创作，把法治文化作品纳入各级文化作品评奖内容，纳入艺术、出版扶持和奖励基金内容，培育法治文化精品；三是鼓励和推动把法治元素植入各类文化表现形式，充分运用诗词、曲艺、书法、绘画、戏剧、舞蹈、雕塑等丰富法治文化表现形式，研究开发法治影视节目、网络法治文化产品等；四是整合法治文化资源，建立全国法治文化资料库，实现全国范围法治文化资源和产品共享；五是大力开展群众性法治文化活动，利用重大纪念日、民族传统节日等开展法治文化活动，组织开展法治文艺展演展播、法治文艺演出下基层等活动，满足人民群众日益增长的法治文化需求；六是推进法治文化阵地建设，把法治元素融入城乡建设规划设计和公共文化设施建设，建成一批深受群众喜爱的法治文化示范阵地。"①

---

①　参见《实现法治文化资源和产品共享》，《法制日报》2016 年 11 月 22 日。

■ 第三节 社会制度资源

社会制度伴随着社会的秩序化、组织化与权力结构的结合日渐密切，是重要的软权力资源。一个好的社会制度，依赖其内在的张力，能够起到约束人们的作用，激发人们的创造潜能，限缩人们破坏制度的可能性，甚至可以起到轻松自如地维系统治秩序、提高生产效率和推动社会发展的重要作用。美国新制度经济学代表人物诺思(Douglass C. North)认为："制度是一系列被制定出来的规则、守法程序和行为的道德伦理规范。它旨在约束追求主体福利或效用最大化利益的个人行为。"①可见，任何制度都体现着某种建构性，但其实施却往往有赖于严格的执法、社会伦理习俗的认同以及不偏不倚的法律程序。

行政软权力的运用与组织制度、职权行使制度、责任制度、纪律制度、社会评价制度、公众参与制度、社会信用制度等行政制度资源(软法制度资源)关系密切，因为这些制度设计的好坏，公众参与程度的高低，将直接影响到行政机关工作人员和社会民众的认同形成，并影响制度在调整社会生活中的实际效果。以公众参与制度为例，行政机关在制度建构的过程中，除了要保障相对人、利害关系人的法定参与权，如知情权、陈述权和申辩权②以外，应当加强社会公众参与制度建构的力度，倾听民众的意见和建议，加强职业伦理制度和程序制度的设计，重视行政法律制度与社会伦理习俗的契合度。只有这样，才能真正理顺行政机关和人

---

① [美]道格拉斯·C·诺斯:《经济史中的结构与变迁》，陈郁、罗华平等译，上海人民出版社 1994 年版，第 225～226 页。

② 《 行政处罚法》第三十二条规定:"当事人有权进行陈述和申辩。行政机关必须充分听取当事人的意见，对当事人提出的事实、理由和证据，应当进行复核；当事人提出的事实、理由或者证据成立的，行政机关应当采纳。行政机关不得因当事人申辩而加重处罚。"

民群众之间的关系，降低行政行为的副作用，提高行政效率和效益，方便人民群众。为研究的方便起见，以下仅就公众参与制度、职业伦理制度和社会信用制度这三个重要的行政制度资源，分别作一简要分析。

一、公众参与制度

作为一种制度化的公众参与制度，公众参与通常是指公共权力在进行立法、制定公共政策、决定公共事务或进行公共治理时，由公共权力机构通过开放的途径从公众和利害相关的个人或组织获取信息，听取意见，并通过反馈互动对公共决策和治理行为产生影响的各种行为。它是公众通过直接以政府或其他公共机构互动的方式决定公共事务的过程。公众参与所强调的是决策者与受决策影响的利益相关人双向沟通和协商对话，遵循“公开、互动、包容性、尊重民意”基本原则。① 从内容上来看，公众参与有立法层面的公众参与（如立法听证）、公共决策层面的公众参与和公共治理层面的公众参与三种情形。本章所谈及的主要是社会公共治理层面的公众参与制度，是一种辅助性制度，包括法律政策实施制度、基层公共事务的决策管理制度等。

对于国家治理能力现代化来说，社会治理层面的公众参与是一项重要的行政软权力制度资源。因为“法律活动中更为广泛的公众参与乃是重新赋予法律以活力的重要途径，除非人们觉得那是他们的法律，或者认为行政的目的在于保护他们的合法权益或公共利益，否则就不会尊重法律”②，行政执法就不会获得人们的内心尊重。在中国古代，政府非常重视公众参与在社会公共治理中的作用。以公众参与反腐为例，中国古代的公众参与反腐主要包括三种路径：第一种是公众举报；第二种是司法参与反腐；第三种是“民拿害民官吏”形式的公众直接惩治腐败。古代公众参与反腐的历史实践具有以下重要启示：推进公众参与反腐的前提

① 参见蔡定剑：《公众参与风险社会的制度建设》，法律出版社 2009 年版，第 5 页。

② ［美］伯尔曼：《法律与宗教》，梁治平译，中国政法大学出版社 2003 年版，第 34 页。

是从思想上高度重视公众参与反腐;推进公众参与反腐的关键是构建合理的激励制度;推进公众参与反腐的根本是实现公众参与反腐的制度化与法治化。①

二、职业伦理制度

对于现代法治社会来说,法治所追求的正义价值主要是通过立法、行政和司法来实现的。其中,立法是规范正义的实现,而行政和司法则是通过法律的适用来实现个案争议。在实践中,人们推崇法治,信仰法律。人们似乎更愿意求助于法律制度的完美设计来解决这一问题,而忽视了人的因素。严格说来,但凡法律的适用,都具有人格化的倾向。因为无论是行政执法,还是司法裁判,都是执法者或法官从事的一项活动。所以,如果欠缺职业伦理规范的约束,规范对执法者和司法裁判者的约束,那么法律的适用就可能达不到制度设计的初始目标。更何况,人人守法的法治状态,离不开法律适用者的引领。

对行政执法者来说,如果执法者在执行法律的过程中不能够恪守职业伦理,粗暴执法,不规范执法,甚至权力寻租,那么就不可能带来法治的清明。尤其是在具有深厚伦理文化传统、推崇官员道德人格的中国社会,执法者恪守职业伦理是其赢得社会信任的基本前提条件。如果执法者存在接受行政相对人的请客送礼、违反规定进行不正当交往等违背职业伦理规范的行为,则无论行政执法的结果是否公正,都无法释去当事人心中的疑惑,使执法蒙上不公正的阴影。正是从这种意义上讲,执法者的职业伦理规范不仅是执法活动的道德保障,也是见证公正执法的基本保证。②

---

① 参见黎瑞、蒋建湘:《论中国古代的公众参与反腐及当代启示》,《湖湘论坛》2018年第4期。

② 行政执法者与法官的职业伦理要求虽然不同,但具有一定的相似性。关于法官的职业伦理要求,请参见周刚志《法官职业伦理的现实功能》(《人民法院报》2009年2月17日)一文。

三、社会信用制度

在现代社会，随着科学技术尤其是互联网技术的快速发展，人们的社会交往越来越频繁和隐蔽，并对建立在传统人情社会基础上的社会交易信用造成较大冲击。与此同时，受交易者的有限理性、信息不对称和信息不完全等因素的影响，法律作为社会交易的唯一契约保证被逐渐动摇了。欠缺了风俗习惯和信用伦理等社会制度规范的支撑，行政执法的成本变得越来越高昂。为此，一些经济学家开始关注组织或交易活动中各种未经说明的规则或惯例对组织和个人生产率的影响，并逐渐认识到，不完全合约和高昂的法律执行成本决定了法律的局限性。风俗习惯、信用（信誉）伦理等非正式制度同样可以作为交易的契约保障。在某种意义上，这类因素甚至起着更为重要的作用。①

20 世纪 80 年代以来，随着“福利国家”观念的盛行，在经济领域之外的其他领域，社会生活也越来越依赖政府的生存照顾，而这对服务型政府的建设提出了新要求。服务型政府建设，迫切需要政府从日常的社会管理事务中脱身出来，通过具有战略意义的举措去积极地引导社会，通过建立完备的社会信用体系和信用评价机制，帮助社会建立健全自治体系，以求在根本上把政府从社会管理者的角色转变为服务供给者的角色。②

---

① 参见王冰、杨虎涛：《自发信誉机制与社会强制信誉机制》，《江汉论坛》2003 年第 3 期。

② 参见张康之：《论政府诚信以及政府的社会信用建设功能》，《理论与改革》2004 年第 5 期。

第六章
行政软权力的运用方式

进入 21 世纪以来，为适应社会经济发展和公共治理的需要，世界上许多国家都非常重视软权力运用方式的挖掘，特别是在后现代主义法学兴起以后，“如何使行政进入一个自我管制的状态”开始受到普遍的重视。像美国的环境保护等级评估、日本的公布违法事实、德国的“非正式的行政行为或者行政事实行为”等都在社会公共治理活动中发挥了重要功能。

目前，我国正处于社会转型期，社会格局从以前的一元中心向多元共存的方向转化。在此过程中，国家管理活动也日益显现出多元化运作的态势。在传统硬权力统御的行政权运作中，一些典型的软权力运用方式也逐渐被发掘出来并日益受到重视，多元化的行政权运用方式已经成为软权力的重要载体。一些多元化的行政软权力运用方式已经成为实现行政权能的重要手段，并获得了社会公众的广泛认同。如行政指导、BOT 合同、行政调解、行政奖励等。罗豪才教授认为，应大量增加以协商、引导方式实施的行政指导和行政合同等行为，加强其与政府机制关系的研究。

第一节 行政指导

行政指导是专业指导的一种，是行政软权力运用的主要方式之一。在日本，行政指导早期主要用于经济和贸易领域，《通产省设置法》中规定日本政府机构不允许直接介入和经营私人企业，规定对贸易的指导方式应结合制定法律、法令和推进财政税务政策进行。战后日本行政管理学和行政法学中都研究行政指导，并使之成为政府所采用的与法律手段相配合的重要手段。① 如今，作为一种重要的软权力运用方式，行政指导在世界各国的社会治安管理、维护金融秩序、发展市场经济等诸多领域都得到普遍的应用，且发挥着越来越重要的功能。本节主要关注和研究最为典型的是以独立形态存在的行政指导这一专业指导类型。

一、行政指导的概念和性质

"行政指导"这一概念最早源自日本。第二次世界大战后，在美军占领期间，总司令部(GHQ)常常利用间接统治的手段向日本政府提交备忘录、书信，发布指示、警告，提出劝告、建议等。这些手段虽然在形式上是温和宽松的，但其实质上却是命令，不容违反。日本政府或许是从这种行为的有效性中得到了启发，在和平条约生效后，行政指导得广泛运用，渗透到各个领域。② 行政指导对日本战后经济的恢复和对抗美国的监管发挥了重要作用。其后，作为一个重要的行政行为现象和概念，行政指导开始引起日本法学界的重视和广泛讨论。

---

① 参见杨海坤:《行政指导——政府管理的一种新方式》,《河北学刊》1988 年第 4 期。

② 参见[日]南博方:《行政法》,杨建顺译,中国人民大学出版社 2009 年版,第 84 页。

行政指导制度并非日本特有的制度现象。日本学者成田赖明在分析日本和世界各国的行政指导制度后指出，行政指导并非第二次世界大战之后才出现的制度，战前，无论在日本还是在作为日本近代化过程中仿效对象的德国，都曾经存在行政指导方式。不过，在第二次世界大战之前，西方主要的资本主义国家正处于民主主义的重要历史阶段，资产阶级为了避免重蹈封建专制集权的覆辙，提出了依法行政的原则，主张政府权力应当受到立法机关的严格控制，强调：(1)议会的形式法律至上；(2)无法律即无行政；(3)制定法是行政的唯一准据；(4)立法务必细密，避免概括条款；(5)习惯法、法理、司法判例及行政解释等均不得成为行政法的渊源；(6)行政规章、命令只能规范内务行政事项，而不具有拘束人民的效力。同时，为了减少人民生活和社会经济活动遭受干涉和妨害，还主张限制国家目的和政府职能，认为国家的目的不在于积极地谋求人民的福利，而在于消极地排除人民福利的障碍。在此一时期虽存在应相对人要求给予其帮助之类的指导，却不存在行政一方以积极促使相对人采取某种行动、诱导其朝一定方向发展为意图的行政指导。此一时期，只要行政机关忠实执行国民代表制定的法律，就算充分实现了其职责。①

到 19 世纪末 20 世纪初，“随着资本主义商品经济的高度发展，政府活动范围的不断扩大，特别是其干预经济的职能日益增强，行政管理活动的专业性、技术性因素也随之日益增多，而议会又缺乏足够的力量作出切实可行、详尽周密的法律规定，以满足日益扩大的行政职能的需要……行政指导正是在这种社会背景下发展起来的”②。可见，行政指导制度在当时的西方法治国家没有得到重视，与这些国家所处的法治发展时期有关。

---

① 参见[日]雄川一郎、高柳信一编：《现代的行政》，岩波书店 1966 年版，第 135 页；闫尔宝：《日本的行政指导：理论、规范与救济》，《清华法学》2011 年第 2 期。

② 陈泉生：《行政指导刍议》，《法学研究》1991 年第 4 期。

在日本,行政指导早期主要是一个学理性概念而非法律概念。[①] 及至 1993 年颁布的《行政程序法》,才首次对行政指导作出了法律上的界定:行政指导是指行政机关在其任务或者所管辖事务的范围内,为了实现一定的行政目的,而对特定的人要求作为或不作为,不属于行政处分的指导、劝告、建议及其他行为。日本理论界普遍对这一概念的合法性作广义的理解,即从效力来源上看,行政指导可依据制定法、法律原则、基本法理乃至政策作出;从法律类型上看,行政指导可依据具体的行政行为法而作出,在行为法没有规定的情况下,行政指导的作出也必须具有行政组织法上的依据。但无论如何,行政机关不得作出没有任何行政职权依据的行政指导。据此,可以认定行政指导具备行政职权属性。[②] 多数学者在界定"行政指导"这一概念时,也大都将其视为一种行使行政职权行为。如南博方教授认为,行政指导属于行政行为的一种,具备行政职权属性。[③] 与此同时,通说还认为,行政指导是一种非强制性的行政行为,是"由一定的行政主体依其职责权限发出的,不以强制行政相对方服从、接受为特征的行政行为,是非强制行政行为"[④]。也就是说,通说普遍认为行政指导具有两大基本属性:非强制性和职权性。

(一)非强制性

行政指导是一种非以行政强制为特征的行政行为,目的在于希望相对一方自觉服从行政意志。有一些行政指导不具有任何法律效力,不论相对一方遵守与否,均不能以任何手段或借口强迫其执行;另一些行政指导虽然也没有法律效力,但却是行政机关有权作出某种法律行为的先行步骤,以告诫、希望、建议等形式出现。一旦行政指导未被遵守,行政

---

① 日本学界至今未对"行政指导"的概念达成一致的见解,相关学理上的定义及评论请参见[日]根岸哲:《日本的产业政策与行政指导》,鲍荣振译,《环球法律评论》1992 年第 1 期;刘宗德:《试论日本之行政指导》,《政大法律评论》第 40 期;刘立新:《日本行政指导述评》,《法学家》1995 年第 3 期;莫于川:《行政指导范畴论——行政指导的概念与若干相关问题》,《金陵法律评论》2001 年春季卷。

② 参见孙晋、蒋蔚:《行政指导型垄断的若干基本问题》,《法学杂志》2017 年第 4 期。

③ 参见孙晋、蒋蔚:《行政指导型垄断的若干基本问题》,《法学杂志》2017 年第 4 期。

④ 崔卓兰:《试论非强制行政行为》,《吉林大学社会科学学报》1998 年第 5 期。

机关即可以作出具有相同目的的法律行为，强制相对一方执行。

将行政指导的性质界定为非强制性的职权行为，便会与人们通常所理解的国家权力的强制性属性发生意义上的冲突。因为在通常意义上，权力是一种国家的强制性力量或支配力量，应当受到法律的严格规制。在传统的分权理想中，国家权力被划分为立法权、行政权和司法权三种。行政权作为国家权力，是三权当中最具强制性特征的。既然不具备强制性，就不是权力行为，而是一种非权力行为。如日本学者田中二郎认为，行政指导是基于相对人的同意或协力而作出一定行为或不行为，其自体是非权力的行政措施。① 我国也有部分学者持此观点，如莫于川教授认为，行政指导、行政合同、行政规划等行为属于一般管理行为，不具有权力性，属于非权力性行政方式。② 朱新力教授等认为："柔性行政方式是指行政机关实施的不具有强制命令性质的非权力作用性的行政活动方式。"③

显然，学者们在界定行政指导概念时所采用的"非权力"属性的界定，并不是说行政指导不是行使行政职权的行为，而是说行政指导是一种非强制性的权力行为，或者说是一种不产生直接法律效果的职权行为。这种定义隐含了一种区分强制性行政行为和非强制性行政行为的主观判断标准，即将是否产生直接法律效果作为区分行政处理与行政事实行为的标准。这种定义方式将"强制性"及其衍生的"直接法律效果"作为认定的标准，似乎并不能完全理解行政指导的属性。因此，"非权力方式"这样的定义是不妥当的，容易导致对行政指导的概念理解出现偏差，或认为行政指导不是一种行使职权的行为，或认为行政指导不是一种应当受法律规制的行政行为。显然，基于行政指导的非强制性属性而将其界定为一种非权力行为，在理论界说上是存在一定问题的。

但是，"行政指导虽然不直接产生法律效果，不具有法律上的强制

---

① 参见[日]田中二郎：《司法权的界限》，弘文堂 1975 年版，第 264～265 页。

② 参见莫于川：《非权力行政方式及其法治化研究》，《中国人民大学学报》2000 年第 2 期。

③ 朱新力、金伟峰、唐明良：《行政法学》，清华大学出版社 2005 年版，第 147 页。

性，但部分行政指导仍具有事实上的强制性”。“由于行政主体拥有绝对的主导地位，拥有行政权力，并具有知识、经济、资源等多方面的优势，且行政主体与相对人是一种管理与被管理的关系，因此，行政指导不具有法律上的强制力，但通常有事实上的强制力。”①事实上的强制力是一种基于行政机关权威（包括专业权威）且不产生直接法律强制效果的权力形态，是一种非强制性的软权力形态，不同于通常所说的行政事实行为。但是，我国学界通常却将行政指导视为一种行政事实行为。学者王楷教授通过对行政事实行为的发源地——德国法的考察认为，像行政指导这样的行政事实行为并非不产生法律效果，而是不直接产生法律效果。也就是说，行政事实行为可能会影响当事人的权利义务，但这并非行政机关的意图所致。直接产生事实效果才是行政事实行为的特征。德国法主要以“是否存在调整（即客观上是否具有法律效力和主观上是否直接产生法律效果）”来作为区分行政处理和行政事实行为的标准，值得借鉴。②

事实效果也是一种具备事实强制性的效果，是一种结果导向的法律效果。这种事实上的强制性，以是否侵害行政指导相对人的权利义务作为判断的标准，显然属于区分行政处理与行政事实行为的客观判断标准。如果以上述客观标准作为判断标准，那么传统上行政具体行为与行政事实行为的区分就没有太大的意义了。故而近年来行政法学界有一种否定行政事实行为的理论倾向，认为行政事实行为的概念不好界定、与具体行政行为不易区分，所以应当放弃行政事实行为的概念，而着眼于事后的救济，即无论是何种行政行为，关键是能将其纳入行政监控体系，对其提起诉讼。③ 甚至有学者直接将行政指导视为一种权力性的具体行政行为。如学者孙林俊认为，行政指导是一种具体的行政行为，具有权力性。④ 对此，王楷教授认为，取消事实行为的概念，那么也就等于

① 林孙俊：《行政指导的性质与程序控制》，《领导科学论坛》2018 年第 11 期。

② 参见王锴：《论行政事实行为的界定》，《法学家》2018 年第 4 期。

③ 参见王锡锌、邓淑珠：《行政事实行为再认识》，《行政法学研究》2001 年第 3 期。

④ 参见林孙俊：《行政指导的性质与程序控制》，《领导科学论坛》2018 年 11 期。

取消了法律行为的概念。过去行政事实行为之所以与具体行政行为难以区分,主要是受到行政诉讼的受案范围局限于具体行政行为的影响。因此,学者们有时刻意地扩大具体行政行为的范围,甚至将一些行政事实行为归入具体行政行为,以图获得救济的可能。但是在目前我国受案范围已经扩展到行政行为的情况下,这种"削足适履"的做法已经失去了意义。区分具体行政行为与行政事实行为在实务上的意义恰恰是救济方式的不同,比如针对法律效力的撤销之诉(我国称为"撤销判决")、确认无效之诉(我国称为"确认无效判决")、课予义务之诉(我国称为"履行判决")等均不能适用于行政事实行为。而一般给付之诉(我国称为"给付判决")则是专门针对行政事实行为的,否则就会出现履行判决与给付判决之间的混同。①

显然,问题的关键并不在于是否应当取消行政事实行为的概念,而是在于行政指导的非强制性,以及产生事实强制性效果的行政指导是行政具体行为还是行政事实行为的问题。在《论行政事实行为的界定》一文中,王楷教授认为直接产生事实效果是行政事实行为的特征,但他同时又将行政指导的"非强制性"解释为一种"非正式的行政行为"。② 他指出,从 2000 年《最高人民法院关于执行〈中华人民共和国行政诉讼法〉若干问题的解释》第一条第二款第二、三项到 2018 年《行政诉讼法解释》第一条第二款第二、三项,一直将调解行为和行政指导行为排除在行政诉讼的受案范围之外,理由都是上述两种行为不具有强制力,即当事人对于行政机关的调解和指导可以接受,也可以不接受。但是,行政指导到底是不是行政事实行为,语焉不详。王楷教授认为,如果说这里的强制力是指法律效力,调解和行政指导缺乏法律效力的原因并非在于"当事人可以接受,也可以不接受",否则就等于把法律效力局限于命令性行政行为。即使不向当事人课予义务的形成行为和确认行为,仍然具有法律

① 参见王锴:《论行政事实行为的界定》,《法学家》2018 年第 4 期,第 52 页注释 4。

② "非正式行政行为"概念最早由德国学者提出,德国学者毛雷尔在讨论非正式行政行为的性质时,直接用"非正式协商"取而代之。我国台湾学者林明锵称行政合同、行政调解等行政活动为"未型式化之行政行为"。

效力。比如授予行政许可,当事人可以接受,也可以不接受,但能说行政许可对当事人没有法律效力吗?所以,调解和行政指导缺乏法律效力的真正原因在于其本身的非正式性,这从立法缺乏对调解和行政指导过程的专门规定就可见一斑。调解和行政指导存在的意义就在于以其形式的灵活性来弥补法律行为的僵硬性。[①]

但是,非正式的行政行为与行政事实行为并不能画等号。因为即便是行政指导产生了事实上的强制性,这种"事实上的强制效果"也是行政相对人"同意"或"顺从"的结果,是一种建立在互动关系而非单方关系上的行政活动,不是一种纯粹的没有针对行政相对人的事实行为或"权力性单方行政行为"。[②] 本书认为,行政指导是一种特殊类型的非正式行政行为,是一种不具有法律上直接强制力的未型式化的行政行为,而不是没有针对行政相对人作出意思表示的单方事实行为。如果行政指导以直接强制性的面貌出现,那也是徒具"行政指导"的虚名而行行政命令之实罢了。

(二)职权性

行政指导的第二个重要属性是职权性。所谓职权性,指的是行政指导必须以法定的行政职权作为行为上的根据。这个问题与公法学界讨论的"行政指导的法律根据问题"关联密切。行政指导的职权性,意味着行政指导属于一种行使行政职权的行为。既然是一种职权行为,就应当受到法律的规制。但在通常意义上,人们对于行政法律规制的理解,往往局限在"行政行为合法性"——是否存在根据规范的问题上,且主要关注的是强制性行政行为是否对公民、法人和其他组织合法权益造成

① 参见王锴:《论行政事实行为的界定》,《法学家》2018 年第 4 期。

② 有学者认为,行政指导的目的仍是推行行政权力,实现行政管理。不能把权力等同于强制,强制只是推行权力的一种手段。行政指导的作出以及实效的发挥都是基于行政权力。不能因为行政指导手段的非强制性而否认行政指导本质上的权力性。所以,行政指导应该被界定为行政机关在法定职权范围内,通过非强制手段实现行政管理的权力性单方行政行为。该观点虽认为"不能把权力等同于强制",但又将其界定为一种"权力性单方行政行为",忽视了行政指导的互动性特征,似不妥当。(参见汤俪瑾:《重新认识行政指导的本质以解决其救济问题》,《当代法学》2000 年第 6 期)

了侵害。

之所以造成上述情况，盖因我国行政法学的研究和制度建构受德国行政法的影响较大，将“行政行为”而非“行政权”作为行政法学理论建构的基础概念，并依托“具体行政行为”的概念建构起目前的行政诉讼制度。这样的理论和制度建构契合了行政法学界对控权理论的推崇，在行政法制初创阶段发挥了重要作用。然而，以“具体行政行为”作为行政法学理论和制度建构的重心，关注行政活动的根据规范和行政本身的合法性，容易忽视“行政权”和行政组织法制，忽视对组织规范和规制规范的关切，因而在法学理论和法律制度建构上具有相当的片面性。

事实上，作为行政活动依据的“法律可分为三种：组织规范、规制规范和根据规范”。其中，“使某自然人的行为的效果归属于行政主体的是组织规范”，“所以，应该在行政活动的所有领域都存在”。“所谓规制规范，是指以某行政机关进行某行政活动为前提，为了确保其公正而设置的规范”，如《行政程序法》。“所谓根据规范，是指为进行某种行政活动而存在组织规范，进而，在此基础上，在进行该行为时成为特别根据的规范。换言之，是指仅有组织规范还不够，还需要与组织规范不同的、成为活动根据的规范时的规范。”①按照上述关于法律的分类，任何行政活动都需要“组织规范”（即规定行政职权的规范），而“根据规范”则是法律的具体（包括授权）规范。将“根据”理解为“组织规范”或“根据规范”，是存在重大差别的。前者意味着“根据宪法和法律”进行行政活动，仅需宪法、组织法或法律的组织规范上的依据，而后者则意味着需要“组织规范”和“根据规范”上的双重根据。

由于行政法学上一般所说的“是否须有法律根据”主要是指根据规范，组织规范当然是必要的，没有必要特殊交代。所以一般讨论行政指导的法律根据时，主要是讨论其是否有根据规范的问题。以根据规范是否存在作为行政行为的唯一合法性判断标准，在理论上并非不具有可能性。此种可能性表现为一种全面法律保留的学说。该说认为，只要是公

① ［日］盐野宏：《行政法总论》，杨建顺译，北京大学出版社 2008 年版，第 46、47 页。

共行政活动，无论是侵害行为还是授益行为，都要有服从法律保留的要求。也就是说，所有的行政活动都必须有前述法律上的“根据规范”作为依据。但是，诚如日本学者盐野宏教授所指出的那样：“这种观点不可能完全得到贯彻。这是因为，如果说只要不存在根据规范，行政就不能进行任何活动的话，就无法适应变化了的行政需要，或者为了避免这种情况发生，结果是进行笼统的授权立法。此外，这种理论作为一般理论是可以成立的，而关于民主主义的观念具体要求到何种程度的问题，却难以引出明确的答案。也就是说，在自由主义原理之下，一方面设置自由和财产，另一方面设置侵害即强制的机会，这样便可以自然地得出答案。如果贯彻了全部保留的话，这当然是好的。单在尚达不到这种程度时，则出现了仅以民主主义是难以找到划定界限的方法这个问题。”①

所以，不少学者倾向于采纳侵害保留而非全面保留的理论，部分行政行为并不需要明文的根据规范作为行为的依据。如日本学者成田赖明认为，由于行政指导本身没有直接给人民带来不利益，是需要相对人同意作出的行为。因此，在理论上，行政指导不需要明文的根据规范而得到法律的个别授权。② 盐野宏教授认为，行政指导虽然不需要根据规范，但其首先必须在其组织规范的范围之内作出。但他同时指出，行政指导的任意性不一定只有一种意思，如果相对人对于行政指导完全失去任意性选择的机会，则该种情况下，行政指导同样需要法律根据。如果伴有相应担保措施而使得行政指导没有任意性，以至于成为一种行政措施时，应当有法律根据。据此，日本学者成田赖明以有无法律根据为标准，将行政指导划分为以下几类：(1)诸如劝告、希望、助言等基于法律直接规定进行的指导。(2)没有作出劝告、助言等行政指导措施的直接法律根据，但法律对相关事项却赋予了行政机关命令、许认可、免许以及取消、停止等处分权。在此情况下，具有上述权力的行政机关以上述权限为背景也可以作出指导行为。(3)对有关事项完全没有法律规定，但为

---

① ［日］盐野宏：《行政法总论》，杨建顺译，北京大学出版社 2008 年版，第 49 页。

② 参见［日］雄川一郎、高柳信一编：《现代的行政》，岩波书店 1966 年版，第 135 页。

了迅速处置相关事态,基于行政机关设置法的一般授权规定作出的指导。①

除了上述两个主要属性,行政指导还具有灵活性和非单方意志性的特征。② 此外,还有不少学者认为应将“同意”作为行政指导的另一个属性或要素。目前,我国行政法学界主流观点在界定行政指导时,通常将“同意”作为其要素,认为行政指导是指行政机关在其法定职权范围内,为实现特定行政目的而谋求行政相对人的同意或协力,基于法律、政策的规定而采取的指导、劝告、建议等非强制性行为;认为就行政指导的单方面成立而言,它是一种行政事实行为,但是当其生效以后(相对人接受以后),行政指导的性质将发生转化,成为一种行政法律行为。这种法律行为的性质,与传统法律行为性质也存在区别。因而相对于传统的行政行为,行政指导是一种新型的行政行为。③ 这种观点,实际上是区分了行政指导的成立与生效,并将“同意”作为生效的要素。笔者认为,不必将“同意”作为行政指导的构成要素。因为多数情况下,行政指导是行政机关单方面的一个行使行政职权的行为,并不必然需要获得行政指导对象的同意方能成立这一行为。比如对违反法律、法规的轻微违法行为或不宜直接作出行政处罚的行为所采取的“告诫”行为④,就不需要行政指导

---

① 参见[日]雄川一郎、高柳信一编:《现代的行政》,岩波书店 1966 年版,第 135 页。

② 如杨海坤教授认为,行政指导具有非强制性、灵活性、非单方意志性、主动性和创造性的特点。(参见杨海坤:《行政指导——政府管理的一种新方式》,《河北学刊》1988 年第 4 期)

③ 参见郭润生、宋功德:《论行政指导》,中国政法大学出版社 1999 年版,第 59 页;莫于川:《行政指导要论——以行政指导法治化为中心》,人民法院出版社 2002 年版,第 11 页;上海市人民政府行政法制研究所“行政指导”课题组:《中国行政指导的实践与理论研究(上)》,《政治与法律》2003 年第 3 期;陆伟明、周继超主编:《行政指导在行政执法中的规范运用——以重庆市北碚区实施行政指导为样本》,知识产权出版社 2013 年版,第 43 页;姜明安主编:《行政法与行政诉讼法》,北京大学出版社、高等教育出版社 2015 年版,第 300 页。

④ 2013 年 7 月 25 日施行的《江苏省家庭暴力告诫制度实施办法(试行)》第三条规定:本办法所称的“告诫”,是指公安机关对违反法律、法规的轻微家庭暴力行为或不宜直接作出行政处罚的家庭暴力行为,督促加害人改正而作出的行政指导。

对象的同意作为行为成立的根据。至于行政指导是否属于行政事实行为,笔者认为,纯粹的行政事实行为是指行政主体不针对特定对象行使职权的行为,如某工商局销毁假烟的行为。行政指导行为因具有特定对象的指向性,而不属于行政事实行为。

综上,"行政指导"概念是指向一种"不具有直接强制力"的行为,是指行政机关基于法定职权而作出的,对特定的行政相对人采用非强制性的劝说、指导、协商等手段,引导行政相对人采取或不采取某种行为,以实现一定行政目的的行为。从各国行政指导的实践效果来看,符合现代行政民主和法治精神的行政指导,可以在相当程度上降低行政相对方收集、整理信息的成本,可以减少相对方对行政管理的阻力,使行政机关更好地为相对人服务。同时,通过行政指导也可以对现行法律法规的不完备进行灵活的补充。

二、行政指导的功能

关于行政指导的功能,学者们进行了讨论。有学者认为,行政指导的功效包括:行政指导的应急性、行政指导的简便性、行政指导的温和性、行政指导的稳当性和行政指导的隐秘性。[①] 有学者认为,行政指导的功能包括规制功能、调整功能、助成功能和诱导功能。[②] 本书认为,上述功能界分虽然正确,但尚不够全面。基于行政指导的非强制性、职权性和灵活性的特征,行政指导具有以下四个主要功能:

(一)替代或补充法律不足功能

作为服务行政的一项重要行政行为方式,行政指导在实践中可通过劝导、警示、指示等方式实现通常由硬权力实现的行政目的。比如,对初犯的违法占路经营者进行劝告和警示,如果能够实现执法目的,则没有必要直接采取行政处理或行政强制措施。即便是在一些传统的硬权力

① 参见[日]根岸哲:《日本的产业政策与行政指导》,鲍荣振译,《环球法律评论》1992年第1期。

② 参见刘立新:《日本行政指导述评》,《法学家》1995年第3期。

运用领域，也可将行政指导作为行政硬权力作用的补充手段，在实现行政目的的同时获得行政相对人对执法行为的支持和对处理结果的认同。

（二）积极的塑造功能

行政指导通常作用于积极行政的领域。与传统干涉行政领域不同，积极行政的领域多属于给付行政和服务行政，这些领域的事务对行政机关的专业性和技术性要求比较高。通过行政指导，可以最大程度地增加相对人对该事项的了解，满足相对人对专业性、技术性的需求。比如，针对门头房广告牌设置的行政指导，便可以起到示范作用，获得相对人和公众的价值认同，落实行政的积极塑造功能。

（三）培育社会公共精神功能

行政指导是一种温和的、非强制的行政软权力运用方式，体现了服务行政和服务型政府建设的要求。该方式的运用，会让社会公众和相对人觉得，执法者不是特殊的利益群体，政府执法的目的是为了公共利益而非特殊利益。执法过程的互动，有助于提升社会公众和相对人的主体地位，进而发挥其培育社会公共精神的功能。

（四）应急功能

现代社会是一个多元风险的社会，经常发生一些突发性的事件或风险。在处置这些突发事件和风险时，行政指导具有传统硬权力并不具备的重要功能——应急功能。行政机关及其工作人员在处置突发事件和风险的过程中，可以灵活运用多种形式的行政指导方式，及时回应可能的风险。

三、行政指导存在的主要问题

有学者对日本学界关于行政指导存在的主要问题的讨论进行了梳理，将行政指导存在的主要问题归纳为法治主义的崩溃、回避法律的适用、非强制性引起的问题、基准不明确的害处、行政责任的不明确、行政救济手段的不足、国际对抗力的欠缺、非正式手段伴随的害处八个方面。[①] 日本学界学理上总结的这八个方面的问题，虽然有相当的见地，但每个国家都有自己的国情，不同国家在法治发展的不同历史阶段上所面对的问题并不相同。本书认为，行政指导在我国的法治政府建设实践中主要存在以下五个方面的问题。

（一）法治主义的崩溃

一般都认为，行政机关在无法律根据的情况下实施行政指导并不违背法治主义。这是因为只有在行政机关为单方面限制国民的权利和自由的行为时，行政机关的行为才必须要有法律根据，是否服从行政指导全由相对人决定，行政指导不能单方面限制相对人的权利和自由。[②] 行政机关也不得超出创设它的法律所规定的任务或管辖事务的范围，而且，行政指导不能优先于法律，所以，行政指导的内容不得违背法律规定和精神，不得违背法律的一般原则，例如平等原则。[③]

但是，由于行政指导的非强制性特征，传统行政法制除了对行政指导的职权根据的合法性问题进行法律规制之外，并无其他的规制手段。故而有学者担心，由于行政指导具有事实上的强制力，而行政机关可能对法律规定进行任意扩充、缓和适用或回避法律的适用，使本应执行的法令出现半途而废的现象，出现执法中行政机关对相对人妥协的情况，故而行政指导的普遍运用可能导致法治主义的崩溃。[④]

这种担心在中国特色社会主义的中国是大可不必的。因为在民主制国家尤其是行政首长民选的情况下，执法者可能为了讨好社会民众而放弃、扩充或缓和适用法律的规定，从而架空立法者。但在我国，我们的执政党是长期执政的中国共产党，是中国人民的政党，根本用不着为了讨好执法的相对人而放弃法律的适用。相反，行政指导的大量运用，不

---

① 参见闫尔宝：《日本的行政指导：理论、规范与救济》，《清华法学》2011 年第 2 期。

② 参见［日］根岸哲：《日本的产业政策与行政指导》，鲍荣振译，《环球法律评论》1992 年第 1 期。

③ 参见［日］根岸哲：《日本的产业政策与行政指导》，鲍荣振译，《环球法律评论》1992 年第 1 期。

④ 参见闫尔宝：《日本的行政指导：理论、规范与救济》，《清华法学》2011 年第 2 期。

仅不会导致法治主义的崩溃，而且有助于中国特色社会主义法治的成长。人们需要担心的，不是法治主义的崩溃，而是“以行政指导之名行行政命令之实”的问题。事实上，实践中以行政指导之名行行政命令之实的现象大量存在，如某爱国卫生委员会号召全市范围内灭蝇（此为普遍行政指导），但同时下达具体标准，对不合格者予以罚款，从而使之在具体使用中转化为行政命令。①

（二）非强制性引起的问题

行政指导不带有强制性，也可能会带来一定的问题。对某些社会团体或者个人，行政指导可能无关疼痒，甚至根本发挥不了任何作用。如果大量运用行政指导而效果不佳，反而会带来行政硬权力运用的强烈反弹。如果上级行政机关强力推行的话，会导致实践中行政指导的运用，徒具其名而无其实。

（三）基准不明确的害处

行政指导过程中虽不乏采用纲要、通知等文书形式使指导基准明确的情况，但在很多时候，行政指导往往没有预先规定的基准，而是逐案实施。一旦出现指导者方面的人事变动，即可能出现由于相关执法者兴趣点的变化而出现变化的情况，使得指导欠缺安定性和可预见性。

（四）行政责任不明确的问题

除根据法令实施指导的情况外，行政指导往往表现为一种非正式的行政活动，与正式的行政活动责任明确相比，行政指导常采用口头形式，没有正规的操作程序，相关职员的意图不是十分清楚，责任由谁承担也不明确，并且在将来追究责任的时候，也会出现举证困难的问题。

（五）救济手段不足的问题

通行观点认为，行政指导不属于行政处分或其他行使公权力的行为，不能成为行政不服审查和抗告诉讼的对象，由此造成缺少行政救济手段的局面。虽然一般认为可以《国家赔偿法》第一条第一项针对违法的行政指导造成的损害提起赔偿请求诉讼，但有关行为违法性的举证、

---

① 参见王天华：《试论中国的行政指导实践》，《行政与法》1996 年第 4 期。

公务员的故意或过失的举证、指导与损害之间的因果关系举证等都非常困难，相对人获得胜诉存在很大障碍。

第二节 行政合同

行政合同是行政民主化潮流的产物，是指行政主体以实施行政管理为目的，与行政相对人一方就有关事项经协商、相互意见表示一致而达成的协议。鲁曼认为，在功能分化的现代社会，为了降低管理的复杂性和避免不确定的风险，由沟通而形成的系统导控十分必要且不可避免。[①]特别是随着社会转型期和向福利政府转化的过程中，关涉社会福利由谁来买单等现实问题，在决策权、执行权和监督权中，行政软权力之协议与协商方式必须引起政府的足够重视和深入挖掘。尤其是，现代行政更加强调政府和公民之间的服务与合作关系，提倡给付行政和服务行政。在这种背景下，行政合同被普遍运用并发挥了其独特的优越性。许多国家在经济与行政管理中广泛地运用行政合同，作为对传统行政管理方式的补充。

作为一种非权力强制性的管理手段，体现出市场经济民主化要求的参与性、协商性、合同性，其产生发展带有现代市场经济和民主政治发展的时代背景和特点。由于现代市场经济是（具有平等、自由这两大要素的）民主经济和法治经济，相应的政治体制改革和行政改革就成为紧要的现实课题，根据经济与社会生活的需要而拓展新的行政管理手段特别是采用与之相应的合同法律调整方式也就成为必然的选择，因而改革开放以来在行政管理实践中行政合同的采用日益增多。目前，我国政府在行政管理的很多方面已经推行和使用大量以合意为基础的行政合同，包

---

① 参见高鸿钧等：《商谈法哲学与民主法治国——〈在事实与规范之间〉阅读》，清华大学出版社 2007 年版，第 8 页。

括公用征收合同、行政委托合同(如我国普遍推行的科研合同)、国土使用权有偿出让合同、国企承包(租赁)合同、公共工程合同[包括BOT主合同(Build-Operate-Transfer)]、企业承包管理合同、交通安全保障合同、公务员借调合同等。近几年还出现了BOT合同、拆迁补偿协议、委托管理协议等特殊类型的行政合同,甚至还出现了一种“公权私用”的治安承包合同,即通过有偿的承包方法将特定区域的治安承包给行政相对人的一种行政合同。这些行政合同的运用,极大地丰富了行政软权力的运用方式,对进一步完善和发展社会主义市场经济有着重要意义。

行政合同作为典型的行政软权力运用方式,极大地调动了合同相对方的主动性和创造性,有效地弥补了行政命令等传统硬权力行政管理方式的不足。其独特优势主要体现在以下几个方面:首先,政府通过缔结行政合同的方式,可以在法律没有规定或者规定不明确的领域与相对人通过合意形成行政主体所期望的行政法上的权利义务关系,或者实施比法律规定更加严格的政策选择,并能灵活地根据时势需要不断地调整政策选择,从而弥补立法不足,达到替代立法规制的效果。其次,行政合同在国家行政管理的运用,既可以保障行政权的正确行使,也可以充分调动相对人的积极性和创造性。一些行政管理部门如果对诸如经济、科学教育、资源开发等领域的管理采取简单强硬的行政手段,是不能取得好的效果的;而采用行政合同方式进行管理,就可以根据管理对象的特点更好地实现行政管理目标。最后,该合同不同于一般的民事合同或经济合同。行政主体在行政合同订立和执行过程中起着主导作用,它可以通过行政合同的形式将行政管理目标变为相对人共同的行为来实现。行政主体还可以根据实际情况的变化随时提出变更或终止合同,使行政合同能够符合所要实现的行政目标。

一、行政合同的概念和性质

我国学界对行政合同的研究起步较晚,对行政合同的概念并未达成一致的意见。如果以行政主体作为判断的标准,那么凡是行政主体订立的契约性质的合同,不管是与行政机关订立的还是与私人订立的契约性质的合同，都属于行政合同，这是最广义的行政合同概念。如果以订立合同的主体作为判断的标准，将订立合同的主体限缩在行政主体与管理相对一方，那么两者间订立的契约性质的合同便属于行政合同。这一定义不问行政合同的目的为何，属于比较广义的概念。[①] 如果进一步限缩，同时以实现公共行政的目的作为判断标准，那么行政合同指的是行政主体为实现特定的公共行政目的而与行政管理相对一方基于意思自治订立的协议。通说一般采纳的是狭义的行政合同，一般认为行政合同具有契约性和行政优益性两大特征。也有学者将其界定的范围更为狭窄，如认为行政合同指的是行政主体为实现特定的公共行政目的，与行政相对人基于意思自治订立的行政法律关系的协议。[②]

行政契约制度是对行政权力如何有效行使以更好地面对社会和民众的一种积极回应和尝试，这种尝试旨在实现由传统的命令行政向新型的合作行政转变的效果。行政契约制度着力于完善权力的运行，将权力置于公民与国家、社会与政府的互动模式中，基于这种理论互动与实践观照，权力的合理运行才具有了现实的制度基础。因此，行政契约制度的具体运行要以行政权的理性实现为基本价值追求，以国家权力与公民权利的互动平衡为根本评价指标。[③] 所以，行政合同作为一种柔性的行政管理手段和行政软权力的一种运用方式，应以行政管理目的的实现为宗旨，故而应排除行政机关作为纯私人主体而与私人签订的私法契约性质的协议，也排除行政机关与行政机关订立的纯粹私法性质的协议。与此同时，行政合同的订立并不必将合同的另一方限定为行政管理相对一方，既可以是非行政相对人的私人，如“公权私用”性质的“治安承包合

---

① 有学者认为，行政合同是指行政机关之间，或者行政机关与公民、法人和其他组织之间为实现国家行政管理的特定目标而依法达成的协议。它有广、狭二义。广义包括行政机关之间和行政机关与管理相对一方当事人之间的合同关系，狭义专指行政机关与管理相对一方当事人之间的合同。[参见关保英：《论市场经济与行政合同内涵的转变》，《法律科学》(西北政法学院学报)1994 年第 1 期]

② 参见段海峰：《中国非强制性行政行为研究》，科学出版社 2013 年版，第 101 页。

③ 参见杜宏伟：《行政合同的基础理论与行政程序法的最新发展——第十五届海峡两岸行政法学学术研讨会综述》，《行政法研究》2014 年第 1 期。

同”、为强化市场监管而与私人签订的委托管理协议(见本节附件一:《孝感安陆市接官乡委托书》),也可以是行政相对人,如计划生育合同,还可以是行政机关,如行政机关与行政机关签订的委托管理协议。

基于上述理由,本书认为,行政合同是行政机关为实现特定的行政管理目的,而与特定主体订立的具有公法契约性质的协议。根据德国和我国学者的论说,主要包括以下几类:

1. 行政辅助行为。这通常又包括三种:一是行政机关为满足日常行政事务所不可或缺的物质或人事上的需要,而与私人订立的私法契约行为。例如一般行政机关与私人订立的买卖或制作物供给契约,或从事公共工程建设而与私人订立承揽契约,或需要民房充当办公场所而与私人订立租赁或使用借贷契约。凡属于满足日常物质需要而与私人订立的契约,都属于行政辅助行为的范畴。二是满足日常人事需要的行政辅助行为。如与不具公务人员任用法所规定公务员任用资格的私人订立雇佣或委任契约。三是被称之为“财产利用行为”的行政辅助行为。[①]

2. 采用公法形式的行政给付行为。如行政征用征收合同。

3. 管理服务委托行为。如行政机关与私人订立的管理服务委托协议(见本节附件二:《(湖北省谷城县石花镇)城镇建设服务事项委托协议》)。

根据上述定义,行政合同以实现行政管理目的为宗旨,具有行政性的特征,在本质上属于行政行为的一种。与此同时,行政合同还具有非强制性和合意性的特征。

二、行政合同的功能

关于行政合同的功能,学者们众说纷纭。江必新教授根据学者们的论说,将行政合同的功能总结概括为十个方面[②]:

---

① 参见许宗力:《法语国家权力》(一),元照出版有限公司2006年版,第4～5页。

② 参见江必新:《中国行政合同法律制度:体系、内容及其构建》,《中外法学》2012年第6期。

1. 设权功能，即通过行政合同创设当事人的权利义务。

2. 保障功能，即通过行政合同保护当事人及其他利害关系人权益。

3. 控权功能，即通过行政合同控制政府权力的设定、运行及扩张。控权功能主要体现在行政合同要求政府平等对待相对人、尊重相对人意志、重视相对人的权利，要求政府有信用和责任感。

4. 调和功能，即通过行政合同调和当事人之间的冲突。行政合同的内容较具弹性，更容易取得各方当事人需求的最大公约数，进而能调和利益冲突，降低达成行政目的的成本。

5. 组织功能，即通过行政合同形成行政机构之间的协调关系。被称为"当代政府主要构筑物"的合同，是联系传统政府框架中互不协调部分的主要介质和填补国家机构漏洞的重要成分。

6. 替补功能，即通过行政合同替代或补充行政决定。由于行政合同也是达成行政目的的手段之一，行政主体在履行公务时多了一个可供选择的利器。

7. 规范功能，即通过约定了当事人权利义务的行政合同的法律效力规制和约束当事人的行为。行政合同是当事人之间的"法律"，意味着行政合同具有相当于法律的效力，用以羁束和规范当事人的行为。

8. 动员功能，即通过行政合同动员私人以其力量和资源协同行政主体达成行政目的。该功能使行政主体可以利用私人的力量和资源，而非仅仅依靠其自身的力量和资源为大众创造福扯。

9. 参与功能，即通过行政合同使行政相对人和其他利害关系人得以参与公共事务。行政合同的订立、履行需要行政主体与行政相对人以"等值"的意思表示就有关公务进行协商、谈判、订立方案、执行，这个互动的过程，也即行政相对人参与从事公务的过程。

10. 效率功能，即通过行政合同提高政府活动的效率。一般认为，行政决定的优势是效率，行政合同的优势是民主。实际上，行政合同在订立环节的优势是民主，在执行环节的优势是效率，总体上兼具民主与效率两种价值。

本书认为，从行政软权力的视角出发，行政合同作为一种软权力运用方式,主要发挥着替代传统或补充硬权力运用方式的功能。行政合同作为一种肯定国家和企事业单位、公民双重主体地位的制度将发挥替代或补充功能。一则使行政机关较少运用强制、制裁、命令、干预等传统行为,多施协商调和行为;二则企事业单位多些社会责任,而少些唯命是从;三则使市场经济下的竞争、公平、责任、服务社会化和普遍化,替代和补充功能是市场经济下行政合同的首要功能。①

三、行政合同存在的主要问题

目前,我国运用行政合同的范围越来越广泛,对建立新型合作行政,调动行政管理相对一方的积极性和主动性,以及深化市场经济体制改革,发挥着越来越重要的作用。但是,在行政合同实践当中,由于缺乏足够的法律制度保障,存在一些比较严重的滥用行政合同问题。

(一)合同签订缺乏程序约束

当前法治政府建设的进路存在重内部机制、轻外部机制,重实体权限设定机制、轻程序规范机制,重事后救济和追责机制、轻过程规范机制的结构性缺陷,难以对在国家权力结构、国家权力与公民权利结构中都过于强大的行政权形成有效的规范制约。行政程序作为来自外部的、规范行政权行使过程的规范机制,同时具有防止行政权滥用的消极控权功能和助推行政权积极行使的公共意志形成功能,完善行政程序机制对于中国法治政府建设具有重要的功能作用。②

目前,由于我国尚未制定统一的行政程序法,行政合同的签订还缺乏法律程序上的制度约束,存在合同主体不适格或不合适、合同条款所约定的内容不符合法律规范的法律程序要求、合同期限约定不明或约定不符合政府程序性规定等问题。③

---

① 参见关保英:《论市场经济与行政合同内涵的转变》,《法律科学》1994 年第 1 期。

② 参见杜宏伟:《行政合同的基础理论与行政程序法的最新发展——第十五届海峡两岸行政法学学术研讨会综述》,《行政法研究》2014 年第 1 期。

③ 参见陈敦煌:《政府合同实务中存在的主要问题及建议》,2016 年 5 月 18 日,深圳政府法制信息网,http://www.sz.gov.cn/fzb/ztzl/yfxz/fzyj/201605/t20160518_3632076.htm。

（二）合同内容存在不合法、不规范现象

合同内容合法是指合同条款所约定的内容符合法律规范的强制性要求，既有实体问题也有程序问题。例如为了招商引资的目的，政府部门对土地、税收等政策通过合同的方式进行不符合规定的承诺；政府通过协议对项目或贷款进行违法担保；涉外协议未依法报经审批而直接签署；未经法定招拍挂程序而签订土地出让合同等。

合同内容不规范是指合同条款约定的内容符合法律强制性规定但不符合情理，造成负面影响，如要求当事人提供高额保证金、约定超额违约金、权利义务约定不平等等内容（参见本节附件二：《城镇建设服务事项委托协议》）。在实践中，另一个比较普遍的问题是合同中约定第三方义务（参见本节附件一：《孝感安陆市接官乡委托书》）。由于合同具有相对性，仅对签约主体具有约束作用，无法对第三方设定义务，但很多政府合同会出现这个问题，教育、卫生部门签订的合同约定了财政、税务、土地等方面的内容，规划、国土部门签订的合同约定了房屋、建设、环保等方面的内容。在没有明确授权的情况下，这类约定对第三方是无效的，很容易造成政府违约，影响政府形象。政府作为特殊的合同主体，其职能和职权范围都有明确规定，法律法规对政府的行为都有一定的限制和程序要求，因此，政府合同的内容需要特别注意法律法规的特别规定，合同约定的权利和义务要符合政府的职权和职能规定。①

实践中还存在另外一种“公权私用”的行政合同，这种行政合同通常打着“奖励”的旗号，让社会公众参与行政执法。如 2016 年 1 月，在武汉施行 3 年的“车窗抛物”有奖举报被悄然叫停。根据 1 月 7 日武汉市城管委最后一次公布的奖励通知，全市 575 名市民将在近期陆续认领到累计约 24 万元的举报奖金（1 月 13 日新华网）。②

① 参见陈辉煌：《政府合同实务中存在的主要问题及建议》，2018 年 8 月 5 日，深圳法治政府信息网“政府法治研究”栏目，http://www.sz.gov.cn/fzb/ztzl/yfxz/fzyj/201605/t20160518_3632076.htm。

② 参见刘勋：《行政奖励应及时走出灰色地带》，《法制日报》2016 年 1 月 14 日。

(三)政府合同审查程序不规范

目前,政府合同审查程序方面存在的问题主要包括:(1)合同管理机构、承办单位和政府法制机构衔接机制不顺畅,政府合同审查的启动一般是以政府领导或政府交办的形式,没有规范刚性的送审衔接机制,合同审查过程中与承办单位、财政、审计等相关部门的关系也尚未完全理顺;(2)审查时限难保证,送审材料单一,审查时间紧,尤其是对一些重大复杂的政府合同,从交办到提出审查意见,甚至只有几个小时或者半天时间;(3)政府法制机构参与度不够,未参与合同的前期调查、谈判、起草等过程,对合同合约方资格、材料的完整性和真实性不能全面把握。[①]

附件一

孝感安陆市接官乡委托书

甲方:接官乡人民政府

乙方:接官乡畜牧兽医技术服务中心

为进一步推进我乡机构改革进程,转变部门职能,大力精简人员,实现从养人到养事的转变,增强部门的活力和工作积极性,根据工作需要,乡政府决定将以下工作委托给乡畜牧兽医技术服务中心履行,乡政府根据工作任务完成情况付给工作费用。

当好党委政府参谋,负责制订全乡畜牧业的发展规划并逐步落实。认真落实好畜禽的防疫工作。严格执行法律法规,认真搞好产前产后的检疫工作,让消费者吃上放心肉。搞好畜禽品种的改良、技术推广、畜禽阉割、疾病诊治工作。搞好疫病监测、预防、扑灭工作。

完成以上工作,乡政府拨付捌仟元费用给乡畜牧兽医技术服务中心。

甲方(签章)　　乙方(签章)

年　　月　　日

① 参见马太建:《推进政府合同规范化、程序化、法治化》,《唯实》2017 年第 4 期。

附件二

城镇(湖北省谷城县石花镇)建设服务事项委托协议

甲方:乡镇人民政府(以下称“甲方”)。

乙方:乡镇城镇建设服务中心(以下称“乙方”)。

为加快集镇建设步伐,切实搞好集镇的建设管理服务工作,塑造集镇形象,经甲、乙双方协商,由甲方对乙方所从事的城镇事项进行政府购买,有关协议如下:

一、甲方对乙方从事的年城镇建设服务事项全年购买××××××万元。

二、甲方委托乙方工作内容:抓好集镇的环境卫生管理,坚持每天对集镇道路和公共场所进行清扫保洁,确保无积存垃圾。抓好集镇公共秩序的管理,车辆定点停放,人车分流,各行其道,秩序井然。抓好集镇占道摊点的管理,所有占道摊点必须在确定的范围内经营,无乱摆乱设、随意占道现象。抓好集镇的园林绿化管理,适时栽植行道树和集镇公共景点的花卉苗木,确保行道树和花卉苗木完好无损,无死株、缺株。

三、资金拨付和考核办法:甲方先按全年购买金额的××%拨付给乙方服务资金,另××%作为乙方的风险抵押金由甲方暂扣,并由甲方视考核乙方全年服务事项完成任务情况给予拨付或扣减。

四、本协议一式两份,甲乙双方各执一份。

五、本协议未尽事宜,由甲乙双方另行协商解决。

六、本协议自××执行至××终结。

甲方:谷城县石花镇人民政府(章)　　　　代表人(签字)

乙方:谷城县石花镇城镇建设服务中心(章)　　　　代表人(签字)

■ 第三节 行政调解

调解制度体现了中国传统上“和为贵”的法律文化精髓，在我国有着源远流长的文化传统。早在周代，官制中就设有专门负责调解事务的官员——“调人”。(《周礼·地官司徒·调人》)如今，基于国家权力的分工而逐步分化演绎为司法调解、人民调解和行政调解三种制度形式。在这三种制度形式中，行政调解具有司法调解和人民调解不具备的“威权”优势，成为重要的纠纷解决方式。对此，日本学者棚濑孝雄研究发现，在选择何种机构来解决矛盾纠纷问题上，弱势群体更倾向于选择政府而不是法院，在“自律地解决问题的能力较低的阶层中，这种依赖政府机关的倾向更明显”①。这不仅是因为行政调解相对于诉讼的灵活性、便捷性和低成本，更在于政府所具有的巨大能量。目前，作为一项重要的软权力运用方式，行政调解因其专业性、综合性、高效性、主动性和权威性等特有优势②，在解决纠纷、化解矛盾和维护稳定等方面，具有传统硬权力运用方式难以替代的功能和作用，已经成为行政机关解决部分民事纠纷和行政争议的主要手段之一。

一、行政调解的概念和性质

关于“行政调解”的概念，目前并未有统一的法律规定。部分地方性法规和地方政府规章虽然对行政调解的概念作了规定，但存在较大的差异。如《山东省行政程序规定》仅将行政调解界定为一种行政机关居间

---

① [日]棚濑孝雄：《纠纷的解决与审判制度》，王亚新译，中国政法大学出版社 1994 年版，第 223 页。

② 参见朱最新：《社会转型中的行政调解制度》，《行政法学研究》2006 年第 2 期。

调解民事纠纷的行为[①]，而《浙江省行政调解办法》则将其界定为行政机关依法化解有关民事纠纷和行政争议的活动。[②]

相较于立法上的行政保留定义，学理上的行政保留定义争议更是众说纷纭，差别巨大。比如，多数学者认为行政调解的主体是行政机关，少数学者认为行政调解的主体是行政主体，包括行政机关、法律法规授权的组织。如朱最新认为，行政调解是指行政主体主持的，以国家法律法规、政策和公序良俗为依据，以自愿为原则，在其行使行政职权的范围内，对特定的纠纷进行斡旋、调解，促使当事人友好协商，互谅互让，达成协议，由此而解决纠纷的一种调解制度。[③] 再比如，关于行政调解的范围问题，有学者认为："行政调解的对象是与行政职权有关的民事争议和部分的行政争议。"[④]而有的学者认为，行政调解的范围不应当包括行政争议；认为"从行政法理论的严格意义上讲，行政纠纷不具有可调解性。在纠纷调处实践中，各级行政机关，尤其是基层政府对行政性纠纷所开展的座谈、协商等活动与其说是行政调解，还不如将其视为行政和解、信访化解等更合适"[⑤]。

在行政调解的性质问题上，学理上的争议更大。有学者把行政调解当作具体行政行为，和行政许可、行政确认、行政裁决等并列。[⑥] 有学者

---

① 《山东省行政程序规定》第一百二十二条规定："本规定所称行政调解，是指行政机关为了化解社会矛盾、维护社会稳定，依照法律、法规、规章和规范性文件的规定，居间协调处理与行使行政职权相关的民事纠纷的行为。"

② 《浙江省行政调解办法》第二条第二款规定："本办法所称的行政调解，是指行政机关依照法定职责和规定程序，以自愿平等为基础，以事实为依据，通过解释、沟通、说服、疏导、协商等方法，促使公民、法人或者其他组织之间以及行政机关与行政相对人之间（以下统称当事人），依法化解有关民事纠纷和行政争议的活动。"

③ 参见朱最新：《社会转型中的行政调解制度》，《行政法学研究》2006 年第 2 期。

④ 参见郭庆珠：《ADR 在化解社会矛盾中的功能机制研究——以行政调解为研究样本》，《法学杂志》2011 年第 1 期。

⑤ 温丙存：《日常生活、行政权威与乡村秩序的三重再生产——行政调解的乡村实践逻辑》，《南京农业大学学报》（社会科学版）2015 年第 5 期，第 38 页注 1。

⑥ 参见姜明安主编：《行政法与行政诉讼法》，北京大学出版社、高等教育出版社 1999 年版，第 177 页。

认为，行政调解不属于具体行政行为，是一种与行政相关的行为。① 有学者认为，行政调解从本质上说不具有权力的性质，只要某种纠纷与其行政管理职权有一定程度的联系，不需要法律、法规的特别授权，该行政机关就可以对此纠纷进行调解。② 有学者认为，行政调解是一种行政指导行为。③ 还有学者认为，行政调解是一种较为典型的非强制性行政行为。④

由于行政调解的概念界定与调解的主体、范围、性质等问题密切相关，故而有必要对这些问题逐一展开分析与讨论，以便于给行政保留下一个确切的定义。

首先，关于行政调解的主体，学界通说以及立法上大都将其确定为行政机关，仅有少数学者认为包括行政机关和法律法规授权的组织。本书认为，虽然目前行政机关承担着大量的民事争议调解功能，但在实践中，法律法规授权的组织实际上也承担着调解民事争议的责任，故而应将行政调解的主体扩大到法律法规授权的组织。

其次，关于行政调解的范围。本书认为，目前的行政调解制度，主要是运用行政权的巨大能量，解决民事争议。关于行政争议，主要由行政复议制度和信访制度解决。但是，行政复议制度本身已经内置了行政调解制度。如《行政复议法实施条例》第五十条规定："有下列情形之一的，行政复议机关可以按照自愿、合法的原则进行调解：(一)公民、法人或者其他组织对行政机关行使法律、法规规定的自由裁量权作出的具体行政行为不服申请行政复议的；(二)当事人之间的行政赔偿或者行政补偿纠纷。当事人经调解达成协议的，行政复议机关应当制作行政复议调解书。调解书应当载明行政复议请求、事实、理由和调解结果，并加盖行政

---

① 参见胡建淼：《行政法学》，法律出版社 2003 年版，第 368 页。

② 参见应松年主编：《当代中国行政法》下卷，中国方正出版社 2005 年版，第 1107～1108 页。

③ 参见喻少如：《多元纠纷解决机制中的行政调解》，《学术界》2007 年第 6 期。

④ 郭庆珠：《ADR 在化解社会矛盾中的功能机制研究——以行政调解为研究样本》，《法学杂志》2011 年第 1 期。

复议机关印章。行政复议调解书经双方当事人签字，即具有法律效力。调解未达成协议或者调解书生效前一方反悔的，行政复议机关应当及时作出行政复议决定。”因而从法律规定的情况来看，行政调解的范围包括民事争议和部分行政争议，并无疑问。

最后，关于行政调解的性质。(1)行政调解是一种软权力运用方式，即非强制性的行政权运用方式。但是，非强制性并非指向非权力性。虽然行政调解多数情况下并不需要法律法规的特别授权，但是就其合法性而言，正如笔者在行政指导一节中所论述的那样，行政调解同行政指导一样，需要以法律之“组织规范”为依据，也即具有职权性。(2)行政调解是一种针对特定相对方作出的行政活动，并非一种单方性实施行政权的事实行为，虽然目前没有针对这种行为制定统一的法律，但并不影响其行政行为的性质，故而是一种未型式化的行政行为，不是“与行政相关的行为”。至于有学者认为其是一种行政指导行为，因行政调解并非是行政指导之双方行政行为，而是三方行政行为，显然与行政指导具有本质上的不同。因此，行政调解在性质上是一种未型式化的具体行政行为，不是行政事实行为。虽然目前多数行政调解协议并未被赋予法律效力和提供诉讼救济的手段，但这只是立法上的缺陷，并不影响其行政行为的性质。

综上，所谓行政调解，是指行政主体基于其行政职权，本着自愿、平等、协商的原则，依法就民事争议和行政争议进行居中调停、斡旋，促使当事人友好协商、达成协议、消除纠纷的行政行为。在性质上，行政调解是一种特殊类型的非强制性的行使行政职权的行政行为，而非行政事实行为。

二、行政调解的功能

行政调解是在第三方——行政主体介入的情况下，采取协商和交涉的方法去化解纠纷，促使当事人达成协议和解决纠纷的软权力运用方式，具有推动服务型法治政府建设、维护弱势群体合法权益、纠正不良行为、化解社会矛盾、密切政府与人民群众的关系等等重要功能和作用。

（一）转变政府行为方式，促进服务型政府的构建

构建服务型政府是“我国政府改革的目标模式，是我国社会经济协调发展的客观需要”①。行政调解因其非强制性的内在品质而成为构建服务型政府的重要推动力。在行政调解过程中，政府尊重民众意愿，在当事人双方合意的前提下，以第三方身份居间调停、斡旋，通过民主协商与当事人意思自治的有机结合，高效、低成本地实现行政管理目标。

（二）纠正不良行为，维护弱势群体的合法权益

行政调解方式灵活多样，可以有效减轻当事人的经济负担，使弱势群体更愿意（低成本）通过调解的方式解决纠纷。在社会转型时期，那些因政策原因而产生的矛盾纠纷不但人民调解组织无力解决，即使法院也作用有限。而政府则“更适于处理一些常规性、多发性、社会性、群体性和新型纠纷，尤其是有利于直接维护弱势群体权益”②。

（三）化解社会矛盾，促进社会和谐

通过摆事实讲道理，消除不安定因素，维护社会秩序。行政机关通过积极的行政调解活动，可以充分发挥政府对社会的调控功能，有效化解双方当事人的矛盾，消除纠纷双方之间的芥蒂，使大量轻微的社会争议、人身损害赔偿和财物损害赔偿得到迅速解决，对于快速、经济地疏导民间纠纷，缓解社会矛盾，消除社会不安定因素，营造和谐社会氛围，具有重要的现实意义。

（四）密切政府同人民群众的关系，促进法治政府建设

行政调解作为一种社会管理制度，法律对其有明确规定。行政机关介入纠纷必须依法进行，调解过程必须遵守相关程序规范，在查明事实真相、明确责任义务的基础上，组织当事人协商，引导他们互谅互让，自愿达成调解协议。这就使行政调解“不仅仅作为单纯的解纷手段，同时还是一种使国家法律得以实现的制度”③。

---

① 肖望兵：《论服务型政府公共服务职能的有限性》，《湖南科技大学学报》（社会科学版）2011年第6期。

② 范愉：《行政调解问题刍议》，《广东社会科学》2008年第6期。

③ 范愉：《非诉讼纠纷解决机制研究》，中国人民大学出版社2000年版，第40页。

三、行政调解制度存在的主要问题

(一)统一立法缺失的问题

目前,我国尚未制定统一的《行政调解法》这样的专门法律,有关行政调解的法律规定大多散见于《民事诉讼法》《行政诉讼法》《行政复议法》《婚姻法》《道路交通安全法》《治安管理处罚法》《妇女权益保障法》等法律,《行政复议法实施条例》《医疗事故处理条例》《道路交通安全法实施条例》等行政法规,以及《合同争议行政调解办法》等部门规章。[①] 除此之外,不少地方也制定出台了专门的地方性法规和地方政府规章,如《北京市行政调解办法》《浙江省行政调解办法》《邯郸市行政调解办法》《山东省行政程序规定》《新疆维吾尔自治区著作权纠纷行政调解办法》等。由于现有的法律制度缺乏整体设计,导致行政调解在调解主体、调解范围、调解协议效力、调解程序等方面缺乏明确统一的法律规定,迫切需要通过制定统一的《行政调解法》或《行政程序法》予以解决。

(二)行政调解缺乏明确的功能定位

我国目前的行政调解主体,主要是行政职权的行政机关,比如市、县的劳动局对劳动争议进行调解。从行政调解制度发挥的功能来看,这种行政调解的背后是行政强制性力量,主要是透过行政机关的"威权"来解决民事纠纷,由于其高效、经济的特点,受到社会公众的普遍喜爱。但是,这种客观上的功能设定导致高压式调解、"打板子"式调解的出现,客观上造成了上访人员的增多和对司法权威的损害。

(三)缺乏针对不良行政行为的调解制度设计

在目前各地方实行的行政调解制度中,针对行政争议的调解仅限于行政复议中的调解。对于行政失当行为、对内部行政行为以及涉及政治、文化等非人身权、财产权的行为的监督无法实现,对于自由裁量权的控制无法实现,对提高行政立法质量、提升行政执法总体水平更是无能

---

① 参见史卫民:《论我国行政调解的适用范围与法律效力》,《理论月刊》2012 年第 1 期。

为力。[1] 本书建议,应当借鉴法国的行政调解员制度,建立一种专门针对不良行政行为的行政调解专员制度,解决因行政不良行为引发的纠纷和矛盾。[2]

(四)行政调解主体缺乏独立性

目前的行政调解主体基本上是行使相应行政管制职权的行政机关,而这必然意味着并不利于自愿、平等、协商原则的落实,也不利于法治文化的培育。而且,行政机关调解本身,增加了行政机关的工作难度,不利于行政机关职责的落实。建议可以参酌荷兰的行政调解制度[3]设计,在条件成熟的时候,将针对行政争议的调解和针对家庭、劳动、民事争议的调解加以区分,建立相对独立的调解机构。

第四节 行政奖励

行政奖励制度在我国有着悠久的历史文化传统。《国语》[4]有言:"赏善罚奸,国之宪法也。"早在秦汉时期,就已经建立起一整套较为完善的

---

① 参见张晓丽:《法国行政调解专员制度探析》,《法制与社会》2009 年第 4 期上。

② 法国行政调解员有两方面的职责:(1)有权对国家行政机关、对本辖区内有独立管辖权的地方行政机关负责公共事业的行政机构和被授予公共任务的其他任何机构与公民之间所发生的各种行政纠纷提出解决纠纷之建议。(2)对改善国家行政机关的功能以及对在具体实施的过程中会产生社会弊病的法律和法规提出自己的建设性意见。(参见王勇亮:《法国的行政调解员制度》,《政治与法律》1999 年第 3 期)

③ 荷兰于 1993 年设立了荷兰调解协会(Netherlands Mediation Institute,以下简称 NMI),该协会是一个承担了公共管理职能的非营利机构,旨在为社会各界提供调解服务,迄今为止,其对家庭、劳动以及行政等方面纠纷的处理实践在荷兰发挥了重要的作用。该协会可以认为是政府设立的承担公共管理职能的社会组织,因此,其对纠纷的调解也可以认为与我国的行政调解相似。(参见康枫翔:《荷兰的行政调解制度——兼论对我国行政调解制度的启示》,《法学论丛》2012 年第 2 期)

④ 《国语》是我国现在最早的一部国别体史书,记载了西周末年和春秋时期周、齐、鲁、晋、郑、楚、越等国的历史,偏重记述历史人物的言论。

行政奖励机制，秦汉行政奖励制度包括物质奖励、精神奖励和权能奖励（增秩迁职、拜爵、赐钱物、赐劳记功等）三种奖励形式，规定了奖励的主要条件——功与劳，还规定了严格的程序，所有奖励依法都要向上级申报和审批，以确保行政奖励的公正、公平和真实可信。①

中华人民共和国成立后，行政奖励制度经历了创建和发展时期（1949～1965 年）、遭受严重干扰和破坏时期（1966～1976 年）、恢复与改革时期（1977～1988 年）、发展与完善时期（1989～）四个时期。近年来，作为一种新型的行政行为，行政奖励已经成为政府行政软权力运用的一种常用手段，得到了越来越广泛的适用。但是，由于理论研究的不成熟和制度建构的不完善，导致实践中出现法律规范缺位、奖励随意性大、奖励不当、缺乏事后监督等诸多问题。但是，作为一项重要的行政软权力运用方式，行政奖励因其非强制性、授益性和引导性的特征，而具有传统硬权力运用方式不可替代的功用。

一、行政奖励的概念和特征

关于“行政奖励”的概念，学界目前尚未达成比较一致的见解。由于行政行为可划分为外部行政行为和内部行政行为，故而行政奖励有广义和狭义之分。广义的行政奖励概念指向“符合条件的受奖者”，包括外部行政行为的行政奖励（参见本章后事例一）和内部行政行为的行政奖励（参见本节附件一：《丽水市人民政府关于给予全市“五水共治”工作先进集体和个人行政奖励的决定》），如“行政奖励是指由政府依据其职权，按照法定原则程序，向符合条件的受奖者颁布的正式奖励”②。而狭义的行政奖励概念仅指向外部行政行为（参见本章后“事例二”），如“行政奖励，是指行政主体为实现行政目标，通过赋予物质、精神及其他权益，引导、激励和支持行政相对人实施一定的符合政府施政意图行为的非强制行

① 参见刘太祥：《简牍所见秦汉行政奖励制度》，《南都学坛》（人文社会科学学报）2017 年第 1 期。

② 崔卓兰：《行政奖励若干问题初探》，《吉林大学社会科学学报》1996 年第 5 期。

政行为"①。

本书所研究的行政奖励，指向狭义的行政奖励概念，即作为外部行政行为的具有利益引导性质的软权力运用方式。与传统上带有强制、制裁性的行政硬权力运用方式相比，行政奖励具有非强制性和行政授益性的特征，以及"将国家行政管理目标寓于积极的引导、鼓励中去实现的特点"②。

（一）非强制性

非强制行政行为是随着现代市场经济和民主政治的发展而逐渐兴起的一种新型而有效的政府治理手段，它改变了传统行政行为的"命令—服从"模式，更加关注行政相对方在行政过程中的地位和作用，以协商、服务、自愿履行为基本特征，体现了服务、合作的现代行政法理念，越来越受到人们的关注和欢迎。行政奖励作为一种软权力运用方式，其"非强制性"主要体现在两个方面：(1)行政奖励的对象是否接受应受奖行为，取决于自己的意志，行政主体不能强制实施奖励。(2)行政机关实施了应受奖励的行为后，是否接受行政奖励，由行政奖励的对象自主决定。③

（二）行政授益性

"凡是为行政相对人创设、确认权利或法律上利益的决定都是授益性行政行为。"④行政奖励以赋予相对人物质、精神或其他权益为形式特征，确立了相对人的"受奖权"，即"行政相对人根据法律规定，对物质奖励享有某种利益的所有权或使用权，对精神奖励享有名誉权、荣誉权，对权能奖励享有某种资格，对信息奖励享有知悉权，等等"⑤，因而是一种典型的行政授益性行政行为。

---

① 傅红伟：《行政奖励研究》，北京大学出版社2003年版，第33～34页。

② 崔卓兰：《行政奖励若干问题初探》，《吉林大学社会科学学报》1996年第5期。

③ 参见刘五生等：《行政奖励的法律规制研究》，《政府法治研究》2008年第6期。

④ 杨海坤、章志远：《中国行政法基本理论研究》，北京大学出版社2004年版，第211页。

⑤ 傅红伟：《行政奖励研究》，北京大学出版社2003年版，第41页。

（三）引导性

行政奖励的主要目的，是通过物质和精神奖励的方式，引导、激励和支持相对人实施一定的符合政府施政意图的行为，故而具有引导特定对象从事符合政府施政意图的行为特征。行政奖励的引导性特征表现为两个方面：一是对政府期待行为的肯定，二是对行政相对人行为的表彰和奖励。

二、行政奖励的主要功能

行政奖励是一种有别于传统硬权力运用方式的软权力运用方式，是诱导行政的主要表现形式，具有政治功能的实现、预期行政管理目标的落实以及良好社会法治文化氛围营造方面的重要作用。

（一）有助于政治功能的实现

政治功能是政府行为的首要功能，行政奖励作为一种行政软权力运用方式，对于引领社会公众落实党和国家的施政纲领，弘扬社会主义核心价值观，具有特殊的政治功用。传统上，政治功能的实现主要依靠强制性手段，但这种硬权力并不是人们所普遍期望的行为方式，通常无法获得社会公众的内心认同。相反，行政奖励因具有授益性，而更加容易获得社会公众的内心认同。因为正如马克思所指出的那样："人们奋斗所争取的一切，都同他们的利益有关。"①

（二）有助于预期行政管理目标的落实

行政奖励通过物质和精神利益的刺激，能够刺激行政相对人对行政行为的认同和赞赏心理的产生，调动行政相对人实现行政目标的积极性、自主性和创造性，使行政相对人在这种心理的支配下在实现自身利益的同时，积极主动地实施政府所倡导的行为。同时，行政奖励还能使人产生期待心理，增强行政相对人的自豪感，从而不断强化人们作出获奖行为的动机，增加被奖励行为重复出现的频率，进而达到实现预期行

---

① 《马克思恩格斯全集》第1卷，人民出版社1956年版，第82页。

政管理目标的目的。[①]

(三)有助于良好社会法治文化氛围的营造

行政奖励对模范履行义务的行为加以肯定和鼓励,不仅可以引导、带动更多的行政相对人积极、主动地履行法定义务,模范遵守法律,而且对未被奖励者形成一种压力,并使他们在现实利益的推动下,使自己向受奖励者靠拢,树立新的价值取向[②],从而起到明显的鼓励和倡导社会公众尊重法律、做道德模范的作用,引导社会公众形成良好的法治文化氛围。[③]

三、行政奖励存在的主要问题

受传统文化"赏善罚奸"的影响,我国政府一直非常重视行政奖励在引导人们积极参与行政管理中的作用。不过,目前我国的行政奖励的对象主要集中在政府机关事业单位及其工作人员。也就是说,大量的行政奖励是内部行政行为,而非外部行政行为。与此同时,实践中行政奖励带有明显的"权力色彩",且由于法律规范上的缺失,导致奖励范围、方式和标准模糊,甚至出现有违法治原则的奖励现象时有发生。

(一)观念上存在偏差

行政奖励是通过对人们某种行为的肯定、褒奖、鼓励的方式,改变人们的行为预期,期待人们按照政府施政的意图行为的一种软权力运用方式。但在观念上,受传统官僚主义文化的影响,行政机关往往将奖励视为给予相对人的一种"恩赐",而非相对人的权利。比如,事例二福建漳州市委、市政府出台的《关于全面推进民营经济的若干意见》中的"中考加分奖励",明显地带有官方恩赐的官僚主义文化印记,是一种典型的"恩赐"行为。

(二)立法体系不完整

目前,我国行政奖励制度存在体系不完整、立法层级低,缺乏顶层制

---

① 参见姜伟国:《论行政奖励的法律功能》,《商丘职业技术学院学报》2010 年第 3 期。

② 参见杨海坤:《论行政奖励》,《法学研究》1989 年第 3 期。

③ 参见姜伟国:《论行政奖励的法律功能》,《商丘职业技术学院学报》2010 年第 3 期。

度设计，行政奖励制度体系不完整，立法级别低。我国现行 1982 年《宪法》仅有科技奖励和劳动竞赛奖励两种具体奖励，也没有统一的《行政奖励法》，导致行政奖励在原则、权限、程序、救济等方面缺乏一般原则性规定。[①]

(三)行政奖励的范围、形式和标准模糊、散乱

有的规定太过于概括，没有主体和对象范围的规定。有的像宣传口号，如本节附件一《丽水市人民政府关于给予全市“五水共治”工作先进集体和个人行政奖励的决定》中的“大禹鼎”。有的奖励标准模糊，缺乏可操作性标准，如《台州市行政奖励实施细则(试行)》规定，有下列情形的，可给予行政奖励：在生产(工作)岗位忠于职守、勇于改革、敢于创新，为台州经济社会发展做出突出成绩的；在加快转变经济发展方式，促进台州经济平稳健康发展方面做出突出成绩的；在维护社会公平正义，促进法治台州建设、平安台州建设方面做出突出成绩的；在践行社会主义核心价值体系和当代台州人共同价值观，建设文化强市方面做出突出成绩的；在加强和创新社会管理，发展社会事业，保障和改善民生等方面做出突出成绩的；在推进生态文明和绿色发展，加快建设美丽台州方面做出突出成绩的，以及在国防建设、重大突发事件、抢险救灾等中做出突出成绩的。[②] 有的行政奖励形式具有很大的随意性，甚至还出现了某些方面的负效应。[③]

(四)普遍缺乏程序性规定

目前，虽然有的地方出台了《行政程序规定》，但多数地方性法规关于行政奖励的程序规定仍然缺失。有学者指出，行政程序应是规制行政奖励问题的最佳路径。行政程序可以帮助行政奖励实现依法行政。此外，行政程序的一些具体功能也有助于行政奖励问题的解决。选择何种行政程序的立法模式来对行政奖励进行规制是一个开放性的问题。从

① 参见刘五生等：《行政奖励的法律规制研究》，《政府法治研究》2008 年第 6 期。

② 《台州市行政奖励实施细则(试行)》，《台州日报》2017 年 10 月 25 日。

③ 参见姜伟国：《论行政奖励的形式及其法制化——基于市场经济社会的法律思考》，《时代法学》2017 年第 1 期。

理想的角度出发应选择制定行政奖励法,若从现实的角度出发则应选择统一的行政程序法。①

事例一:2007 年 5 月,山西省环保局和省财政厅针对重点城市空气质量改善工作,联合制定出一项具体的奖励办法,对考核排名前移的城市给予重奖,奖金最高额度可达 200 万元。奖励对象以个人为主,主要为各环保重点城市的地市、县(市、区)政府的主要负责人、分管领导,环保部门领导及有关人员,相关部门领导及有关人员,重点城市中对改善当地环境有突出贡献的企业领导及有关人员。资金来源,主要为省财政专项列支。②

事例二:2006 年 3 月,福建漳州市委、市政府出台《关于全面推进民营经济的若干意见》,规定民营企业家子女在高中阶段招生录取时,可享受 20 分的优惠政策。此外,还为 50 家企业办理公务车辆通行证,两年内可以在该市各收费站免费通行。据此,漳州市教育局 2006 年的招生政策规定,凡是经市政府办审核公布的 2005 年度漳州市民营企业前 100 名的纳税大户,"其控股企业主的子女中考均可享受 20 分的照顾。外商子女也参照执行"③。

附件一:丽水市人民政府关于给予全市"五水共治"工作先进集体和个人行政奖励的决定(丽政发[2017]78 号)④

各县(市、区)人民政府,市政府直属各单位:

2016 年,各地、各部门认真贯彻市委、市政府的决策部署,紧紧围绕夺取"大禹鼎"目标,全员全域全力投入治水工作,"五水共治"各项工作

---

① 参见陈榜:《行政奖励的程序规制研究》,华东政法大学硕士学位论文,2016 年。

② 盛若蔚:《"重奖"叩问行政奖励》,《人民日报》2008 年 1 月 30 日。

③ 参见成功:《大老板的子女加 20 分——福建漳州中考政策引争议》,《南方周末》2006 年 8 月 3 日。

④ 《丽水市人民政府关于给予全市"五水共治"工作先进集体和个人行政奖励的决定》,《丽水日报》2017 年 12 月 22 日。

取得显著成绩，年度考核总分排名全省第三，成功实现我市“五水共治”三年来首次勇夺“大禹鼎”。这一期间，涌现出了一批典型。为表彰先进，根据《浙江省行政奖励暂行办法》有关规定，经市政府研究，决定给予丽水市建设局等 50 家单位记单位嘉奖；给予钭某杰等 6 人记个人二等功，给予池某清等 23 人记个人三等功，给予刘某等 100 人记个人嘉奖。

希望受奖励的集体、个人珍惜荣誉，戒骄戒躁，再接再厉，争取更大的成绩。各地、各部门和全市广大干部群众要以先进为榜样，在我市成功夺得“大禹鼎”的新起点，把握历史方位，拉高工作标杆，以更加强烈的责任感和紧迫感、更加高昂的工作热情、更加扎实的工作作风，持之以恒抓好“五水共治”各项工作，为我市奋力加快高质量实现确保与全省同步高水平全面建成小康社会、勇当绿色发展的探路者和模范生“两大历史使命”做出新的贡献。

丽水市人民政府

2017 年 12 月 15 日

第五节 其他软权力运用方式

以硬权力单一结构为特征的行政权的运用，由于缺乏对当今社会的适应，开始受到世界各国行政法学界的诟病和反思。后现代学者有一个方向：怎样使行政进入一个自我管制的状态？从国家行政权力的运行模式看，“国家不是也不可能只有一只手。它有两只手，一只管拿，一只管送——换句话说，它有一只粗暴之手，也有一只温柔之手”①。这只“温柔

① ［法］巴斯夏：《财产、法律和政府》，秋风译，贵州人民出版社 2003 年版，第 187 页。转引自王敬波：《基于服务行政的法治政府发展趋势——以〈柔性行政方式法治化研究〉为分析视角》，《哈尔滨工业大学学报》（社会科学版）2014 年第 1 期。

之手”就是给付行政和服务行政。进入行政国家时代后，行政职能逐步多元化，美国、德国、日本等法治发达国家对给付行政和服务行政这种软权力运用手段进行了积极探索，出现了一些新型的软权力运用方式，如美国的环境保护等级评估、日本的“公布违法事实”、德国的产品等级认证等。我国也出现了诸如产业扶持政策、行政约谈、违法事实公布、非拘束性行政计划、行政信息服务等新型行政行为。这些新型软权力运用方式在社会主义市场经济的建立和公共治理实践中的广泛运用，对社会主义市场经济的发展、行政主体和行政相对人之间良好合作关系的建立、亲民政府的形象维护，发挥了越来越重要的作用。

一、利益引导型软权力运用方式

利益引导主要存在于在经济行政领域，是一种新型的行政软权力运用方式，在市场经济和利益多元化的当今社会，其在保持本国企业的市场竞争力方面的重要性愈益凸显。随着国家财力的增强，利益诱导行政及其运用方式受到世界各国的普遍重视和挖掘。

在我国改革开放以来经济市场化、国际化及政治民主化、法治化的历史进程中，行政软权力被广泛运用于市场经济建设和各级政府的公共治理实践中，出现了不少利益诱导型的软权力运用方式，比如产业扶持政策、行政资助、行政信息服务等利益诱导型的软权力运用方式。但是，由于没有建立相关的规范运作机制，利益引导型的行政软权力运用方式并没有在目前的社会治理中发挥其应有的作用，其运用范围还非常的狭窄，其规范性、科学性和法治化程度还很低。

（一）政策扶持类诱导行政

在市场经济建立的过程中，为了更好地扶持民族产业的发展，国家有目的、有计划地实施产业扶持政策，针对地区经济和产业发展情况，采取差异性的财政税收政策、金融政策、价格政策、工资政策等大量产业扶持政策，重点倾斜、优先扶持某些产业或部门的优先发展和快速发展，以便优化我国的产业结构，调整某些产业所处的环境条件，合理影响生产力要素的流动，扶持或限制某些产业和企业集团的发展，提高我国企业的市场占有率和竞争优势。比如,1994 年 2 月 18 日由国家税务总局颁布的《出口货物退(免)税管理办法》,2009 年 2 月 1 日施行的《中华人民共和国海关进出口货物减免税管理办法》《企业会计准则第 16 号——政府补助》(财会[2017]15 号),等等。

(二)许可类诱导行政

许可类诱导行政在世界各个国家都被普遍运用,这种典型的利益诱导型软权力运用方式,改变了传统的行政命令方式,不是通过强制性的行政命令和执法手段,而是通过对企业盈利的诱导和社会公众的支持来实现行政目的,极大地提高了企业的积极性和主动性。比如,美国为改善企业参加环境保护的积极性和主动性,政府一改传统的行政命令模式,让涉及环境保护的企业主动加入产品的环境保护等级评估,通过评估专家(环保界的一流专家)的评估,将企业生产的产品评估为绿、蓝、红、黑四种环保等级。属于最差的环保等级(黑色环保标记)一个月内自行调整后再公布。基于美国人民固有的环境保护观念,企业为得到社会的承认,积极参加环评计划,使企业形成一种自我约束机制(整个运作过程不施加压力)。两年后,美国企业从 20%多重视环保提高到 50%。再比如,德国莱茵于 2012 年推出绿色产品标识,此为一项自愿性认证标识,旨在针对消费品及其对环境的影响做自律性规范。针对不同产品,结合各种相关认证要求和标准,对通过测试的产品颁发绿色产品标识,引导终端消费者识别绿色环保产品。

我国也建立了类似的评估和评价制度,制定出台了《企业环境信用评价办法(试行)》等信用等级制度,但针对某种或某类产品的认证制度尚处于制度初建时期。2016 年,国务院制定出台了《国务院办公厅关于建立统一的绿色产品标准、认证、标识体系的意见》(国办发[2016]86 号)。2017 年 4 月 27 日,国家认监委认证监管部向社会发布了《绿色产品标识认证管理办法(征求意见稿)》(见附录),公开向社会公开征求意见,标志着我国许可类诱导行政开始走向精细化管理的新阶段。

二、非正式协商型行政软权力运用方式

(一)行政约谈

1. 行政约谈的概念与性质

约谈,指约定之后而就特定事情进行商谈。行政约谈是颇具中国特色的一种制度,指拥有具体行政职权的机关,通过谈话沟通的方式,对行政相对人存在的违法问题予以纠正并规范的准具体行政行为。广义上的行政约谈还包括针对下级行政机关的约谈。本书采纳狭义的定义方式。

"约谈"制度是2007年度开始的一项制度。刚开始实行该制度的时候,主要是上级行政机关针对下级行政机关管理职能落实不到位而采取的一种管理方式。最早的行政约谈是针对下级行政机关的"违规土地约谈",当时把违法占用耕地面积比例较高、在全国排前几名的地方政府主要负责人请到北京来,一是当面汇报情况,二需要对违法用地造成的原因作出分析,问题出在哪,下一步该如何解决。因为当时政府15号令还没有实施,所以不与问责挂钩(参见附录《违反土地管理规定行为处分办法》)。2010年12月16日上午,国家土地总督察徐绍史在京约谈违法用地较为严重的5市(州)、7县(市、区)政府主要负责人;下午,国土资源部、监察部、人力资源和社会保障部联合通报了2009年度全国土地卫片执法检查情况。公众期待已久的三部门全国土地管理"问责"正式启动,行政约谈开始与行政问责挂钩。① 针对地方政府的土地财政问题,在2010年12月末,开启了"楼市约谈"。住建部姜部长称,将"适时会同监察部对省、市人民政府稳定房价工作进行考核,对政策落实不到位、工作不得力的,进行约谈直至追究责任"②。随后,行政约谈的范围开始逐渐扩大到企业和个人,可以说,约谈已经成为行政机关实现行政管理职能的一项重要手段。

---

① 参见杜晓、郑小琼:《杜绝土地违法须变革干部绩效考核体系》,2011年1月10日,http://www.chinanews.com/estate/2011/01-10/2775425.shtml。

② 参见浏星:《"行政约谈"别像撒娇的小粉拳》,2011年1月28日,http://zqb.cyol.com/html/2011-01/28/nw.D110000zgqnb_20110128_3-02.htm。

从性质上来看,约谈是一种非强制性的沟通协商活动,目的是通过沟通协商的方式让行政相对人自觉履行法定义务,因而不是行政命令或行政处理,更不是行政强制。从约谈的效果来看,多数行政约谈达成了行政机关与被约谈对象的共识,以较低的执法成本实现了行政管理的目标,这也是行政约谈被逐步扩大的一个主要原因。与此同时,约谈还有助于加强与市场主体的信息沟通,更深入地了解实际情况,对控制公权力而言有一定的社会意义。但是,目前行政约谈有被滥用的迹象,更缺乏程序上的控制。

2. 行政约谈的种类

在"信用中国"网站上,以"约谈"为关键词可以检索到 80 条约谈新闻。①,如石泉县法院联合政法、纪检监察和组织部门开展集中治理涉公职被执行人专项行动暨集中约谈醒诫活动,南乐县人民法院联合南乐县纪委、监察委对涉公职人员失信被执行人及相关单位负责人进行集中约谈,青岛 128 家违法失信当事人被约谈,不履行执法决定将列入"黑名单",四川达州大竹县法院率先建立联合约谈失信党员和公职人员机制,江苏南京三部门约谈网约车平台,河南郑州约谈共享单车运营企业:市区暂停投放单车,等等。这些"约谈"行为在约谈的主体、对象、约谈方式、约谈内容和逾期后果上存在较大的区别(见表 6-1)。

表 6-1　　行政约谈行为对比分析表②

约谈主体	约谈对象	约谈方式	约谈内容	逾期后果
临沂罗庄区市场监管局	电商企业	下发《行政指导建议书》	督促其在 3 个月内全面履行法定义务,达成和解协议并履行,依法提请从法院失信被执行人名单中删除	无

① 参见"信用中国"网站,https://www.creditchina.gov.cn/articesearch/index.html?index=2&keyword=约谈#page-5。2018 年 4 月 15 日访问。

② 本表全部数据均来自"信用中国"网站信息。

续表

约谈主体	约谈对象	约谈方式	约谈内容	逾期后果
濮阳县纪委、监察委和县人民法院	失信公职人员及其所属单位负责人	集中约谈	敦促涉公职失信被执行人配合法院工作，自觉履行法律义务	行政纪律处分
上海市消保委	58同城、百度、360	会议约谈	督促网上平台建立诚信机制	行政处罚
浙江省嘉兴市南湖区市场监管局	电商企业	签订诚信经营倡议书	加强网络集中促销活动监测监管，严厉打击电商制售假冒伪劣违法行为，规范网络商品交易市场秩序，切实维护消费者合法权益	加强监管
青岛市城管（综合）执法部门	违法失信当事人	集中约谈	履行处罚决定	列入失信人员名单
中国消费者协会	共享单车企业	公开约谈会	建议尽量免收押金守信经营	加强监管
济南中院	“老赖”	集中约谈	敦促被执行人履行义务	列入失信人员名单
安徽省六安市工商质监局	网络交易平台企业负责人	约谈	行政指导	无
浙江省嘉兴市南湖区市场监管局	电商企业	会议约谈	签订诚信经营倡议书	
北京市卫生监督所	餐馆	约谈	被约谈企业须根据通报情况开展自查，安排专人巡视餐厅，做好劝阻吸烟相关记录等	对餐厅从严处罚

续表

约谈主体	约谈对象	约谈方式	约谈内容	逾期后果
北京市住建委、市工商局、市网信办	链家网、我爱我家网等企业	联合约谈	下架全部违规房源信息，配合执法机关调查	
上海检验检疫局虹口办事处	代理报检公司负责人	约谈	通报了企业信用降级情况，宣讲信用管理政策	
铜陵市食品药品监督管理局	警示、失信等级企业主要负责人	约谈	发放药品零售企业不良行为告诫书	

对上述约谈行为对比分析后发现，按照约谈主体的不同，可以将行政约谈划分为单部门约谈和多部门联合约谈两种类型。按照约谈对象的不同，可以将行政约谈划分为个别约谈和集中约谈两种类型。按照行政约谈内容的不同，可以将行政约谈划分为通报类行政约谈、督促类行政约谈、诫勉类行政约谈、履行类行政约谈、管理类行政约谈、指导类行政约谈几种类型。其中，诫勉类约谈是一种类似于责令纠正的功能在里面，处罚关系没有成立之前的一种软权力运用方式。按照逾期后果的不同，可以将行政约谈划分为无后续约束手段的行政约谈和有后续约束手段的行政约谈两种类型。其中，无后续约束手段的行政约谈中，也有一部分行政约谈实际上存在强化对约谈对象监管的问题。

值得注意的是，上述列表中的“约谈”并非在性质上全部属于行政约谈。有一些行政约谈，名义上是“约谈”，实质上是“命令”，是一种强制沟通程序，对不接受行为的一种接受，甚至存在干预市场的嫌疑。有一些约谈在本质上属于行政指导，有一些约谈是针对行政机关的。这类行政约谈属于内部行政的范畴，也不属于真正意义上的行政约谈。个别约谈，通过约谈的方式让单位加强管理，是内部行政行为衍生出来的约谈，也不是行政约谈。

(二)公布违法事实

在日本,为解决执行难问题,把拒不执行的人公布于众,被称之为“公布违法事实”。作为一种新型的政府规制和软权力运用新手段,目前公布违法事实已经在我国当下诸多行政管理领域得到频繁运用。[①] 那么,我国公共治理实践中普遍存在的“违法事实公布”是一种行政软权力运用方式吗?如果并非所有的“违法事实公布”都属于行政软权力运用方式的话,那么何种类型的“违法事实公布”才属于真正的行政软权力运用方式——公布违法事实呢?在这里,为了研究的方便和学理上区分不同违法事实公布行为的需要,笔者将实践中普遍存在的违法事实公布行为称为“违法事实公布”,而将其中作为行政软权力运用方式的“违法事实公布”称为“公布违法事实”,以示学理上的区分。

1. 公共治理实践中“违法事实公布”的种类与性质

我国的公共治理实践,存在大量的“违法事实公布”。传统上,理论界多数学者基于违法事实公布不符合传统上具体行政行为的特性,不直接产生法律效果,而通常将其界定为一种“行政事实行为”。这种界定因无法关照“违法事实公布”的具体情形及其行为性质,在通常情况下并不正确。随着研究的深入,部分学者开始针对不同类型的“违法事实公布”展开类型化研究,并对一些典型的“违法事实公布”的性质进行重新界定。

(1)“游街示众”“公判大会”以及“横幅示众”“曝光违法者”等属于刑事制裁或行政管制手段,不属于作为行政软权力运用方式的公布违法事实。提到“公布违法事实”,人们很容易将其与“游街示众”“公判大会”等联系在一起。在古代,无论是中国还是外国,普遍都设有羞辱刑,比如游街示众、脸上烙印、额头刺字,以便威慑、吓阻犯罪等。随着社会文明的不断进步,羞辱刑因不“人道”而颇受现代人们的诟病,具有羞辱意味的刑罚已逐渐被各国取消。在我国,这种漠视人权的做法在“文化大革命”

---

① 参见章志远、鲍燕娇:《公布违法事实的法律属性分析》,《山东警察学院学报》2011年第11期。

时期曾一度死灰复燃。改革开放以后,随着人权观念深入人心,这种刑事制裁手段被法律明文规定予以抛弃。比如我国《刑事诉讼法》规定:“执行死刑应当公布,不应示众。”①1988年,最高人民法院、最高人民检察院和公安部作出规定,要求司法机关不仅对死刑罪犯,对其他已决犯、未决犯以及一切违法的人,一律不准游街示众。② 但是,受传统社会压制性文化的影响,仍然有一些机关或部门采用公判大会的方式,以“公布违法事实”的名义,对违法犯罪人员实施“羞辱”。比如,2006年11月29日,深圳福田警方召开两场公开处理大会,百名皮条客、妈咪、站街招嫖女、嫖客等涉黄人员被处理。在公处现场,警方宣读犯罪人员所涉罪行,然后读出各人的姓名、出生日期和籍贯。每读出一人的资料,警察便押身边的犯人踏前一步确认身份,然后押回车上载走。现场有逾千人围观。③ 对此,曾参与《妇女权益保障法》草案修改的中华女子学院法律系教授李明舜表示,深圳福田警方的做法于法无据。罗杉认为:“没有哪部法律允许他们这么做,行政执法单位在没有法律依据条件下作出这样的行为是不恰当的,有违法的嫌疑。”④上海律师姚建国上书全国人大,指出深圳福田警方公开处理百名卖淫女和嫖客的活动“造成恶劣的国际影响”,“并且活动本身却是违法的”。⑤ 显然,上述所谓的“公布违法事实”,实际上是一种“羞辱”的刑事制裁手段,并非本章讨论的作为现代行政管理手段的“公布违法事实”。

如今,“游街示众”与“公判大会”等刑事制裁手段已经被法律严令禁止,但在行政管制领域,却出现了一种类似于传统羞辱刑的“公布违法事实”的行政制裁措施。比如,2003年8月,博白县两名居民因为违反国家

---

① 《刑事诉讼法》第二百五十二条第五款。

② 参见高法明电[1988]46号,目前已失效。

③ 参见丰雷、毛寿斌:《深圳公开处理百名卖淫女和嫖客　千人观看(图)》,2006年11月30日,http://news.sohu.com/20061130/n246717025.shtml。

④ 叶铁桥:《专家称深圳福田警方处理涉黄人员做法于法无据》,2006年12月11日,http://news.sohu.com/20061211/n246939208.shtml。

⑤ 罗杉等:《律师称深圳警方公开处理卖淫女实质是游街示众》,2006年12月7日,http://news.sohu.com/20061207/n246854976.shtml。

有关规定,被有关部门采取强制措施处罚。执法部门大张旗鼓地把两人违法被罚的事实印在横幅上,在大街上拉出来“示众”,在当地轰动一时。无独有偶,同样在博白县城,2000 年也曾发生过类似的拉横幅“伤人”的事件。法院一审判决拉横幅一方胜诉,不构成侵犯名誉权。在得知这一案例判决结果之后,当事人也打了退堂鼓。[①] 类似的事件还有不少,比如,“重庆高考民族加分”事件:《南方周末》2009 年 6 月 11 日报道,重庆高考 74 名尖子生获 20 分民族加分,其中部分考生通过民族身份造假获得加分。6 月 22 日,重庆市政府召开新闻发布会,公布了 31 名考生为获得高考加分,更改民族身份,将户籍迁入少数民族聚居地。[②] 再比如,“南京曝光醉酒驾车”事件:《京华时报》2009 年 11 月 7 日报道,南京交管部门正式通过媒体曝光醉酒驾车者,首批公布的名单上共有 106 人,都已被拘留过。交管部门称曝光还将不定期发布。针对有人提出醉驾者拘留后还要被曝光是否过于严厉、是否涉嫌侵权一说,交管部门认为,曝光可以使醉驾者受到震撼,以后不敢再有类似行为,同时给其他司机以警示,“符合相关法律规定”。“曝光醉酒驾车”事件发生之后,《检察日报》等媒体给予了高度关注,并组织了数次讨论。肯定者有之,质疑者亦有之。肯定的理由在于坚持媒体曝光“具有正面意义”,是对处罚结果公开原则的落实和延伸,能够有效遏制醉酒驾车行为;否定的理由在于曝光醉酒驾车不仅缺乏裁量的法律依据,也会助长选择性执法,无异于是对醉驾者实施更为严厉的“二次处罚”。[③]

对此,有学者指出,无论立足形式还是实质判断标准去观察,实践中这类大量存在的行政违法事实公布行为都属于一类新型的声誉罚。作为声誉罚的行政违法事实公布之所以备受青睐,既源于行政执法机关在公益保障与私益侵害之间的权衡,也是传统法律文化中的耻感文化在行

---

① 参见骆南华:《公民遭“条幅示众” 执法者将违法事实印上横幅》,2003 年 8 月 22 日,http://news.sohu.com/43/02/news212380243.shtml。

② 参见侯露露:《重庆取消 31 名考生少数民族加分资格》,《人民日报》2009 年 6 月 23 日。

③ 参见墨帅:《处罚结果公开与曝光不能混同》,《检察日报》2009 年 12 月 2 日。

政执法活动中的延伸，更与信息规制工具在现代社会治理中的广泛运用息息相关。形式合法性的欠缺、适用范围的模糊以及程序的不规范是目前行政违法事实公布实践存在的主要问题。为了有效防止行政违法事实的不当公布对行政相对人的合法权益造成侵害，应当从法律依据、适用范围及程序设置等三个方面实现对这种新型声誉罚的法律控制。①

本书认为，这类曝光型的行政管制手段通常在行政处理执行之后发布，实际上是一种加重处罚的行政处理手段，具有同"游街示众"相类似的制裁功能。这种执法手段通常因侵犯公民的隐私权而不具合法性。毫无疑问，在法律没有明文授权的情况下，这种类型的"公布违法事实"，在法无授权的情况下属于违法行政，故而也不属于本章所讨论的作为行政软权力运用方式的"公布违法事实"。

(2)警示类违法事实公布，是政府信息主动公开行为，不属于作为执法手段和软权力运用方式的"公布违法事实"。在诸多"公布违法事实"中，有一类违法事实公布，其针对的对象是社会公众，目的在于通过对政府掌握的违法信息的发布，提醒和警示社会公众加以注意，维护社会公共利益。比如，在"农夫山泉砒霜门"事件中，2009 年 11 月底，海口市工商局发布了一份专项抽查的检验报告。该报告称，农夫山泉广东某有限公司的 30％混合果蔬饮料与水溶 C100 西柚汁饮料、统一企业(中国)投资有限公司的蜜桃多汁等 3 种饮料总砷含量超标。其后，海口市工商局根据该报告发布了 2009 年第 8 号警示。这一警示表示，上述结果经过了海南省出入境检验检疫局检验和海口市卫生防疫站复检证实。② 这类警示型公布违法事实，虽然符合软权力运用方式的"非强制性特征"，但其作用的对象是社会公众而非违法行为人，且不具有软权力"同化顺从"之功能。故而该类行为在性质上不属于本书研究的行政软权力运用方式，而是属于一种特殊类型的政府信息主动公开行为。

---

① 参见章志远：《作为声誉罚的行政违法事实公布》，《行政法研究》2014 年第 1 期。

② 参见朱春华：《公共警告与"信息惩罚"之间的正义——"农夫山泉砒霜门事件"折射的法律命题》，《行政法学研究》2010 年第 3 期。

(3)作为行政强制执行手段的“违法事实公布”。日本和韩国,存在一种内涵为“对于违反、不履行行政法上的义务,行政厅向大众公布其事实,并根据由此的社会批评这一间接的、心理的强制来确保履行义务”①的违法事实公布制度。我国也存在类似的制度,如《价格违法行为行政处罚规定》第二十二条规定:“任何单位和个人有本规定所列价格违法行为,情节严重,拒不改正的,政府价格主管部门除依照本规定给予处罚外,可以在其营业场地公告其价格违法行为,直至改正。”章志远教授称这种行为是一种“作为强制执行手段的违法事实公布”②。

作为行政强制执行手段的“违法事实公布”,实际上是一种社会压制手段,即通过改变社会环境的方式增加社会成员心理负担的一种特殊强制方式。这种环境的改变主要依靠社会成员对违法行为的口诛笔伐或消极对抗来实现。比如,对待严重的价格违法行为,社会成员在得知违法事实后会主动放弃购买涉及价格违法行为的产品,甚至会放弃购买涉案单位的其他产品,从而导致价格违法行为人营销环境的改变,对违法行为人造成一种“社会强制”的状况。但不管怎样,这种强制并不是国家强制的方式,而是一种社会自动强制机制。如果不把这种社会自动强制看作是一种强制的话,事实上也不是③,那么这种“违法事实公布”相对于硬权力来说,便是一种软权力的特殊运用方式——公布违法事实。

2. 公布违法事实的特征与功能

根据前面的违法事实公布分类及其性质的分析可知,作为行政软权力运用方式的“公布违法事实”具备以下几个特征:

(1)公布违法事实针对的对象是违法行为人尤其是持续性违法行为人,目的是让违法行为人自动改正违法行为。因而,为了维护社会公共

---

① 于进、陈昊:《对价格违法行为应保持高压——访国家发展改革委价检司司长许昆林》,《中国经济导报》2011年8月9日。

② 章志远:《作为行政强制执行手段的违法事实公布》,《法学家》2012年第1期。

③ 之所以说“事实上也不是”,是因为既不存在国家机器的强制,也不存在私力上的强制。而且,这种社会自动强制是建立在社会权威和社会价值共识的基础之上,是一种社会共同体内在而非外在的强制。

利益而对社会公众发布某类违法事实的行为，不是“公布违法事实”行为。但是，这里有一个前提，违法行为人自动改正违法行为通常是基于社会共同体对这种违法行为的“厌恶”。

(2)公布的违法事实与社会价值共识不一致。

(3)公布违法事实的后果是一种社会效果而非法律效果，或者说，后果的达成与国家权力的行使无关。因而，类似于“计划生育违法事实公布”那样的行为，不是作为软权力运用方式的“公布违法事实”，而是一种政策性强制手段。①

在社会功能的实现上，首先，传统行政硬权力的执法方式，虽然快速高效，但由于没有社会公众的参与，并不利于社会价值共识的形成与塑造。而作为行政软权力的公布违法事实需要借助社会力量，来实现纠正违法行为的效果，反而有助于社会价值共识的统一与达成。其次，采用传统硬权力运用方式制裁行政违法行为尤其是那些持续性违法行为，对执法技术的要求较高，且执法成本高昂。而作为软权力运用方式的公布违法事实因采用社会压制的方式，更加经济高效，有助于降低行政执法成本。最后，作为软权力运用方式的公布违法事实，有助于社会风气的引领和塑造。

3.“违法事实公布”的合法性问题

在现代社会，“公布违法事实”因其强大的社会压制力量而容易受到执法者的青睐。但是，作为行政软权力运用方式的公布违法事实，是一种替代传统行政强制手段的新型管理手段，同样需要法律上的规制，不同于硬权力形式的法律规制方式，但也应当对其进行严格的法律规制。但是，由于目前尚未制定统一的行政程序法，导致存在滥权的现象时有发生。

---

① 2006年，中共中央、国务院发布的《关于全面加强人口和计划生育工作统筹解决人口问题的决定》，要求“严肃处理违纪违法行为，凡违法生育的，一律依法征收社会抚养费；造成恶劣影响的，可予以公开揭露；是党员、干部的，依纪依法从严惩处”。该规定中的公开揭露，并非是一种希冀达致社会压制的非强制性行为，因为其后续手段中包括依纪依法从严惩处的制裁手段。在当时的政治环境下，“公开揭露”实际上是一种能影响政治生命、职务职称升迁的强制手段。

实践中公布违法事实通常因容易侵害公民的隐私权、名誉权和经营者的经营自由权等，而受到合法性的质疑。目前出现的一些“违法事实公布”行为，大多数属于强制性的行政管制手段，且缺乏明确的法律授权，尤其是曝光姓名和单位的做法，因侵害行政相对人的名誉权和隐私权，存在较大的违法嫌疑。比如，“大众网”青岛 2017 年 9 月 25 日讯：

> 9 月 24 日，青岛交警部门曝光的第 20 批 57 起大力整治交通违法行为，涉及不礼让斑马线、酒后驾驶、逾期未审验、疲劳驾驶等各类交通违法行为。曝光的典型案例则包括了全市公安交警部门近日查处的典型交通违法。交警部门表示，此次交警部门参与全市开展的道路交通秩序大整治行动，将坚决按照市委、市政府的工作部署，坚持开展交通违法大曝光警示行动，积极创造“文明、和谐、安全、畅通”的道路交通环境。网上的曝光名单信息，包括了驾驶人姓名/车辆所属单位、车号、违法时间、违法地点、违法行为和处罚结果等内容（参见表 6-2）。①

表 6-2　青岛交警部门曝光的第 20 批 57 起大整治交通违法行为名单（本书隐去姓名、车号信息）

19	2017.9.14	九水东路	酒后驾驶	记 12 分，罚款 1000 元，暂扣驾驶证 6 个月
20	2017.9.12	龙岗山路黄河东路	驾驶与驾驶证载明的准驾车型不相符合的车辆	记 12 分，罚款 500 元
21	2017.9.12	黄河东路龙岗山路	驾驶与驾驶证载明的准驾车型不相符合的车辆	记 12 分，罚款 200 元

① 刘宇昕：《青岛公布 57 起十类重点交通违法曝光名单》，2017 年 9 月 25 日，http://qingdao.dzwww.com/xinwen/qingdaonews/201709/t20170925_16202229.htm。

续表

22	2017.9.13	四流南路	未悬挂号牌	记12分，罚款200元
23	2017.9.13	四流南路	未悬挂号牌	记12分，罚款200元
24	2017.9.13	四流南路	未悬挂号牌	记12分，罚款200元
25	2017.9.4	茂山路	超载100%以上	记6分，罚款2000元
26	2017.9.12	衡山路	超线100%以上	记6分，罚款2000元
27	2017.9.12	濒湖岛街海南岛路	运载危险物品时不按规定的时间、路线、速度行驶	记6分，罚款200元
28	2017.9.13	四流南路	违反禁令标志	记3分，罚款200元
29	2017.9.10	南昌路	违反禁令标志	记3分，罚款200元
30	2017.9.13	瑞昌路	违反禁令标志	记3分，罚款200元
31	2017.9.12	江山路	违反禁令标志	记3分，罚款200元
32	2017.9.14	南崂路	违反禁止标线	记3分，罚款200元
33	2017.9.13	G204韩祚路	超员	记6分，罚款200元
34	2017.9.13	新兴路青威路	超员	记3分，罚款100元
35	2017.9.13	黑龙江中路	逾期未检验	记3分，罚款200元
36	2017.9.13	黑龙江中路	逾期未检验	记3分，罚款200元
37	2017.9.13	黑龙江中路	逾期未检验	记3分，罚款200元

第七章
信息社会化与行政软权力的运用

当今社会，处于信息技术快速发展的时代，信息技术在设备、金融、制造和服务领域的普遍运用，对经济发展的影响开始与日俱增。同时，它对我国的政治、经济、法律和文化也产生了深远的影响。尽管信息技术对政治、经济、法律和文化的影响并不均衡，但它却开创了一个特有的"大众网络文化的时代"。

在这个时代，伴随着信息技术特别是网络技术的普遍应用，信息通过网络得以快速传播，对传统的行政法制产生了广泛的影响，也对传统行政权及其运用方式的变革提出了要求。一方面，互联网第二代信息革命的技术使得对其控制更加困难，甚至被传播学理论家称之为"自由的技术"。信息的扩散同时意味着，权力变得更加分散，非正式网络将削弱传统官僚机构的垄断地位[①]，行政机关开始担心网络技术的快速发展和信息的迅速传播会影响行政权能的实际运用。那些传统上通过行政手段严密控制的事务，在今天已经变得越来越不可能了。行政决策会通过信息网络迅速传播到社会的各个层面，并开始对尚未行动的行政机关产生影响，而担负具体实施职能的行政机关的每一项与之相关的行政活

① 参见[美]约瑟夫·S·奈:《硬权力与软权力》，门洪华译，北京大学出版社2005年版，第143页。

动，都可能成为信息网络跟踪、评价的对象。[①] 另一方面，社会公众则越来越担心信息技术会进一步导致政府对社会的严密控制[②]，倘若政府采取传统行政权运用方式（强制、威慑、利诱）予以压制[③]，或者采取严密的网络信息技术对其进行控制，那么就将与尊重和保障人权、开放以及构建法治社会的价值观念背道而驰，且往往不能与社会公众达成一致意见而毁损政府的权威。

为适应这一要求，传统的行政法制和行政权运用方式必须作出相应的变革。而这一变革，是传统行政法理论强调的——那种以强制性为主要特征的——行政权运用方式所无法调适的。作为行政权之重要构成部分的行政软权力形态，因其具有潜在的影响力、理性的说服力和内在的吸引力，在服务行政和公共治理领域具有较大的运用空间。[④] 同时，因其非强制性、注重团体能力和运用方式的多样性之特性，具有传统上那种强制性属性的行政硬权力不可替代的独立价值与功能。[⑤] 在信息网络技术条件下，倘若我们不重视行政软权力的运用，以构建法治与和谐社会为主要目标的行政活动，就会陷入一种被动局面，甚至有脱离社会大众文化基础的危险。其直接的后果之一，就是政府权威的毁损和社会公众对政府和行政机关的不信任，导致行政治理成本加大、执法环境恶化以及实际法律效果打折扣等严重后果。不过，倘若任由行政机关采用行政软权力的运用方式而不受法律规制，则将使其走向反面，成为权力寻

---

① 通过网络的形式对传统行政权提出挑战的实例较多，在最近发生的典型事例“内蒙古男子举报征地问题获刑案”中，内蒙古男子吴某就因网上发帖举报征地问题，两度被鄂尔多斯市警方跨省抓捕。（参见王晓易：《内蒙古男子发帖被判诽谤》，《京华时报》2009年4月20日）

② “政府是否应该控制网络”是目前社会讨论的一个焦点问题。

③ 地方行政机关采取传统行政权运用方式（强制、威慑、利诱），对那些通过网络对政府行为提出异议者进行压制的案例，近些年似乎呈现快速增长的态势，凸显了地方政府和行政机关对网络信息的恐惧。

④ 参见门中敬：《二元构造视角下的行政权》，《烟台大学学报》（哲学社会科学版）2008年第4期。

⑤ 参见门中敬：《行政软权力的特征和价值与功能》，《法学论坛》2009年第1期；门中敬、余湘青：《行政软权力：行政权重塑的另一个侧面》，《中国行政管理》2009年第2期。

租和隐性运作的发源地。

因而,必须通过建构一种以程序主义法范式为主导的复合规制模式[①],将其合理运用纳入法治的轨道,才能适应目前大众网络文化对行政法制提出的上述变革要求。而行政法制在信息网络的虚拟环境下,有其独特的问题需要解决。基于以上考虑,本章试图针对信息技术与行政软权力的运用展开具体化的专门研究,通过对网络信息与服务行政以及行政软权力权能的进一步解读,分析和探讨信息技术与行政软权力运用之法制现实问题。

第一节 技术决定论与服务行政

按照技术决定论(Technological Determinism)的观点,信息技术的普遍运用将有助于解决政府存在的效率低下、服务缺位和行政技术化不足等缺陷。如约瑟尔·M·林登(Russell M. Linden)认为,信息技术更深入应用所指向的目标就是要建设无缝隙的政府(Seamless Government),将支离破碎的、彼此分割的政府部门重新整合,以整体的、系统的方式按照业务流程开展工作。无缝隙政府以整体的而不是各自为政的方式为公众提供一步到位的、“一站式”的网络化电子服务。[②] 我国学者亦不乏持此观点者。如代正群认为,信息技术尤其是互联网技术的发展可以改变以往公共行政服务手段落后的问题,提高政府的服务水准和质量,为公众获取政府提供的各种服务创造便利的条件。总之,通过开发、使用网上公共服务系统,将政府的服务平台从传统的办公室、窗口、柜台向网络平台转换。在信息社会,政府必须倾听公众的意见,了解公众的

① 门中敬:《行政软权力的法律规制模式研究》,《法学论坛》2011 年第 1 期。

② [美]约瑟尔·M·林登:《无缝隙政府:公共部门再造指南》,汪大海等译,中国人民大学出版社 2002 年版,第 18 页。

需要，形成管理的服务化。所以，服务行政将是未来公共行政的主题理念。①

确然，从信息技术意欲实现的政府任务和目标而言，信息技术之于服务行政确具有不同于传统行政的功用所在：一方面，信息技术的普遍运用将有助于行政规则技术化，使得传统行政手段无法完成的服务事项得以完成；另一方面，信息技术的普遍运用还有助于政府各职能部门之间的协调，减少行政手续的繁琐性，从而为社会公众提供更为快速、便捷的服务，提高行政服务的水准。不过，尽管技术决定论对于服务行政问题的认识具有相当的合理性，但这似乎并不意味着，信息技术的普遍运用能够解决目前政府存在的那些核心问题，如滥用行政权、对公民权利的漠视以及回应力不足等。因为信息技术的变迁并不会与政治和社会的变革动力保持一致；而且，确如张成福教授所指出的那样，科技与社会和政治的互动乃是一种社会建构（the process of social construction）的过程。现代的信息和通信技术无法自动地、自发地发展出有意义和价值的政府制度安排。信息技术应用于政府治理和公共事务管理的功能和意义，“取决于政府和公共管理者对于信息技术和电子化政府概念的理解和赋予其什么样的意义”②。假若信息技术仅仅被理解为“提高政府的服务水准”甚或“实现各职能部门之间的协调能力”，其普遍运用就可能成为阻碍政治和社会变革的隐性力量。

因而，当我们在探讨信息技术对于服务行政的功能和意义时，就必须保持一种清醒的头脑。在促进信息技术服务功能实现的同时，如何在法治的框架内对传统行政权运用方式进行转变，以实现“信息技术的服务功能”与“对行政权的法律控制”之间的平衡，不啻是一个现实的挑战。

---

① 参见代正群：《信息技术对公共行政的影响》，《湖南城市学院学报》（人文社会科学版）2003 年第 2 期。

② 张成福：《信息时代政府治理：理解电子化政府的实质意涵》，《中国行政管理》2003 年第 1 期。

■ 第二节 信息技术与行政软权力之权能

在一个法治社会，要保持“信息技术的服务功能”与“对行政权的法律控制”之间的平衡，就必须为信息技术和行政权之间的关系提供一个法治分析的架构，亦即塑造一个江必新教授所言的“行政法之下的服务型政府”①。这一架构在现有体制下，必须是建立在行政硬权力和行政软权力合理区分的基础上，才能有所建树。否则，信息技术的运用就会成为提高服务水准和冲击行政法治秩序的一把“双刃剑”，从而为行政权的隐性膨胀提供“土壤”。此前，学界似乎有一种观念或做法，一谈及非强制性的行政活动（或言“非权力行为”“行政事实行为”“行政软行为”“行政行为软方式”），似乎是要将传统行政权（以强制性为特征）及其运用方式进行软化，以因应“服务行政”之理念。但事实却是，软行为或软方式的背后，往往是通过直觉所无法发现的隐性强制权的运作。况且，传统行政权表面上的“软化”，将会导致“硬权力不硬”的现实困境，进而损害“普遍遵从法律”的基本法治观念，并不利于我国法治社会的自我成长。因而，在研究信息技术与行政权之间的关系时，首要的是对作为行政权之权力形态的软权力能有一个清醒的认识。

交流与合作的能力是行政软权力的一项重要权能。在传统法制社会，行政活动中行政机关与行政相对人之间的信息交流仅能通过“面对面”的形式进行，行政机关具有信息获取的绝对优势地位，行政相对人对信息的获得并不对称，其在法律地位上的平等只不过是一种法律拟制上的“形式平等”而已。在服务行政的视野下，行政软权力作为行政硬权力的重要补充，为重新界定公共利益以及追求某些领域公共治理的软权力

① 江必新：《行政法学研究应如何回应服务型政府的实践》，《现代法学》2009年第1期。

资源提供了机会,恰如“囚徒困境”中的参与者相互交流将会改变博弈的性质,增进行政机关与社会公众的交流并达至互惠的行政软权力的运用方式,将是传统行政权运用方式的重要补充,并将改变行政权运用的实际法律效果。

特别是在今天,随着互联网二代技术的发展,行政活动几近被完全地暴露在大众面前。可以说,通过网络信息技术的发展与普及,社会公众可以通过网络技术快速迅捷地获取与行政活动有关的信息,行政机关已不再具有绝对的信息获取优势地位。这样一来,行政相对人与行政主体之间的交流与合作就具备了实质上的可能,从而为行政软权力交流与合作的权能①实现提供了契机:一方面,行政机关与行政相对人的交流与合作变得更加方便、迅捷,从而使得行政活动的成本得以降低。另一方面,行政机关可以通过信息网络技术,及时了解社会公众的意见、建议以及强化对公共治理领域社会状况的准确把握,从而为落实服务行政之要求、开展行政活动与实施行政法律法规提供依据。而行政相对人也可以通过信息网络技术,为自己参与行政活动寻求帮助,从而为公民行使“批评、建议和检举”的法律权利、真正维护自己的合法权益提供充足的资源。

然而,恰如张成福教授所指出的,在把信息技术应用于政府的时候,如果我们对政府存在的价值、意义、使命和任务等根本问题缺乏反思,如果我们对政府改革的目标和方向缺乏反思,如果我们不对传统政府治理的缺陷和误区进行反思,如果我们对信息社会的性质缺乏必要的认知,那么,电子技术应用于政府,不仅无助于政府自身存在的问题的解决,无助于政府的改革和转型,反而会强化现行政府结构和制度安排中所存在的一些缺陷和弊端,限制信息技术的应用和发展潜力的实现;更有甚者,会成为加强社会控制与组织压迫的工具,成为扩大社会不公平的工具,

---

① 交流与合作是行政软权力的一项重要权能,盖因行政软权力表现为一种同化顺从(co-opting compliance)和非强制性的内在属性和品格,具有一种行政协商与对话、行政正当程序和社会价值评价的内在协调与制约关系。

成为为少数人和少数利益集团服务的工具。① 这样的观念认识的确是一针见血，如果过度强调信息技术之于政府的服务功能而忽视政府存在的价值、意义与法治要求，就可能背离行政法治的路向，成为强化社会控制的工具。因而，在讨论信息技术的不当运用可能带来问题的同时，应当重视研究信息技术条件下行政软权力运用的法治现实问题。但首要的问题似乎是：在法治的分析框架内，信息技术是如何与行政软权力发生勾连的呢？

第三节 信息维度与行政软权力

信息技术与行政软权力发生勾连，与信息的维度紧密关联。信息通常被认为包括三个维度，即信息的准确性与及时性、信息优势的获取和信息的流行性与交互性。信息的这三个维度，恰是行政软权力权能能否实现的根本所在，其是否符合行政法治之内在要求，将直接决定行政活动目标实现的实际（法律）效果，并将决定信息技术条件下服务行政的价值和意义，成为判断“行政法之下的服务型政府”的首要标准。

第一，信息的准确性与及时性通常被认为与服务行政有着紧密的关系，其在行政法治上的要求是信息公开的准确性与及时性。这一信息维度有助于行政相对人和社会公众通过网络信息及时了解行政活动，是信息优势获取的前提之一。目前，世界上绝大多数国家和地区都制定出台了有关于政府信息公开的法律，我国也已制定出台了《中华人民共和国政府信息公开条例》，但就政府信息公开的方式和渠道并未见明确的法律规定。而且，对于那些突发事件的网络信息发布行为（一种行政软权力的运用方式），并没有相应的法律规范约束，常见政府官员在发布信息

① 参见张成福：《信息时代政府治理：理解电子化政府的实质意涵》，《中国行政管理》2003 年第 1 期。

时的“口误”和随后的“道歉”,极大地损害了政府的权威。

第二,信息优势的获取是参与行政的内在要求。对于行政相对人而言,一方面,在政府信息获取上是否与行政机关具有同等的法律地位,是保持其与行政主体之间沟通与交流能力的基本前提;否则,就会限缩其参与行政活动的能力和积极性。另一方面,这一维度还要求政府信息的公开应当体现“平等对待”的法治要求,避免不同的行政相对人在信息获取优势上的差别。尽管网络信息非常有助于网络文化“无视权威、平等和自由特性的形成”①,但如果在信息优势的获取上存在差异性,出现所谓的“内部信息”与“外部信息”之差别,必将导致社会分配不公和权力隐性寻租问题的发生。

第三,网络信息的流动性与交互性,要求为行政相对人提供一个沟通与交流的技术平台。美国一直都在推行一项政府网络计划,以实现政府行为与社会公众之间的交流与合作。② 加拿大政府也于 1994 年制定了《运用信息科技改造政府服务之蓝图》,明确了“以民众为核心,提供有责任心、更好更有效的服务”的电子政府建设宗旨。③ 印度作为一个发展中国家,同样重视网络信息技术的普遍应用问题,并推出了全民免费使

---

① [美]约瑟夫·S·奈:《硬权力与软权力》,门洪华译,北京大学出版社 2005 年版,第 149 页。

② 1995 年和 1996 年,克林顿政府先后出台《政府纸张消除法案》和“重塑政府计划”,要求政府各部门呈交的表格必须使用电子方式,此举大大加速了美国的电子政府进程。2000 年 3 月,美国政府在全面评估其电子政府进程后,提出了美国电子政府发展的未来目标和长期规划。2000 年 9 月,美国政府开通了电子政府网站“第一政府网站”(http://www.firstgov.gov,2007 年 1 月更名为“美国网”http://www.usa.gov),极大地加快了美国电子政府的建设。2001 年,小布什政府继克林顿政府的“重塑联邦政府”运动之后,进行了以“总统管理议题”命名的第二次政府改革。(参见《美国政府信息化的基本情况》,“中华人民共和国民政部网站”,http://wss.mca.gov.cn/article/hwsj/200801/20080100010174.shtml)

③ 参见:《加拿大电子政务对北京网上税务的启迪与借鉴》,2012 年 4 月 13 日,http://www.echinagov.com/echinagov/zixun/2005/11/24/2188.shtml。

用网络的政府计划。[1] 这个政府计划的目的,恐怕并不仅仅在于普及网络这样简单的问题,其主要的目的和功能之一,乃在于通过网络技术来实现行政软权力的权能,以减少政府开支,加强政府与社会公众之间的沟通与交流。

由此可见,网络信息的三个维度都与行政软权力交流与合作之权能实现有着紧密的关系,其是否体现服务行政和现代行政法治的共同要求,是处理好"服务型政府与法治政府、服务型政府与服务行政、秩序行政与服务行政之间的关系"[2]的关键所在。

第四节 信息社会化与行政软权力的运用

"行政法之下的服务型政府"的建构,不仅需要"行政法之下的服务行政"理念的尽快确立,更需要注重行政软权力的运用和相应的法律制度与规范的改变,以便于在应用信息技术促进服务政府的目标、原则和任务时,将其纳入行政法治的轨道,从而保持"信息技术的服务功能"与"对行政权的法律控制"之间的平衡。因而,在法治的分析架构下,尽快转变传统行政权"一刀切"的运用方式,分析信息技术条件下行政软权力运用的特殊问题及其法治要求,才能适应信息社会化对服务型与法治型政府提出的变革要求。

一、行政软权力运用的特殊问题

伴随着行政职能多元化事实的出现,传统上那种以强制性为主要特

① 参见胡立善:《印度计划全民免费上网 阚凯力称中国已经落后了》,2007 年 5 月 20 日,http://it.gog.com.cn/system/2007/05/21/010053549.shtml。

② 参见江必新:《行政法学研究应如何回应服务型政府的实践》,《现代法学》2009 年第 1 期。

征的行政权及其运用方式，已经无法适应现当代服务行政理念提出的要求，而行政软权力及其运用方式开始在该领域占据主导地位。因而，在今天这个信息社会化的大众文化时代，建立在行政硬权力与行政软权力合理区分基础上的行政软权力之运用，必将促使服务行政领域中的行政活动发生转变，即行政决策方式的转变、行政法主体互动模式的转变和行政软权力资源的变迁。

（一）行政决策方式的转变

在传统社会，行政决策通常被认为是属于行政机关的内部活动，并不需要社会公众乃至行政相对人的参与。随着近些年服务行政理念的提出和实施，参与行政之观念逐步得到认同，其在行政法律制度与规范上的重要体现，行政听证制度已为学界所普遍认同。不过，这种制度的建立并未能影响和触动社会与政治的互动过程，甚至有流于形式之嫌疑。

因而，在信息社会化的特殊情形下，行政决策需要作出进一步的转变，使之能够体现社会与政治的互动过程，或者说，行政决策方式应当体现信息社会化的要求，以实现行政软权力之交流与沟通之权能，发挥社会建构之功用。此前，《湖南省行政程序规定》为此提供了一个很好的范例，如明确规定政府的重大行政决策要通过各种公开方式①，广泛征求公众意见，实行公众参与，以充分保障人民群众的知情权、参与权、表达权和监督权。这恐怕也是《湖南省行政程序规定》受到学界普遍关注的一个重要原因。

（二）行政法主体互动模式的转变

在传统行政活动中，行政主体通常与行政相对人处于不对等的法律地位，即管理者的地位。但在信息社会，行政软权力的运用方式必然要求行政法主体互动模式的转变，特别是在那些需要协商、沟通与交流来共同完成行政活动时，如行政合同、行政协议、行政调查、行政许可、行政

---

①　行政决策信息公开是行政软权力的一种运用方式，也是实现行政软权力沟通与交流之权能的重要手段。

给付、行政指导等，更是如此。可以说，行政法主体互动模式在行政活动的诸多领域和诸多事项中仍具有较大的挖掘和应用空间。

此前，有学者曾经撰文对互动性行政行为进行过研究，并指出："行政主体与行政相对人之间就行政行为的形成、行政行为的过程、行政行为的目的与客观效果的实现的一致性等方面采取互相促动方式，通过彼此的制约与激励机制，实现公共利益与私益的最大化，由此产生的行政行为即是互动性行政行为。"①这样的界定，同样有将传统行政硬权力运用方式进行"软化"之嫌疑。因为互动模式或者互动行为的选择与应用，除了考量"自由与秩序价值之折冲"外，还必须考量"普遍遵从法律"之法治内在要求。因而，不能将运行于服务行政和给付行政领域的那些独立的行政软权力运用方式，狭隘地解释为一种"讨价还价"的过程，而应当将其理解为一种信息获取上的互动过程、一种程序化的社会与政治的建构过程。

（三）行政软权力资源的变迁

一般而言，行政软权力资源主要是指行政伦理文化、行政法治文化和行政制度三个层面。② 这三个层面的资源在信息网络技术条件下已经发生了变迁，而这种转变与行政法治视野下行政软权力的运用无法割裂。

第一，在传统伦理文化方面，由于目前我国尚处于一种传统伦理文化与现代法治文化碰撞与调适的特殊历史阶段，且在传统上是一个以行政为主导的国家。行政活动是否体现服务行政之要求，不仅取决于行政伦理法制的建构，而且有赖于一个健康的行政伦理文化。信息社会化对政府提出了更高的要求，即它必须为健康的行政网络伦理文化负责：一方面，它必须提供一个网络伦理文化的技术平台，一如美国、加拿大、德国等国家所做的那样。另一方面，它还必须为实现行政软权力之权能，

---

① 程建：《关于互动行政行为提出的几点思考》，2003 年 3 月 5 日，http://kbs.cnki.net/forums/20033/ShowThread.aspx。

② 关于行政软权力资源三个层面的详尽阐述，请参见门中敬：《二元构成视角下的行政权》，《烟台大学学报》（哲学社会科学版）2008 年第 4 期。

放弃传统上那种主导式、教育式或审查式的伦理文化建构模式，转而采取引导式、表率式的伦理文化塑造模式，从伦理文化“导入型”转为伦理文化“导出型”，以实现社会伦理与政治伦理的互动过程。

第二，在行政法治文化方面，倘若欠缺一个符合法治要求的行政网络文化的平台，行政活动就可能通过网络信息的快速传播，成为社会公众关注的焦点，并会导致“道德评价”代替“法律评价”的奇特现象，从而与建设法治政府的目标相背离。近些年来，行政活动往往成为信息网络攻击和评价的对象，除却一些行政活动突破法律的束缚以外，过于忽视行政法治文化与政治或伦理习俗的互动过程，恐怕是社会公众乐于其纳入政治或伦理之“藩篱”的一个主要原因。

第三，网络技术的快速发展使得信息的社会化不可避免，传统上的那种以强制性为主要特征的权力行政已难以适应信息的社会化，迫切需要行政制度作出相应的社会变革，而这种变革与社会伦理习俗、法治观念认同的关联性甚为密切。此前，笔者曾经撰文指出，任何制度都体现着某种建构性，但其实施却往往有赖于严格的执法、社会伦理习俗的认同以及不偏不倚的法律程序。① 以“交通警察依法行政致死孕妇案”为例，交通警察依据法律之规范要求，严格执法，似乎无可厚非。不过，如果我们以宪法上之人权原则作为考察依据，便会发现问题的所在。除了行政法律制度与规范层面欠缺对伦理习俗的关切以外，行政制度特别是行政伦理制度的欠缺似乎是一个主要的原因。②

二、行政法律制度与规范的相应改变

在传统行政法制观念下，行政法律制度与规范仍将扮演着极为重要的角色，并在公共治理领域占有一席之地。当然，传统“法制主义者”同样关注信息技术及其变迁，尽管这种技术变迁并没有改变权力分配的直

---

① 参见门中敬:《二元构造视角下的行政权》,《烟台大学学报》(哲学社会科学版)2008 年第 4 期。

② 在这里需要特别指出的是，由于传统伦理文化并非以宗教伦理作为基础，使得我国行政制度的建构有别于西方已实现宗教伦理社会化的国家与地区。

接可能。但是,行政软权力运用的动机以及交流与协商的能力,却有赖于信息技术的进步。在国家政治、经济和社会发展的某个特定阶段,实现国家经济发展目标的动机往往会改变行政行为的方式。但同样不可忽视的是,行政机关交流与协商的能力,会对社会公众参与行政的能力及其效果产生影响,进而为经济发展目标提供行动上的支持。在服务行政和给付行政之领域,传统的行政权运用方式无法实现其既定目标,而行政软权力运用方式的挖掘与运用,可以借助于信息网络技术而得以实现,一方面可以节约行政运作成本,另一方面也有助于在较大范围内实现行政机关与社会公众的交流与沟通。与之相应,在行政软权力运用的广泛范围内,必须重视行政法律规范与制度的改变。比如,美国于2002年发布了《电子政府法》,在法律上确立了电子管理者及电子政府办公室的职责,保障各个行政机构参与和支持电子政府的实施,内容包括管理电子政府专项基金,指导首席信息官理事会开展工作,监督跨部门的电子政府项目和特定IT项目等。[①]

此前,笔者曾经撰文对行政软权力的复合规制模式进行研究,指出必须尽快建构一种以程序主义法范式为主导的、行政伦理法制与社会评价法制相结合的复合规制模式,以因应信息社会化和行政软权力合理运用之法治要求。在信息社会化的特殊背景下,行政法律制度与规范的改变,除了必须重视一般情形下行政软权力运用的程序法制、伦理法制和社会评价法制以外,尚需尽快制定出台相关的法律,以明确电子政府及其职能部门的职责,通过法律手段保障电子政务的有效实施。

---

① 参见《美国政府信息化的基本情况》,“中华人民共和国民政部网站”,2018年1月17日,http://wss.mca.gov.cn/article/hwsj/200801/20080100010174.shtml。

第八章 行政软权力的法律控制模式

“行政权”一词在英文中通常被表述为“Executive Powers”或“Administrative Powers”，其肇始于17世纪洛克首创的立法权、行政权和联盟权的三分论，后经孟德斯鸠的“三权分立”理论、戴西的“规范主义”理论的发展完善，使之演变为一种“受控的权力”。对权力特别是以强制力为特征的行政权可能侵犯个人自由和权利的担心，使得戴西(A. V. Dicey，1835～1922年)创立的“规范主义控权”理论自19世纪以来盛行不衰。这种被理查德·若林斯(Richard Rawlings)称之为“红灯理论”的控权理论，逐步演变为两种经典的控权模式：“法律规则模式”和“正当程序模式”，以求对行政权加以严格的规制，最大限度地保障个人自由和权利不受行政权的随意干预或限制。[①] 在此基础上，逐步形成了以司法审查为中心、与理性和自然法思想相契合的“三位一体”的控权模式。长期以来，这种控权模式在控制和约束传统行政权、保障人权方面发挥着至关重要的作用，不仅实现了权力的分离与制衡，更为重要的是很好地弥补了行政权的缺陷与不足。

自20世纪以来，伴随着福利国家和行政职能多元化事实的出现，在

① 参见孙笑侠：《法律对行政的控制——现代行政法的法理解释》，山东人民出版社2000年版，第117页。

一些行政权运行领域，特别是在公共服务行政领域，一种以非强制性为主要特征的行政权之权力形态——行政软权力，开始得到普遍重视和运用。这种权力形态，因其积极塑造功能而具有不同于传统行政权的内在属性和品格，具有独特的内在协调与制约关系，使得自戴西以来的传统控权模式开始受到挑战。进入20世纪以后，伴随着“福利国家”的出现，功能主义理论开始受到重视，通过行政权的“服务性”而逐步渗入到私人领域，从而构建了“服务行政”的新体系，在某种程度上适应了“社会福利国家”的客观要求。为应对这一变化，在西方现代法治国家，建立在国家与社会二元对立基础上的古典控权模式，开始逐步转向一种建立在国家与社会融合基础上的复合控制模式。① 反观我国，近些年来一些新型的行政软权力运用方式得以不断挖掘和运用，行政的积极塑造功能得以加强，但由于欠缺对其进行合理的控制，甚至有脱离法律规制的倾向，其在控制模式的选择方面至今仍存有疑问。有鉴于此，本章试图针对行政软权力的规制模式进行专门性研究，在分析行政软权力的内在属性和品格、探讨行政软权力的协调与制约关系的基础上，尝试构建一种符合中国国情和行政职能多元化事实的行政软权力复合规制模式，期冀在保持行政软权力积极塑造功能的同时，对其进行必要的约束和限制，以实现福利国家之目的，促进国家与社会之融合。

■ 第一节 行政软权力的内在属性和品格

行政职能多元化之事实，使得行政权运用方式开始从传统行政逐步向行政职能多元化转变，公共服务行政开始在世界范围内受到重视。传

---

① 这种复合控制模式，曾被学者解读为“社会控权与行政权自控机制”“公法—社会法控权机制”和“实体—程序控权机制”的控权模式。（参见季涛：《行政权的扩张与控制——行政法核心理念的新阐释》，《中国法学》1997年第2期）

统上那种以强制性为特征的行政硬权力，因无法获得社会公众的内心认同和行动支持而缺乏对当今社会的适应。而行政软权力因其特有的作用机理和运行方式，在注重团体能力、非强制性和运用方式多样性等方面，表现出与传统行政硬权力显著不同的特性，在实现行政积极塑造功能、降低公共治理成本、解决公权力与私权利之间的冲突和维护社会秩序等诸多方面，具有传统行政权（行政硬权力）不可替代的独立价值与功能。[①] 在行政硬权力统御的传统公共治理领域，行政软权力通过一些新型的运用方式，如行政指导、信息交流、温情执法等，成为行政硬权力与社会民众自由意愿之间的一个"缓冲器"，减少了公共治理的成本。而在公共服务行政领域，这种权力形态则以实现行政的积极塑造功能为目的，其独立的运用方式，如行政指导、行政合同、行政协商、行政和解、利益诱导行政、模仿行政、决策行政等，开始得以不断挖掘和运用，在促进国家与社会之融合方面，愈来愈发挥重要的功用。[②]

事实上，行政软权力之所以能够发生如此功用，除了具有积极塑造功能以外，恐与其独特的内在属性和品格有着紧密的关系。与传统行政硬权力主要通过其强制力达至公共治理之目标相反，行政软权力恰如约瑟夫·S·奈针对国际政治关系中的软实力所指出的那样，乃是通过"（使得他者期望你所期望的目标）吸引民众，而不是迫使他们改变"[③]的方式，强调行动的协同性和观念上的一致性，从而表现为同化顺从（co-opting compliance）和非强制性的内在属性和品格。这种内在属性和品格使其在实际运用过程中，不以强制、惩罚、威慑为支撑，而是通过在相互理解和尊重的基础上寻求"问题解决"的途径，并基于其在公众心目中

① 参见门中敬：《行政软权力的特征和价值与功能》，《法学论坛》2009年第1期。

② 参见门中敬、余湘青：《行政软权力：行政权重塑的另一个侧面》，《中国行政管理》2009年第2期。

③ ［美］约瑟夫·S·奈：《硬权力与软权力》，门洪华译，北京大学出版社2005年版，第6页。

的威信，通过其潜在的影响力、理性的说服力和内在的吸引力发挥效能。①

第二节 行政软权力运行的内在协调与制约关系

虽然行政软权力表现为一种同化顺从(co-opting compliance)和非强制性的内在属性和品格，但从行政软权力的独立运用方式②和运行过程来看，它仍然具备权力的基本属性以及侵犯个人自由和权利的可能性，并没有脱离权力的运行轨迹。不过，这种权利形态却表现出完全不同于行政硬权力运行的内在协调与制约关系。因而，在探讨行政软权力的规制模式时，就必须首先明晰行政软权力的内在协调与制约关系，以期为进一步探讨其规制模式提供理论依据。

从行政过程论的角度来看，行政权运行的内在协调与制约关系主要体现在三个层面，即行政决策过程、行政活动过程与行政责任承担过程。这三个过程，对于行政软权力而言，主要表现为行政协商与对话、行政正当程序与社会价值评价的内在协调与制约关系。

一、行政协商

行政决策是行政活动的首要环节，其优劣将直接决定行政活动的正当性和合法性。在公共服务行政领域，由于职权行使要求通过行政机关的积极行动来完成，通常仰赖政治程序和政治责任的承担来保障其运用

---

① 参见门中敬:《二元构成视角下的行政权》,《烟台大学学报》(哲学社会科学版)2008 年第 4 期。

② 行政软权力运用方式可在不同的行政领域存在，在公共治理领域，它通常作为行政硬权力运用方式的补充，可以起到“缓冲器”的作用。但就法律效果而言，它通常可以被行政硬权力运用之法律效果所吸收。以下之论述仅以那种体现为独立运用方式(如决策行政、行政指导、利益诱导行政等)的行政软权力形态作为论述的重点。

的合理尺度，故而较少法定职权上的严格限定。但就行政软权力的决策本身而言，它将如何获得社会公众的内心认同？又将如何才能具备正当性和“合法性（非合法律性）”的基础？

对正当决策而言，一些形式性前提，如无偏私性和理性，是至关重要的。[①] 在哈贝马斯看来，只有从主体互动的角度才能为公民“自我立法”找到操作性机制。主体互动性的决策模式在行政决策领域的恰当运用，可以超越传统的法律控制模式，通过“合法律性之法”向“合法性之法”的过渡，有效限制和约束行政权在公共治理领域的运用，从而实现了“社会正义与个人正义的统一”。[②] 而在公共服务行政领域，这种主体互动性的决策模式，因行政软权力非强制性之特征和积极塑造之功能，有助于导控社会机制的建立，也有助于为行政权的正当性和“合法性”提供支持。

在我国，源远流长的中华文化始终倡导“和为贵”的价值理念，把“和合”视为政治的最高境界，作为国泰民安的基本特征。马克思主义理论也特别看重人们在公共领域的呼喊和控诉，因为这会“让受现实压迫的人意识到压迫，从而使现实的压迫更加沉重”[③]。中国的传统文化与马克思主义思想为协商与对话在中国的发展奠定了文化和思想基础，并确立了中国特色的民主协商制度[④]，从而为行政协商与对话提供了本土文化资源。同时，行政软权力运用方式的不断阐释和挖掘，有助于行政协商和对话在行政领域的快速发展，也有助于为公共服务行政提供正当性与“合法性”的依据。而且，从新现实主义的视角来看，我国传统社会结构开始发生重大变革，出现了明显的“结构分层”和社会子系统“自我封闭

---

① 参见翟小波：《为了达成正当决策——民主论脉络内的协商民主论》，罗豪才主编：《软法与协商民主》，北京大学出版社 2007 年版，第 259 页。

② 需要特别指出的是，正如阿伦特所区分的（行政权力与交往权力）以及哈贝马斯所指出的（程序性主权不能掌握行政权力，因为一旦变成行政性权力它就消解了）那样，行政协商只能在行政决策阶段而不能在其后的行政过程中运用。

③ 高鸿钧等：《商谈法哲学与民主法治国——〈在事实与规范之间〉阅读》，清华大学出版社 2007 年版，前言第 10 页。

④ 参见庄聪生：《协商民主是中国特色的社会主义民主的重要形式》，罗豪才主编：《软法与协商民主》，北京大学出版社 2007 年版，第 69～70 页。

性”的特征，传统上以国家为中心的社会观念作为意识形态的产物，在行政领域已经不可能形成影响全社会的价值观念，也不利于形成不同社会结构中社会公众之主体意识。而通过行政软权力独立的运用方式，可以建构一整套协商与对话机制，从而有助于在价值层面获得社会公众的普遍认同。不过，从法治的视角来看，通过行政软权力运用方式所形成的协商与对话机制，决不能脱离一个社会赖以存在的法治文化价值基础，亦不能背离法治国家的诸基本原则和社会正义的根本价值追求。

二、行政正当程序

就实现其行政目标的能力而言，促使社会公众趋向与政府利益相一致的利益或者偏好，主要应当运用吸引力而非强制力。就行政软权力欲达至的目标而言，因其运用方式乃是一种对话与协商、诱导与说服、指导与引导的程序性方式，特别注重运用程序的规范性和科学性。否则，行政软权力的运用就会适得其反，不仅不能达至预期的目标，还会产生导致社会公共道德性败坏、丧失行政软权力赖以发生功用的公共信用基础的风险。因而，在探讨和研究行政软权力的协调与约束关系时，就必须重视行政正当程序在行政软权力运行中的重要地位。

正当程序的核心在于直观公正和形式理性。对行政活动的正当性而言，直观公正和形式理性是至关重要的，盖因程序可以先于价值而存在，人们在达至社会共同信念或价值的过程中，首先必须在程序性规则方面达成一致意见。由于行政软权力表现为一种社会公众的同化顺从(co-opting compliance)，其发生作用的核心机理乃在于内在的吸引力而非强制力，故而就行政软权力的协调与约束关系而言，只有通过建构一种具备直观公正和形式理性的行政正当程序，使目的理性服从于形式理性与正义的观念，才能够使行政活动起到良好的导控社会生活的作用。

在当代西方主要宪政国家，在行政职能多元化和行政权运用方式多元化的情形下，通过程序主义法范式——对法律程序形式理性和直观公正价值的普遍运用，较好地实现了行政权从法律严格控制模式向法律导控模式的转变。对于中国这样一个长期以来有着“重实体，轻程序”传统的国家，行政软权力的普遍运用，倘若欠缺行政正当程序的规制，在实现行政积极塑造功能的同时，往往会降低政府和行政机关的权威。而且，伴随着“社会国家”理念的兴起，行政权的运作方式将更加趋向多元化，越来越多的行政软权力运用方式会得以不断地挖掘和运用。倘若没有建立与之相应的行政正当程序，这些独立的行政软权力运用方式就无法真正发挥其导控社会的功能，甚至有可能成为深层次腐败的“温床”。近些年来，缺乏行政正当程序规制的听证会、评选会、论证会，乃至一些政府官员对社会公众进行的不负责任的行政指导，因其欠缺直观公正和形式理性，引起了社会公众的普遍反感。甚至通过“内部文件”“部门规定”等对外开展工作，规则程序只有政府官员才知道，这样就难免出现“暗箱操作”，滋生腐败问题。① 因而，有必要借鉴国外的经验和教训，重视行政正当程序的研究与运用，加大对行政软权力运用方式正当程序的研究，以确保行政软权力的运用不破坏个人自由和权利的基础。

三、社会价值评价

在一种健康的社会中，社会公众能够意识到与政府合作所带来的利益，愿意遵从政府的治理成为一个公民的道德责任而非法律义务。可见，达成社会共识是软权力运用方式得以发生功用的基础，仅有决策的主体互动性和运行的程序正当性还是不够的。如果行政机关在行政软权力的运用过程中可以不顾社会公众的意见而“为所欲为”，将会侵蚀社会治理和公共服务的成果，进而损害政府的权威。所以，社会主义国家理论特别重视在其新民主主义理论基础上的社会评价机制的建立。马克思在批判传统价值评价的基础上，以历史评价为基础，将抽象的价值评价改造、转换为现实的价值评价。在《关于费尔巴哈的提纲》中马克思强调指出：“人的本质并不是单个人所固有的抽象物。在其现实性上，它是一切社会关系的总和。”任何个人并不是孤立地、抽象地存在的，都是

---

① 参见中国行政管理学会课题组：《建立权力运行制约机制的理论分析和构想》，《中国行政管理》2002 年第 4 期。

“属于一定的社会形式的”①。显然，现实的价值评价在国家治理和公共服务中具有不可替代的重要功能。

行政软权力不具有强制性，但这并不意味着行政软权力的运用对行政法律关系主体没有产生约束力。相反，由于软权力的运用方式通常是建立在社会共识的基础上，国家强制力的退出为自我约束和价值评价提供了舞台，行政法关系主体为维护其良好的形象、赢得信誉和社会的尊重，往往会自觉地遵从法律的权威，努力维护其行为的正当性和合法性。不过，社会价值评价要发挥其功能还有赖于形成一种社会公认的有关于社会价值评价的公共理性观念。而这种建立在公共理性观念上的社会价值评价体系的建立，需要一整套的公共政策、法律制度和行政规则予以保障。

第三节 行政软权力复合规制模式的建立

对行政权的规制，单纯靠权力机关的外部监督和行政机关的内部监督，不可能形成一种开放性的监督制约模式。而且，从西方主要宪政国家的法治实践的发展来看，其所建立的权力控制形式并非单纯的“权力制约”与以司法为主导的法律导控模式一言蔽之。事实上，西方主要法治国家的控权理念之所以能够适应行政职能多元化的事实并发展为一种复合控权模式，乃在于其一直以来的理性传统和自然法思想之文化基础。鉴于我国的政治体制和法治文化传统，若要形成西方发达国家以司法为主导与理性、自然法思想相契合的复合控权模式，还需要长期的法治实践。不过，行政软权力内在的协调与约束关系，为我们构建一种符合目前中国国情的，一种程序主义法范式为主导的，行政程序法制、行政伦理法制和社会价值评价法制相结合的行政软权力复合规制模式提供了可能。

---

① 《马克思恩格斯选集》第1卷，人民出版社1972年版，第18页。

一、行政程序法制

对权力的制衡更为重要的是人民的制衡，这是由权力的本源及其所应担负的根本职能和任务决定的。[①] 人民的制衡并不仅限于通过其代表组成的权力机关的制衡，还在于强调多元民主和公共治理的当代社会。人民可以通过各种途径和方式参与行政管理，而行政软权力的运用方式正是因应人民对行政机关进行制衡的一种重要方式。作为一种行政权权力形态，尽管其运用方式具有非强制性的特征，在形式上较少对个人权利和自由的强制性干涉，但因其运用方式具有较大的隐蔽性，其运用不当不仅会出现“软权力不软”的现象，而且还会导致社会分配不公的严重后果，从而与行政软权力的功能背道而驰。因而，它同行政硬权力运用方式一样，仍然需要国家法的严格规制。因为唯一能够从“法治而非人治的政府”的口号中抢救出来的东西，就是良好的法律不应当把权力交到任意地或反复无常地行动的权威的手中这个观念。[②] 以日本的金融监管为例。根据法律，大藏省可以发布银行局通令（或证券局通令、国际金融局通令），对金融业进行指导和协调。这使得众多的管制事项不是通过法律，而是通过大藏省的行政手段实施。由于大藏省拥有相机行事之权，所以金融监管缺乏统一的规范，存在不透明性及无规则性等弊端。[③]

显然，如果任由行政软权力及其运用方式脱离法律的控制，将会使行政权更为膨胀，从而为腐败提供“温床”。但倘若对行政软权力之运用方式采取严格的法律规则控制模式，将会限缩行政权的积极塑造功能，限制行政机关积极能动性的发挥，从而与实现福利国家之目的相悖。因而，世界主要宪政国家对行政软权力的控制，主要采取的是一种以程序

① 参见漆多俊：《论权力》，《法学研究》2001 年第 1 期。

② 参见[美]斯科特·戈登：《控制国家——从古代雅典到今天的宪政史》，应奇等译，江苏人民出版社 2005 年版，第 7 页。

③ 参见许多奇：《从“分业”到“混业”：日本金融业的法律转变及其借鉴》，《法学评论》2003 年第 4 期。

控制为主的复合控制模式。从目前我国行政控权的情况来看，对行政软权力运行方式的程序控制还非常欠缺，对行政指导、行政合同、行政协商、利益诱导行政、公布违法事实等软权力运用方式基本上无程序可依，也欠缺学理上的深入研究。显然，在今后一段时期，控权立法特别是针对行政软权力独立运用方式的程序性立法必须引起学界和立法机关的足够重视。

二、行政伦理法制

美国新制度经济学代表人物诺思(Douglass C. North)认为："制度是一系列被制定出来的规则、守法程序和行为的道德伦理规范。它旨在约束追求主体福利或效用最大化利益的个人行为。"①尼布尔也认为，一个以彻底现实主义方式完成其任务的审慎政治家在衡量其行为时必须考虑到民众的道德观。② 由此可见，在构建行政软权力的复合规制模式时，就必须特别强调行政伦理制度的重要性。

在强调行政法治的今天，美德作为统治者所必须具备的素养往往被人们所忽略，然而美德却是统治者所必需的，"对神坚定不移的敬畏不仅来自灵魂的知识，也来自星辰运动的知识。唯有把这种知识与大众的美德结合起来的人，才是城邦的合适的统治者"③。按照国际政治建构主义的观点，权力影响合作成败的关键是看观念在其中起何种作用：如果观念将对方视为"友好关系"，是出于权力考虑的可能结果，权力的意义取决于内在的共有知识(即观念)结构。④ 在行政领域，行政软权力作为一种权力形态，其运用自然离不开社会公众对行政机关的观念认识或印

---

① [美]道格拉斯·C·诺斯：《经济史中的结构与变迁》，陈郁、罗华平等译，上海人民出版社1994年版，第225～226页。

② 参见[美]约瑟夫·S·奈：《硬权力与软权力》，门洪华译，北京大学出版社2005年版，第54页。

③ [美]列奥·施特劳斯、约瑟夫·克罗波西：《政治哲学史》(上)，李天然等译，河北人民出版社1993年版，第85页。

④ 参见[美]利普赛特：《政治人》，刘钢敏、聂蓉译，上海人民出版社1997年版，第78页。

象，其非强制性之内在品格对其保持与传统伦理文化相一致方面提出了更高的要求。因而，行政软权力的运用如果不能体现与公众道德伦理规范基本一致的行政伦理，行政活动就很难获得社会伦理习俗的认同，行政软权力就会像脱缰的野马，以极为隐蔽的方式，侵蚀现代行政法治的成果。

因而，针对行政软权力同化顺从和非强制性之属性，必须加强行政职业伦理的制度设计，重视行政法律制度与社会伦理习俗的契合度，逐步将行政伦理责任规范纳入法制化的轨道[①]，使行政机关工作人员成为社会伦理的典型代表，以促进行政自控机制的形成。不过，美国的行政伦理制度化的历史进程表明，逐步建立一整套包括诚实和正义、专业和敬业、效率和规则、依法和守法、为公共利益服务等重要内容的行政伦理价值规范，对于规范和约束行政权特别是行政软权力是至关重要的。[②]不过，单纯靠行政伦理规范来控制行政权特别是行政软权力是不够的，必须划清行政伦理规范控制的范围和幅度，并使之与外在的司法控制和权力控制保持某种动态的适度平衡。在这里，需要特别指出的是，通过行政伦理法制化，可以逐步转变国家对于道德观念的政治立场，将那种传统上以教育与压制为主的立场逐步转化为一种公务人员的道德引导为主的道德中立立场，从而为法治文化的生成提供助力。目前，我国并未制定统一的行政职业伦理制度规范，个别国家行政机关虽然规定了职业道德规范，如《公安机关人民警察职业道德规范》，但大都属于口号式的模糊规定（参见附录）。

---

① 有学者指出，我国的行政伦理法制建设主要存在宪法规定不够、法律规范化明显不足、配套法律缺乏等不足。究其原因，主要在于道德立法未能取得广泛共识，对公务员的伦理定位失真，公务员制度尚未成熟，执政权、行政权的强势等方面。为了加快我国行政伦理法制化，促进我国行政伦理法制化和谐化、制度化发展，从“转变观念，强调必要性”“制定法典，确立最高保障”“完善配套，建立法律体系”“理顺关系，寻求多方支持”等四个方面提出了完善我国行政伦理法制化的建议。（参见王伟：《加强行政伦理法制建设》，2006 年 7 月 28 日，http://news3.xinhuanet.com/theory/2006-07/28/content_4889261.htm）

② 参见王正平：《美国行政伦理的基本价值理念及其规范制度建设》，《上海师范大学学报》（哲学社会科学版）2008 年第 6 期。

三、社会价值评价法制

社会价值评价是否体现现当代法治文化之要求至关重要。在西方主要法治国家法治文化的长期发展演化过程中，自然法思想扮演着极其重要的角色，并成为法治文化的主要组成部分。在茹弗内尔看来，只有“自然法”规则的复兴才能防止权力的增长，才能形成普遍遵从法律的社会共识。而弗里德里希·哈耶克对现代国家持续不断的攻击所依据的也正是这样一种观念。可见，西方主要法治国家的控权模式并非单纯的“权力控制权力”，其背后乃是行政主体和社会民众所普遍遵从的理性和自然法思想的支撑。反观我国，由于没有内生的以自然法思想为核心的法治文化，也欠缺民众的理性精神，社会价值评价在多数情形下仍然属于伦理价值评价的范畴，使得普遍遵从法律的法治观念难以尽快形成。

作为重要的软权力资源，符合一国国情的主导法治文化的形成需要一个长期的生成过程。不过，以乐观主义的姿态和法治渐进改革的路径予以考虑，就必须努力寻求传统伦理文化与现当代法治文化的“对接”。对行政软权力而言，这种“对接”首要的是寻求一种符合法治文化要求而非传统伦理文化要求的社会评价机制的建立。这种评价机制的建立，以建构性的思维来看，在诸如对私人(团体)理性的发展与教育、对公共信息的规范与公开以及对行政机关公共理性的范围与限制等方面，都需要相应的法律制度作出必要的回应，以便于在强化行政软权力功用的同时，对其进行必要的约束与限制，从而为尽快建立一整套合乎我国行政法治秩序的社会价值评价机制以及为社会自我约束力量的发育提供法律制度上的保障和支持。

以社会信用为例，社会信用是以法律、法规、标准和契约为依据，以健全覆盖社会成员的信用记录和信用基础设施网络为基础，以信用信息合规应用和信用服务体系为支撑，以树立诚信文化理念、弘扬诚信传统美德为内在要求，以守信激励和失信约束为奖惩机制，目的是提高全社会的诚信意识和信用水平。可以说，社会信用体系对于社会价值评价体系的建立具有非常重要的意义。

经过十几年的发展，我国先后制定出台了一系列社会信用体系建设的政策法规，初步建立起一套社会信用体系。一是推动出台了《社会信用体系建设规划纲要（2014～2020年）》。2014年6月，国务院印发了《社会信用体系建设规划纲要（2014～2020年）》。《纲要》指出，社会信用体系是社会主义市场经济体制和社会治理体制的重要组成部分。加快社会信用体系建设是全面落实科学发展观、构建社会主义和谐社会的重要基础，是完善社会主义市场经济体制、加强和创新社会治理的重要手段，对增强社会成员诚信意识，营造优良信用环境，提升国家整体竞争力，促进社会发展与文明进步具有重要意义。2016年，国务院发布了《国务院关于建立完善守信联合激励和失信联合惩戒制度加快推进社会诚信建设的指导意见》（参见附录）。二是初步推动建立起联合惩戒制度。《国务院关于建立完善守信联合激励和失信联合惩戒制度加快推进社会诚信建设的指导意见》发布以来，我国已初步建立起宽领域、各层级的守信激励、失信惩戒的联合奖惩制度机制，包括俗称的“黑名单”制度。虽然制度的规范、流程等还有待完善，但联合惩戒机制的积极作用已初步显现。这对改变我国一个时期以来多领域违法、违规及严重违约失信成本过低的不良环境，将会发挥较大的积极作用。三是初步建立起公共信息的共享机制，初步建立起公共信用信息共享机制。实现了公共部门之间的互联共享，建设了“信用中国”网站，面向社会提供服务。同时，还开始了探索与一些市场机构的深度合作，以推进公共信用信息与商务信用信息的整合，和公共信用信息在商业场景的应用。①

---

① 参见汪路：《“社会信用体系建设”十年利弊分析》，2018年8月11日，http://www.sohu.com/a/210088200_305272。

第九章
行政软权力治理四十年：历程、经验与成就

在这个市场经济极度活跃、人类意识大觉醒的时代，软权力不仅被普遍运用于国际关系领域，而且被越来越多的国家运用于其国内的公共治理实践。“管制型政府”已不再占据完全的主导地位，政府的公共管理职能发生了显著的变化，原来只有政府作为单一主体参与到社会公共管理中，现在则有越来越多的非行政主体、社会组织、协会团体参与到社会公共管理中，服务政府的观念和做法受到人们越来越多的关注和支持。在当前几乎所有实行市场经济体制的国家，都相对减少了强制性手段的运用，如德国、美国、日本、英国等一些发达的市场经济国家，都已在社会经济生活中注意采用更为柔和、灵活和有效的行政活动方式。

我国没有经历有限政府的历史时期，中华人民共和国成立后一开始建立的就是全能政府而非有限政府。政府能够积极主动、全方位地干预经济和社会的运行与发展，而且，这种干预是一种管控型的政府干预。及至1978年改革开放以后，伴随着市场经济体制的确立，政府干预经济的范围受到一定的限制，开始重视经济运行的基本规律。伴随着经济的快速发展，国家也开始逐步建构起与社会主义市场经济相适应的社会主义法律体系。在这个过程中，行政软权力运用方式受到各级政府的重视

和普遍运用。本章拟对改革开放四十年我国的软权力治理作一历程回顾,并对软权力治理取得的成就和基本经验进行总结。

第一节 行政软权力治理四十年历程回顾

行政软权力治理并非单纯的法治问题,同时也是政治和社会问题。正如人们看到和感知到的那样,行政权通常都表现出国家强制性的一面。对于行政权的享有者来说,在没有执政压力的时候,他们更喜欢运用强制性的权力而非柔弱的权力来实现施政意图或目标。但是,人们愿意遵从法律是一回事,不愿意遵从法律是另外一回事,两者的法治效果是存在较大差别的。人们对制度及其强制力或支配力总是抱有戒心,并影响到人们对待执法者和法律的态度。当一个社会的公共治理总是运用强制性或支配性权力的时候,人们就不再具有主体地位,更不会获得受尊重感。相反,当政府更多地运用非强制性的软权力来实现公共治理目标的时候,人们就会更加愿意配合执法者,愿意参与公共治理的过程。

改革开放四十年来,为适应社会主义市场经济建设的需要,我国政府在公共治理实践中,逐渐改变过去简单、粗放的管理理念和模式,开始注重运用行政指导、行政合同、行政调解等软权力运用方式,有效地缓解了公权力和私权利之间的紧张关系,降低了社会公共治理的成本。本节将在介绍软权力治理的历史背景的基础上,回顾改革开放四十年来我国软权力治理的实践历程,陈述和分析软权力治理的三个发展阶段并进行简要总结。

一、行政软权力治理的历史背景

中华人民共和国成立后的一段时间,由于实行指令性计划经济,政府的公共服务职能表现为:在经济生活中,企业的经济活动和发展方向都由国家决定,工业和农业生产过分依赖行政管理机关和行政隶属关系。政府通过大量地发布强制性行政命令,规定具有强制力的指令性行政措施,来组织和指挥生产活动,形成了一种工农业生产依附于政府行政计划和政府官员的经济生活方式。这种经济生活方式,降低了人们追求经济利益的愿望,束缚了社会基层和企业的经济发展,违背了客观经济规律的要求。在行政管理模式上,更是存在着高度集权,行政命令控制一切,基层和企业缺乏活力、效率低下等诸多弊端。①

1978 年改革开放以后,开启了政治体制和经济体制改革,建立党和国家权力分工体制,引入市场经济,积极推进行政管理体制改革,以及将经济发展实效作为对党政领导班子和领导干部政绩考核的主要指标。在此背景下,传统"命令—服从"的行政管理模式逐步向"管理—服务"的行政管理模式转变,软权力治理开始进入政府和社会公众的视野。

(一)党和国家权力分工体制之建立

在我国,软权力治理的政府法治实践与政治体制的变革密不可分。在中华人民共和国建立之初,根据学者钱坤、张翔的研究,"1954 年宪法体制使得政府归位于行政机关、最高权力机关的执行机关,这是法理上国家权力的实质分化"②。但是,这种法理上的实质权力分化与我国的宪治实践还存在较大的差距,由于执政党的权力与这种宪法上的国家权力实质分化之间的关系并未理清,导致实践中出现了权力高度集中统一和党政不分的现象。其后,"1954 年宪法确立的体制被'文化大革命'期间制定的 1975 年宪法所变更。中央层面,全国人大是最高权力机关,国务院即人民政府,需向全国人大及其常委会汇报工作。在地方层面,地方各级革命委员会是地方各级人民代表大会的常设机关,同时又是地方各级人民政府。……这意味着,在地方人大闭会期间,革委会实际上是'议

① 参见杨海坤:《行政指导——政府管理的一种新方式》,《河北学刊》1988 年第 4 期。

② 钱坤、张翔:《从议行合一到合理分工:我国国家权力配置原则的解释历史》,《国家检察官学院学报》2018 年第 1 期。

行合一'的全权机关"①。这在客观上导致了官僚主义、权力过分集中和党政不分的问题。

在1980年8月18日的中共中央政治局扩大会议上，邓小平同志作了《党和国家领导制度的改革》的重要讲话。在讲话中，邓小平一再强调改革党和国家的领导制度，反对"官僚主义"和"权力过分集中"："为了适应社会主义现代化建设的需要，为了适应党和国家政治生活民主化的需要，为了兴利除弊，党和国家的领导制度以及其他制度，需要改革的很多。""改革党和国家领导制度及其他制度，是为了充分发挥社会主义制度的优越性，加速现代化建设事业的发展。""从党和国家的领导制度、干部制度方面来说，主要的弊端就是官僚主义现象、权力过分集中的现象、家长制现象、干部领导职务终身制现象和形形色色的特权现象。""官僚主义是一种长期存在的、复杂的历史现象"，"它同我们长期认为社会主义制度和计划管理制度必须对经济、政治、文化、社会都实行中央高度集权的管理体制有密切关系"。"权力过分集中，妨碍社会主义民主制度和党的民主集中制的实行，妨碍社会主义建设的发展，妨碍集体智慧的发挥，容易造成个人专断，破坏集体领导，也是在新的条件下产生官僚主义的一个重要原因。""权力过分集中，越来越不能适应社会主义事业的发展。"②

邓小平的讲话反映了当时政治高层形成的"国家权力要分工""党和国家领导体制要改革"的政治共识，为1982年宪法确立国家权力分工的原则奠定了政治基础。1982年宪法吸收了1978年宪法以来的这些调整，从组织、职权与人员三个维度，对"议行分离"予以了确认，确立了国

---

① 钱坤、张翔：《从议行合一到合理分工：我国国家权力配置原则的解释历史》，《国家检察官学院学报》2018年第1期。

② 邓小平：《党和国家领导制度的改革》，全国人大常委会办公厅、中共中央文献研究室编：《人民代表大会制度重要文献选编》(二)，中国民主法制出版社、中央文献出版社2015年版，第469、474、476、477、486页。

家权力合理分工的原则和制度。[①] 不过，国家权力分工体制虽然已经通过1982年宪法确立下来，但这种权力分工体制并未将党的权力纳入并进行规范和确认，导致现实中仍然存在比较严重的党政不分、党的领导干部“任意干政”的现象。

党的十三大报告首次提出了“党政分开”的政治体制改革目标要求，报告指出：“改革的长远目标，是建立高度民主、法制完备、富有效率、充满活力的社会主义政治体制。”“中国共产党是我国社会主义事业的领导核心。在新的形势下，只有改善党的领导制度、领导方式和领导作风，才能加强党的领导作用。”“党政不分实际上降低了党的领导地位，削弱了党的领导作用，党政分开才能更好地实现党的领导作用，提高党的领导水平。”“政治体制改革的关键首先是党政分开。党政分开即党政职能分开。党领导人民制定了宪法和法律，党应当在宪法和法律的范围内活动。党领导人民建立了国家政权、群众团体和各种经济文化组织，党应当保证政权组织充分发挥职能，应当充分尊重而不是包办群众团体以及企事业单位的工作。党的领导是政治领导，即政治原则、政治方向、重大决策的领导和向国家政权机关推荐重要干部。”

报告还指出：“党对国家事务实行政治领导的主要方式是：使党的主张经过法定程序变成国家意志，通过党组织的活动和党员的模范作用带动广大人民群众，实现党的路线、方针、政策。党和国家政权机关的性质不同，职能不同，组织形式和工作方式不同。应当改革党的领导制度，划清党组织和国家政权的职能，理顺党组织与人民代表大会、政府、司法机关、群众团体、企事业单位和其他各种社会组织之间的关系，做到各司其职，并且逐步走向制度化。中央、地方、基层的情况不同，实行党政分开的具体方式也应有所不同。党中央应就内政、外交、经济、国防等各个方面的重大问题提出决策，推荐人员出任最高国家政权机关领导职务，对各方面工作实行政治领导。省、市、县地方党委，应在执行中央路线和保

---

① 参见钱坤、张翔：《从议行合一到合理分工：我国国家权力配置原则的解释历史》，《国家检察官学院学报》2018年第1期。

证全国政令统一的前提下，对本地区的工作实行政治领导。它们的主要职责是：贯彻执行中央和上级党组织的指示；保证国务院和上级政府指示在本地区的实施；对地方性的重大问题提出决策；向地方政权机关推荐重要干部；协调本地区各种组织的活动。它们与同级地方政权机关的关系，应在实践中探索，逐步形成规范和制度。乡、镇一级的党政分开，可以在县一级关系理顺后再解决。企业党组织的作用是保证监督，不再对本单位实行'一元化'领导，而应支持厂长、经理负起全面领导责任。事业单位中的党组织，也要随着行政首长负责制的推行，逐步转变为起保证监督作用。"

可见，改革开放四十年来中国共产党所确立的党政分开体制，为社会主义市场经济的发展与完善保驾护航，更为贯彻落实 1982 年宪法上"国家权力分工原则"的实施提供了政治保障。

（二）社会主义市场经济体制之确立

1984 年 10 月 20 日，中国共产党召开了第十二届中央委员会第三次全体会议，分析了我国当前的经济和政治形势，总结了我国社会主义建设正反两方面的经验，特别是前几年城乡经济体制改革的经验，一致认为，必须按照把马克思主义基本原理同中国实际结合起来、建设有中国特色的社会主义的总要求，进一步贯彻执行对内搞活经济、对外实行开放的方针，加快以城市为重点的整个经济体制改革的步伐，以利于更好地开创社会主义现代化建设的新局面。会议通过了《中共中央关于经济体制改革的决定》（以下简称《决定》）。

《决定》指出："过去，国家对企业管得太多太死的一个重要原因就是把全民所有制同国家机构直接经营企业混为一谈"，"由于社会需求十分复杂而且经常处于变动之中，企业条件千差万别，企业之间的经济联系错综繁复，任何国家机构不可能完全了解和迅速适应这些情况。如果全民所有制的各种企业都由国家机构直接经营和管理，那就不可避免地会产生严重的主观主义和官僚主义，压抑企业的生机和活力"。"为了从根本上改变束缚生产力发展的经济体制，必须认真总结我国的历史经验，认真研究我国经济的实际状况和发展要求，同时必须吸收和借鉴当今世界各国包括资本主义发达国家的一切反映现代社会化生产规律的先进经营管理方法。……建立起具有中国特色的、充满生机和活力的社会主义经济体制，促进社会生产力的发展，这就是我们这次改革的基本任务。”应该“把是否有利于发展社会生产力作为检验一切改革得失成败的最主要标准”。“具有中国特色的社会主义，首先应该是企业有充分活力的社会主义。而现行经济体制的种种弊端，恰恰集中表现为企业缺乏应有的活力。”

《决定》还对深化市场经济体制改革作了全面的部署和要求：“要改变那种长期形成的领导机关不是为基层和企业服务而是让基层和企业围着领导机关转的局面，扫除机构重叠、人浮于事、职责不明、互相扯皮的官僚主义积弊”，“使企业真正成为相对独立的经济实体，成为自主经营、自负盈亏的社会主义商品生产者和经营者，具有自我改造和自我发展的能力，成为具有一定权利的义务的法人。”“按照政企职责分开、简政放权的原则进行改革”，“实行政企职责分开、简政放权”，“按照为人民服务和精简、统一、效能的原则，改造机关作风”。“改变那种长期形成的领导机关不是为基层和企业服务，而是让基层和企业围着领导机关转的局面，扫除机构重叠、人浮于事、职责不明、互相扯皮的官僚主义积弊，使各级领导机关把自己的全部工作切实转移到为发展生产服务，为基层和企业服务，为国家的繁荣强盛和人民的富裕幸福服务的轨道上来。”

以“政企职责分开，简政放权”为核心的市场经济体制的确立，为社会主义市场的繁荣、增强企业活力和解放生产力，提供了经济体制上的重要保证。与此同时，各种经济责任制的推行、多种所有制形式经济的发展使得政企关系在总体上发生转变，对经济管理的直接行政命令越来越少。对国有企业经营自主权和集体企业独立进行经济活动的自主权的强调，使行政命令等硬权力治理方式与行政指导等软权力治理方式呈现出此消彼长的态势。①

（三）行政管理体制之创新

党政分开的政治体制改革和社会主义市场经济体制改革的稳步推

① 参见王天华：《试论中国的行政指导实践》，《行政与法》1996年第3期。

进,客观上为行政管理方式的创新和服务型政府的创建,提供了良好的政治环境。市场经济需要对行政权力的合理期待与合理控制的双管齐下。而行政指导则顺应了这一目标追求,体现了政府对经济的“有所为,有所不为”,“温柔地为”而非“强硬地为”的积极态度。①

2002年11月,党的十六大第一次把政府职能归结为“经济调节、市场监管、社会管理和公共服务”四个方面,提出要“按照决策、执行、监督相协调的要求,继续推进政府机构改革”。2004年,国务院制定出台了《依法行政实施纲要》(以下简称《纲要》)。《纲要》总结了近年来推进依法行政的基本经验,要求“国务院各部门都要从立党为公、执政为民的高度,充分认识《纲要》的重大意义,把贯彻落实《纲要》作为当前和今后一个时期政府工作的一项重要任务切实抓紧抓好,把《纲要》提出的各项任务落到实处,为全面推进依法行政、建设法治政府提供保障”。《纲要》要求,“研究进一步转变经济调节和市场监管的方式,切实把政府经济管理职能转到主要为市场主体服务和创造良好发展环境上来”。“研究推进政企分开、政事分开,实行政府公共管理职能与政府履行出资人职能分开的具体措施,加强对行业组织和中介机构的引导和规范。”“研究推进政企分开、政事分开,实行政府公共管理职能与政府履行出资人职能分开的具体措施,加强对行业组织和中介机构的引导和规范”,“探索建立行政赔偿程序中的听证、协商、和解制度”等。②

2006年10月,党的十六届六中全会审议并通过了《中共中央关于构建社会主义和谐社会若干重大问题的决定》(以下简称《决定》)。《决定》确立了“坚持以人为本”的原则,提出了“建设服务型政府”的目标,要求“按照转变职能、权责一致、强化服务、改进管理、提高效能的要求,深化行政管理体制改革,优化机构设置,更加注重履行社会管理和公共服务职能”。“创新公共服务体制,改进公共服务方式,加强公共设施建设。”

---

① 参见上海市人民政府行政法制研究所“行政指导”课题组:《中国行政指导的实践与理论研究(上)》,《政治与法律》2003年第3期。

② 《全面推进依法行政实施纲要》(国发[2004]10号)。

“深化行政审批制度改革，创新管理制度，为群众和基层提供方便快捷优质服务。”“推行政务公开，加快电子政务建设，推进公共服务信息化。”“完善公共服务政策体系，提高公共服务质量，增强政府公信力。推进政事分开，支持社会组织参与社会管理和公共服务”等。

2007 年 10 月，党的十七大提出了“加快行政管理体制改革，建设服务型政府”，并再次强调“强化社会管理和公共服务”。随后，2010 年，国务院发布了《关于加强法治政府建设的意见》(以下简称《意见》)。《意见》要求，“推进政府职能转变和管理方式创新”(第十四条)。“改进和创新执法方式，坚持管理与服务并重、处置与疏导结合，实现法律效果与社会效果的统一。”(第十五条)“完善行政调解制度，科学界定调解范围，规范调解程序。对资源开发、环境污染、公共安全事故等方面的民事纠纷，以及涉及人数较多、影响较大、可能影响社会稳定的纠纷，要主动进行调解。推动建立行政调解与人民调解、司法调解相衔接的大调解联动机制，实现各类调解主体的有效互动，形成调解工作合力。”(第二十三条)

市场经济条件下创新行政管理方式，最重要的是改变过去政府对企业“统得过死”的状况，要求政府更为注重政府对经济与社会管理的干预和引导。软权力治理方式的运用，从经济学的视角来考察，在节约成本方面具有其他强制性管理方式所不具有的比较优势。从信息成本来看，行政机关较市场中零散的经济实体在占有可靠信息的人力、财力、物力支持方面更具备优势。作为市场个体这些成本就可以节省下来更直接地投入到生产经营之中。从交易费用来看，市场主体之间达成意思一致的合意、订立契约、履行契约都需要一定的交易成本。软权力运用方式(尤其是行政指导)虽然不具有法律上的强制力，但其给相对人造成的事实上的强制力却能促使相对人以更为严肃的态度考虑是否接受，并且一旦接受无正当理由一般不得出尔反尔。这就为交易成本的节省创造了更为诚信可靠的环境。①

① 参见上海市人民政府行政法制研究所“行政指导”课题组:《中国行政指导的实践与理论研究(上)》,《政治与法律》2003 年第 3 期。

(四)领导班子和领导干部政绩考核标准之变革

GDP自1985年被引入中国后,就逐渐取代产生于前苏联和东欧国家的国民收入核算方式,成为我国国民经济核算的核心指标。GDP(国内生产总值),是指在一定时期内(一个季度或一年),一个国家或地区的经济中所生产的全部最终产品和劳务的总价值。它曾被诺贝尔经济学奖获得者保罗·萨缪尔森誉为"20世纪最伟大的发明之一","仿佛卫星能探知整个大陆的天气情况一般,GDP也可以显示一国的经济全貌"。这个指标得到了官方和民间的普遍认可。

随后,GDP不只成为核算经济的指标,也逐渐成为核算政绩的指标。以2009年7月16日中共中央组织部印发的《地方党政领导班子和领导干部综合考核评价办法(试行)》(中组发[2009]13号)(以下简称《办法》)为例。《办法》在总则中明确把"推动经济社会又好又快发展"①作为地方党政领导班子和领导干部综合考核的主要目的,并"把按照科学发展观要求领导和推动经济社会发展的实际成效作为基本依据"②。在"绩效分析"中,进一步规定"实绩分析主要依据有关方面提供的经济发展、社会发展、可持续发展整体情况和民意调查结果等内容,分析地方党政领导班子和领导干部在一定时期内的工作思路、工作投入、工作成效,重点评价贯彻落实科学发展观的实际成效"③。"地方党政领导班子和领导干部的实绩分析,主要内容包括:(一)本级党代会、人代会确定的中长期发展规划和年度工作目标,上级统计部门和有关主管部门综合提供的经济发展水平、经济发展综合效益、城乡居民收入、地区经济发展差异、发展代价,基础教育、城镇就业、医疗卫生、城乡文化生活、社会安全,节能减排与环境保护、生态建设与耕地等资源保护、人口与计划生育、科技投入与创新等方面(见附表三)的统计数据和评价意见。具体指标由各地根据实绩分析评价要点和实际情况,充分考虑导向性、代表性、可比性,采取

① 《地方党政领导班子和领导干部综合考核评价办法(试行)》第一条。

② 《地方党政领导班子和领导干部综合考核评价办法(试行)》第三条。

③ 《地方党政领导班子和领导干部综合考核评价办法(试行)》第二十八条。

民主、公开的方法设置。(二)民意调查反映的群众对当地经济社会发展状况的满意度。(三)上级审计部门提供的经济责任审计以及相关的审计和专项审计调查结论、评价意见。”[①]对此,有学者曾对中国283个城市的市委书记和市长业绩及升迁资料进行分析。数据分析显示,如果这些地级市党政一把手任内的GDP增速比上一任提高0.3%,他们升职的概率会提高8%。[②]

经济发展指标在地方党政领导班子和领导干部政绩考核办法中的确立,提升了政府机关及其工作人员为市场经济发展保驾护航的动力,客观上发挥了转变官僚主义工作作风和行政管理手段的重要作用。政府不再愿意单纯使用传统的强制性的行政管制手段,而是更多地采用建议、劝告、协商、引导、鼓励等体现行政民主的非强制性手段,以促进地方经济的快速发展和提高政绩。

二、行政软权力治理经历的几个发展阶段

通过对改革开放四十年软权力治理的历史进行回顾,我们发现,我国的软权力治理大致经历了初始发展阶段、蓬勃发展阶段和法治化三个重要的历史阶段。

(一)1978～1992年:软权力治理的初始发展阶段

从1978年十一届三中全会到1992年邓小平南方讲话这段时期,是软权力治理的初始发展阶段。这一阶段的主要任务,一是通过“拨乱反正”,改过去的“以阶级斗争为纲”为“以经济建设为中心”,改过去的计划经济为市场经济,改过去的“公有制一统天下”为“多种所有制并存”。通过“拨乱反正”,在全党和全国达成建设社会主义市场经济和以经济建设为中心的政治共识。二是进行经济体制改革。在农村,全面实行家庭联产承包责任制;在城市,以扩大企业自主权为中心,进行了综合和专项改

---

① 《地方党政领导班子和领导干部综合考核评价办法(试行)》第二十九条。

② 《GDP在中国走过30年　官员政绩考核有了新变化》,《杭州日报》2015年1月16日。

革试点。在推进改革的同时，1982 年宪法将非国营经济统一调整为指导关系。1984 年 10 月，《中共中央关于经济体制改革的决定》首次将指导运用于国营企业。1987 年 10 月，中共十三大提出了"国家调节市场，市场引导企业"的重大改革。这样，包括指导性计划在内的行政指导逐渐取代了指令性计划"统领"经济的地位①，作为行政软权力的行政指导引起实务界的重视并大量运用于改革实践当中，"一种新型的具有中国特色的行政指导关系正在得到发展"②。

与此同时，行政合同、行政调解等软权力运用方式也受到了普遍重视和运用。1985 年，中共中央、国务院就发布了《关于进一步活跃农村经济的 10 项政策》，取消粮食、棉花统购，改为合同定购。1988 年，国务院先后制定出台了《全民所有制工业企业承包经营责任制暂行条例》和《全民所有制小型企业租赁经营暂行条例》，1990 年先后制定出台了《中华人民共和国城镇国有土地使用权出让和转让暂行条例》和《外商投资开发经营成片土地暂行管理办法》。

（二）1993～2002 年：软权力治理蓬勃发展阶段

邓小平 1992 年南方讲话以后，国务院制定出台了《全民所有制工业企业转换经营机制条例》，明确了政府的指导者身份。1993 年《宪法修正案》第七条和第八条废除了政府对国有企业的领导权，明确了企业的自主经营权和政府主要职能是宏观调控和加强经济立法。在此期间，行政指导在经济领域被大量运用。国家有关机关相继出台了《股份制企业宏观管理的暂行规定》《城市"优化资本结构"改革试点国有资产管理工作指导意见》《关于加速科学技术进步的决定》《关于农业综合开发若干政策的通知》《90 年代国家产业政策调整》《汽车工业产业政策》《指导外商投资方向暂行规定》等一系列政策指导性文件。与此同时，行政指导逐渐渗入到文教、劳动、环保等领域。③

---

① 参见吴国干：《中国行政指导的实践及其问题研究》，《资料通讯》2000 年第 5 期。

② 杨海坤：《行政指导——政府管理的一种新方式》，《河北学刊》1988 年第 1 期。

③ 参见吴国干：《中国行政指导的实践及其问题研究》，《资料通讯》2000 年第 5 期。

在软权力治理的地方实践中，泉州市工商行政管理局曾一度受到社会各界和媒体的广泛关注。泉州市工商行政管理局早在2003年、2004年工作思路中，就提出在工商行政管理工作中尝试行政指导管理方式。2005年的工作安排，更是把推行行政指导作为全市系统的一项重点工作，开展了紧锣密鼓的试点。针对行政管理中存在的热点、难点、弱点和重点问题，以抓好“四点”问题为突破口，全面带动行政指导在其他各个领域的灵活运用，为行政指导的推进提供了实践经验，并取得了良好的效果。2005年以来，泉州市工商行政管理局先后发布了一系列规范性文件：《工商行政管理机关行政指导程序》《工商行政管理机关行政指导评估暂行办法》《行政指导审议暂行办法》《行政指导监督暂行办法》《关于落实规范经营劝导制的意见》等。这些规范性文件很多都开创了对行政指导进行规范的“创新先河”。[①] 2006年10月31日，《海峡都市报》发表长篇通讯《石狮：法治工商之变》。11月16日，《福建日报》以《行政指导：从权力本位到责任本位》为题报道了泉州市工商部门的行政指导工作。对此，省局再次作出了“泉州局坚持改革创新，行政指导工作做得十分扎实有效，可在全省系统广泛组织学习推广”的批示，福建省工商局决定在全省范围内推行行政指导。[②] 泉州市工商行政管理局在行政指导上的改革创新实践，取得了软权力治理的诸多宝贵经验，一些规定在今天看来都具有相当的前瞻性。

（三）2003年至今：软权力治理法治化阶段

2003年10月11～14日在北京举行的党的十六届三中全会通过了《中共中央关于完善社会主义市场经济体制若干问题的决定》（以下简称《决定》）。《决定》指出，要“大力发展和积极引导非公有制经济”，“改进对非公有制企业的服务和监管”，“完善行政执法、行业自律、舆论监督、群众参与相结合的市场监管体系，健全产品质量监管机制，严厉打击制

---

① 参见《工商行政管理》编辑部、福建省工商局编：《工商机关行政指导》，中国工商出版社2006年版，第55～72页。

② 参见刘安伟：《泉州市工商局开展行政指导的实践历程》，《工商行政管理》2006年第3期。

假售假、商业欺诈等违法行为,维护和健全市场秩序”。首次提出“建立健全社会信用体系”,“形成以道德为支撑、产权为基础、法律为保障的社会信用制度,是建设现代市场体系的必要条件,也是规范市场经济秩序的治本之策。增强全社会的信用意识,政府、企事业单位和个人都要把诚实守信作为基本行为准则。按照完善法规、特许经营、商业运作、专业服务的方向,加快建设企业和个人信用服务体系。建立信用监督和失信惩戒制度。逐步开放信用服务市场”。

从《决定》中提出的“完善行政执法、行业自律、舆论监督、群众参与相结合的市场监管体系”“维护和健全市场秩序”和“建立健全社会信用体系”可以看出,二十余年来市场经济的推动和发展,虽然开创了繁荣的市场经济局面,但也带来了无序发展、低品质发展和违法违规发展的市场乱象,党中央开始重视规范市场秩序的问题。对于行政软权力的运用来说,同样在实践中存在不少的问题,出现了以软权力代替硬权力以及滥用软权力的问题,行政法学界对行政软权力进行法律规制和法律救济的呼声越来越大。早在2000年的《最高人民法院关于执行〈中华人民共和国行政诉讼法〉若干问题的解释》第一条第二款第(四)项将“不具强制力的行政指导行为”排除在行政诉讼的受案范围之外。该司法解释在某种程度上反映了行政指导在实践中存在“以行政指导之名行行政强制之实”的问题。

2004年,国务院颁布了《全面推进依法行政实施纲要》(以下简称《纲要》)。《纲要》明确提出,要“改革行政管理方式,充分发挥行政规划、行政指导、行政合同等方式的作用,这是转变政府职能、深化行政管理体制改革的重要内容”。但《纲要》同时指出:“依法行政还存在不少差距,主要是:行政管理体制与发展社会主义市场经济的要求还不适应,依法行政面临诸多体制性障碍;制度建设反映客观规律不够,难以全面、有效解决实际问题;行政决策程序和机制不够完善;有法不依、执法不严、违法不究现象时有发生,人民群众反映比较强烈;对行政行为的监督制约机制不够健全,一些违法或者不当的行政行为得不到及时、有效的制止或者纠正,行政管理相对人的合法权益受到损害得不到及时救济;一些行政机关工作人员依法行政的观念还比较淡薄，依法行政的能力和水平有待进一步提高。这些问题在一定程度上损害了人民群众的利益和政府的形象，妨碍了经济社会的全面发展。解决这些问题，适应全面建设小康社会的新形势和依法治国的进程，必须全面推进依法行政，建设法治政府。”2010年，国务院又在其颁布的《关于加强法治政府建设的意见》中进一步提出：“推进政府职能转变和管理方式创新”，“改进和创新执法方式，坚持管理与服务并重、处置与疏导结合，实现法律效果与社会效果的统一”。

为了规范和约束行政软权力行为，国家通过《行政复议法》《行政诉讼法》等法律对行政合同进行了法律规制，通过《行政复议法实施条例》对行政调解作了规定，通过《中华人民共和国物权法》①《中华人民共和国就业促进法》②《中华人民共和国农业机械化促进法》③《中华人民共和国防洪法》④《中华人民共和国科学技术进步法》⑤等，对行政指导作了规定。但是，这些法律法规的规定都比较原则，且通常缺乏程序性的规定。国家工商总局于2013年制定出台内部规范性文件《工商行政管理机关行政指导工作规则》(参见“附录”)，对行政指导的概念、遵循的基本原则、

---

① 《中华人民共和国物权法》第三条第二款规定：“国家巩固和发展公有制经济，鼓励、支持和引导非公有制经济的发展。”第七十五条第二款规定：“地方人民政府有关部门应当对设立业主大会和选举业主委员会给予指导和协助。”

② 《中华人民共和国就业促进法》第二十四条规定：“地方各级人民政府和有关部门应当加强对失业人员从事个体经营的指导，提供政策咨询、就业培训和开业指导等服务。”

③ 《中华人民共和国农业机械化促进法》第十条规定：“国家支持引进、利用先进的农业机械、关键零配件和技术，鼓励引进外资从事农业机械的研究、开发、生产和经营。”

④ 《中华人民共和国防洪法》第八条第一款规定：“国务院水行政主管部门在国务院的领导下，负责全国防洪的组织、协调、监督、指导等日常工作……”第三款规定：“县级以上地方人民政府水行政主管部门在本级人民政府的领导下，负责本行政区域内防洪的组织、协调、监督、指导等日常工作……”

⑤ 《中华人民共和国科学技术进步法》第二十六条规定：“国家鼓励和引导从事高技术产品开发、生产和经营的企业建立符合国际规范的管理制度，生产符合国际标准的高技术产品，参与国际市场竞争，推进高技术产业的国际化。”

适用范围等作了比较细致具体的规定。这些规范性文件在性质上属于内部行政规则而非法律，原则上并不具有法外效力。虽然也有一些法律对行政指导作了规定，但这些规定通常属于授权性规定或原则性规定，普遍缺乏可操作性。正如国家工商总局在工商法字 2009 年第 58 号文中所指出的那样，“推行行政指导虽然有法律精神和政策方针的原则依据，但目前尚无关于行政指导方面的专门立法。法律的滞后性，使推行行政指导工作实际处于无法可依状态”①。

行政机关希望行政指导有法可依的想法，是长期以来受“规范主义”思想尤其是“法无授权即禁止”观念的影响造成的。实际上，在现代给付行政(服务行政)领域，基于功能主义原理，行政机关根据宪法赋予的行政管理职权，在行政管理职权范围内享有运用非强制性软权力运用方式实现社会管理目标的职责，在法律没有规范或约束的情况下，属于“行政的自由空间”②或行政自主的职权范围，需要宪法的明确授权。③ 所以，行政机关大可不必因为没有法律的规定而缩手缩脚，甚至认为“无法可依”。而且，法律实际上也不太可能对行政指导这样的行政软权力运用方式作出太过于具体明确的规定。

但是，如果宪法没有明确行政保留的职权范围，那么基于民主主义原理，行政自主或行政自治的范围就不是由行政机关决定，而是由立法机关(在我国通常表述为“国家权力机关”)决定。如果立法机关愿意对此类行政软权力运用行为进行法律规制，那么根据宪法上的民主原则，

---

①　莫于川：《行政民主化与行政指导制度发展(下)——以建设服务型政府背景下的行政指导实践为故事线索》，《河南财经政法大学学报》2013 年第 4 期。

②　那些坚持传统理论的学者，一般将这些领域中行政的活动空间称为“无法律的行政”的“行政的自由空间”。这一“行政的自由空间”实际上包括两种情况：一是立法者的立法怠惰；二是立法者在专业性和技术性领域中的“立法不能”。立法者的“立法怠惰”实际上是一种“选择性立法”。而立法者的“立法不能”与“立法怠惰”不同，是一种不宜介入的情形。这种“立法不能”实际上便是“事实上的行政保留”，因为立法者并不存在选择性立法的余地。

③　关于我国宪法上的规范行政保留，请参见门中敬：《规范行政保留的宪法依据》，《国家检察官学院学报》2017 年第 1 期。

它就可以这么做。不过，根据本书第八章的分析和论述，与传统硬权力的法律规范模式不同，针对行政软权力行为的法律规制模式，应是一种以程序主义法制为主导的法律规制模式。

近些年来，行政法学界像应松年教授、姜明安教授、莫于川教授等著名行政法学家，一直在推动全国人大制定统一的《行政程序法》。在全国立法尚未提上议事日程的情况下，2008 年 4 月 9 日，湖南省政府首次制定出台了第一部地方政府规章——《湖南省行政程序规定》（湖南省人民政府令第 222 号），开启了我国软权力治理的程序法制之先河。其后，山东、浙江、福建、辽宁等省地方政府也先后制定出台了类似的行政程序规定，对行政软权力行为作出了程序性的法律规制。众多地方政府针对行政指导、行政合同、行政调解等软权力行为的程序法规制，标志着我国软权力治理的法治化步入一个新的历史台阶。

三、四十年软权力治理的基本经验

透过对改革开放四十年来软权力治理的历程回顾，可以获得以下基本经验：

第一，改革开放是中国社会进步、经济繁荣发展的基本动力。没有执政党顺应民意的锐意改革，就不可能取得今天辉煌的经济发展成就；没有党和国家机构的合理权力分工，就不可能由管制型政府转向服务型政府。

第二，软权力治理能力是社会民主化程度的重要标志。软权力治理能力现代化是一个国家治理能力现代化的重要组成部分，也是社会主义民主的重要体现，更是落实人民主体性和建设服务型政府的根本所在。可以说，欠缺了软权力治理能力的政府，不是服务型政府，也不是人民的政府。

第三，软权力治理离不开人民的参与和互动，离不开行政权威的塑造，而这通常依赖软权力制度资源的支持与维护。所以，在建设法治政府的过程当中，应当不断加强软权力制度资源的挖掘并将其制度化。

第四，与传统的软权力行为的法律规制模式不同，对软权力行为的法律规制，需要特殊的法律规制模式。这一模式，主要是一种以程序主义法制为主导的、以行政道德（伦理）法制和社会价值评价法制为基础的三位一体的法律规制模式。对于软权力治理的法治化而言，应当重视对体现一国文化特色的软权力制度资源的挖掘及其制度化。

第五，基于中国源远流长的官家文化传统，提升软权力治理能力最为关键的一点，是对执政精英——政府官员的利益引导。因而，必须从更高的政治维度和更加现实的面向上，建立一套完善的政绩考核和评价机制。

第二节　四十年行政软权力治理成就

我国没有经历有限政府的历史时期，建国后一开始建立的就是全能政府而非有限政府，政府能够积极主动、全方位地干预经济和社会的运行与发展，而且，这种干预是一种管控型的政府干预。及至1978年改革开放以后，伴随着市场经济体制的确立，政府干预经济的范围受到一定的限制，开始重视经济运行的基本规律。伴随着经济的快速发展，国家也开始逐步建构起与社会主义市场经济相适应的社会主义法律体系。在这个过程中，一些非强制性的行政权运用方式如行政指导、行政合同、行政调解、行政奖励等，因其能够有效地缓解公权力和私权利之间的紧张关系，以及降低了社会公共治理的成本，受到中央和地方政府的重视和普遍运用。本节将以引导行政、计划行政和给付行政三种主要的软权力治理模式作为主要分析对象，对改革开放四十年行政软权力治理取得的成就与经验进行总结。

一、引导行政之软权力治理状况——以行政指导为例

行政指导是软权力治理的重要方式手段之一，是引导行政的主要形式，在实践中发挥着非常重要的作用，愈来愈受到政府机关的重视。中央和地方

政府制定出台了大量涉及“指导”的法律、法规、规章及文件，对行政指导进行了立法，有力地推动了行政这一软权力治理模式的生成与发展。①

为了从宏观上把握我国改革开放四十年行政指导之软权力治理实践的全貌，作者对1978～2018年国家制定发布的文件情况进行了资料搜集与梳理工作。首先，对国务院、国务院各部委和直属机构发布的“指导”类文件作了统计（见表9-1）。

表9-1　1978～2018中央政府机关或机构制定的“指导”类行政法规和规章情况一览表②

年度	发布机关	名　称	效力
1995	国务院	《指导外商投资方向暂行规定（外商投资产业指导目录）》	失效
1996	国家国有资产管理局	《关于城市“优化资本结构”试点国有资产管理工作的指导意见》	有效
1997	国务院	《外商投资产业指导目录》	有效
1998	国家计委	《关于发布1998年跨1999年制糖期食糖指导价格的通知》	有效
1999	中国人民银行	《关于开展个人消费信贷的指导意见》	有效
	中国人民银行	《关于支持境外带料加工装配业务的信贷指导意见》	
	教育部	《关于初中毕业升学考试改革的指导意见》	
	国家经贸委	《关于建立中小企业信用担保体系试点的指导意见》	

① 立法是软权力治理的一个重要环节。一方面，行政机关基于宪法赋予的权限范围，享有宪法赋予的职权立法和先行立法的权限；另一方面，行政机关可在其行政管理权限的范围内，通过行政立法来实现软权力治理的规范功能。从功能主义的立场出发，由于行政机关所从事的行政活动本身具有“无所不在、随时在场与持续不间断”的特点，行政机关本身所具有的专业性程度，以及对现实生活的适应性和权威性，相较于立法机关而言，行政机关在落实宪法上的公民积极权利方面，具有无可比拟的优势，而这是造成行政立法普遍存在且大量制定的根本原因。

② 数据来源：中国政府法制信息网法律法规库。检索日期：2018年12月29日。

续表

<table>
<tr><th>年度</th><th>发布机关</th><th>名　称</th><th>效力</th></tr>
<tr><td>2002</td><td>国务院</td><td>《指导外商投资方向规定》</td><td>有效</td></tr>
<tr><td rowspan="4">2000</td><td>教育部</td><td>《关于2000年初中毕业、升学考试改革的指导意见》</td><td rowspan="4">有效</td></tr>
<tr><td>教育部</td><td>《关于东西部地区学校对口支援工作的指导意见》</td></tr>
<tr><td>国家经贸委</td><td>《关于加快风力发电技术装备国产化的指导意见》</td></tr>
<tr><td>铁道部</td><td>《关于深化铁路劳动用工制度改革的指导意见》</td></tr>
<tr><td>2003</td><td>交通部</td><td>《公路收费站点清理整顿指导意见》</td><td>有效</td></tr>
<tr><td>2005</td><td>国家发改委</td><td>《产业结构调整指导目录(2005年本)》</td><td>有效</td></tr>
<tr><td>2006</td><td>国资委</td><td>《地方国有资产监管工作指导监督暂行办法》</td><td>失效</td></tr>
<tr><td rowspan="2">2011</td><td>国家发改委</td><td>《产业结构调整指导目录(2011年修正本)》</td><td>已修改</td></tr>
<tr><td>国资委</td><td>《地方国有资产监管工作指导监督办法》</td><td>有效</td></tr>
<tr><td>2013</td><td>国家发改委</td><td>《关于修改〈产业结构调整指导目录(2011年本)〉有关条款的决定》</td><td>失效</td></tr>
</table>

上述从中国政府法制信息网查询到的1978年1月到2018年12月之间的文件名称中含有“指导”一词的行政法规和部门规章，共计19项。除去已经失效和已修改的4项，共计15项。从制定主体来看，有国务院、教育部、交通部、铁道部、国家发改委、国家经贸委、国资委(原国家国有资产管理局)和中国人民银行。从内容上来看，主要是与经济活动有关的指导，包括外商投资指导、指导价格、信贷指导、国有资产监管指导、产业结构调整指导、公路收费站点清理整顿指导、考试改革指导、工资制度改革指导等。从指导对象上来看，主要是一种内部的专业性指导，而非直接针对行政相对人的外部行政指导。

可见，中央层面专门对“指导”进行规定的法律、法规和规章并不多。但是，对“指导”作出规定的法律、法规、规章及文件的数量却非常多，涉及宪法、法律、法规和规章、决定等。根据中国法律法规信息库提供的查询数据，出现“指导”一词的法律、法规、规章及文件、决定，经粗略检索统计，共计11667件(见表9-2)。这些对“指导”作出规定的法律、法规、规章及文件、决定等，在整个法律法规中所占比重是很大的。据权威数据统计，1979年五届全国人大二次会议一次通过了《地方组织法》《刑法》《刑事诉讼法》《中外合资经营企业法》等7部重要法律，拉开了改革开放后立法事业的大幕。截至2018年3月份“两会”闭幕，全国人大及其常委会共制定修改法律572件次，通过法律解释25件，通过有关法律问题和重大问题的决定248件次，共计851件次;现行有效的法律为263部，行政法规753件，地方性法规约1.2万件。可见，法律、法规、规章及文件、决定中出现“指导”的数量占总数量的比重还是比较高的。

表9-2　法律、法规、规章及文件、决定中出现“指导”的数量统计表

文件名称	数量(件)
法律	127
行政法规及文件	233
地方性法规规章	8419
司法解释及文件	433
决定	23

这些涉及“指导”的法律、法规、规章及文件和决定中的有关条文，主要有两类:一类在性质上属于行政机关内部上下级之间或部门间工作上的“业务指导”，如《西藏自治区实施〈中华人民共和国消费者权益保护法〉办法》第六条规定:“消费者保护委员会应当对消费者协会依法履行职责予以指导、支持。消费者协会依照法律、法规及其章程，开展保护消费者合法权益的活动。”《西藏自治区实施〈中华人民共和国妇女权益保障法〉办法》第四条第(三)项规定:“协调、督促和指导有关部门做好妇女权益保障工作。”《西藏自治区抗旱条例》第五条第三款规定:“县级以上人民政府水行政主管部门负责本行政区域内抗旱指导、监督、管理工作，

承担本级人民政府防汛抗旱指挥机构的具体工作。”《全国人民代表大会常务委员会关于中国海警局行使海上维权执法职权的决定》第一条规定：“中国海警局履行海上维权执法职责，包括执行打击海上违法犯罪活动、维护海上治安和安全保卫、海洋资源开发利用、海洋生态环境保护、海洋渔业管理、海上缉私等方面的执法任务，以及协调指导地方海上执法工作。”《天津市国有土地上房屋征收与补偿规定》第六条规定：“市人民政府加强对区人民政府房屋征收与补偿工作的监督。市国土房屋行政主管部门应当会同市发展改革、财政、规划、建设等有关部门，加强对房屋征收与补偿实施工作的指导。”《山东省多元化解纠纷促进条例》第十二条规定：“县级以上人民政府法制工作机构负责本级人民政府行政调解、行政裁决的综合协调和指导工作，会同有关部门健全行政调解制度，完善行政裁决、行政复议、民事商事仲裁等工作机制；依法办理行政复议案件，畅通行政复议渠道，推动行政争议在行政系统内部化解。”

除了前述内部上下级之间或部门之间的业务指导之外，另一类比较多见的行政指导是针对“管理单位”或“经营者”的业务指导，这类行政指导属于行政软权力治理方式的行政指导类型，性质上属于服务规范。如《中华人民共和国反恐怖主义法》第三十六条规定：“公安机关和有关部门应当掌握重点目标的基础信息和重要动态，指导、监督重点目标的管理单位履行防范恐怖袭击的各项职责。”《西藏自治区实施〈中华人民共和国妇女权益保障法〉办法》第三条第三款规定：“乡镇人民政府和街道办事处应当明确妇女权益保障工作的人员，指导城乡基层群众性自治组织做好妇女权益保障工作。”《普通高等学校学生管理规定》第六十七条规定：“学校应当根据本规定制定或修改学校的学生管理规定或者纪律处分规定，报主管教育行政部门备案（中央部委属校同时抄报所在地省级教育行政部门），并及时向学生公布。省级教育行政部门根据本规定，指导、检查和监督本地区高等学校的学生管理工作。”《北京市院前医疗急救服务条例》第九条第二款规定：“各级各类学校应当将医疗急救知识和技能培训作为地方课程专题教育内容，在专业组织的指导下，开展适合学校实际和学生特点的针对性培训,提高学生的安全意识和自救、互救能力。"《山东省大气污染防治条例》第五十三条规定:"县级以上人民政府及农业、林业等部门应当制定农药、化肥减量计划和措施,积极推广缓控释肥等技术,指导农业生产经营者科学合理施用农药、化肥等农业投入品,减少农业生产活动产生的大气污染物,防止农业面源污染。"《公益广告促进和管理暂行办法》第四条规定:"公益广告活动在中央和各级精神文明建设指导委员会指导协调下开展工作。工商行政管理部门履行广告监管和指导广告业发展职责,负责公益广告工作的规划和有关管理工作。新闻出版广电部门负责新闻出版和广播电视媒体公益广告制作、刊播活动的指导和管理。通信主管部门负责电信业务经营者公益广告制作、刊播活动的指导和管理。网信部门负责互联网企业公益广告制作、刊播活动的指导和管理。铁路、公路、水路、民航等交通运输管理部门负责公共交通运载工具及相关场站公益广告刊播活动的指导和管理。住房城乡建设部门负责城市户外广告设施设置、建筑工地围挡、风景名胜区公益广告刊播活动的指导和管理。精神文明建设指导委员会其他成员单位应当积极做好公益广告有关工作,涉及本部门职责的,应当予以支持,并做好相关管理工作。"

改革开放四十年来,以行政指导为主要形式的引导行政在实践中的普遍运用,事实上发挥着"非强制前置"的作用,发挥着培育市场经济、软化行政权、密切执法人员与人民群众关系的作用,客观上为维持行政权与公民权之间的总体平衡发挥了传统硬权力所不具备的作用。比如,2016 年 11 月,常女士向桐乡市执法局梧桐中队反映,西门小区经营炒、炸食物的某小吃店存在油烟直排情况,使得周边居民受到严重影响。中队队员耐心和店主沟通,告知油烟直排的危害性,宣传相关法律规定,要求店主安装油烟净化装置并设置好排烟管道,店主予以了配合。2017 年 6 月,常女士再次反映,该小吃店因排烟管道设置不合理,仍散发出呛鼻的味道。中队队员发现,如果将管道接到楼顶,一方面需征得楼上五户住户同意,另一方面楼上住户都装有防盗窗,缺乏安装管道的空间;如果将管道接入地下污水管道，则会受到空调外机及地下各种管线的影响，较难铺设。最终，队员经多次沟通，希望店主能改造油烟管道，将原店后的管道移至店前，既能接入污水管道，又能远离楼上居民经常开窗的朝南阳台和房间。目前，管道改造工作已经全部完成，双方对处置结果表示满意。①

二、计划行政之软权力治理状况

改革开放四十年来，我国的行政立法数量呈现逐年增长的趋势，形成了数量繁多的行政法制度规范。与此同时，我国还制定出台了大量的行政计划和行政规划，这些行政计划和行政规划在实践中发挥着非常重要的调整社会的功能。传统上，人们对行政计划和行政规划存在一定的认识误差。多数学者将其视为"行政政策"的范畴，甚至有一些学者将其视为人权保障和法治建设的重大障碍。然而，似乎人们忽视了，数量众多的政府计划和政府规划恰是改革开放四十年我国在经济和社会发展领域取得的举世瞩目成就的关键所在。

在我国的国家治理实践中，治理首发于政策，即首先由执政党提出执政纲领，主要体现为执政党的历次代表大会上的报告，然后上升为宪法上的基本国策，进而通过立法、行政计划和行政规划来落实。在这一实现路径中，国家为了保障全国各族人民的根本的、长远的共同利益，在总结人类社会发展的普遍规律并结合我国具体国情的基础上作出重大决策。这些决策对国民经济和社会的发展发挥着巨大作用，逐渐被固定下来并写进宪法，成为我国的基本国策。基本国策是国家在社会管理过程中产生的一种特殊政策形态，其本质是国家对某些普通政策的特殊定位。② 目前，我国宪法中规定的基本国策有：计划生育、节约资源、保护环

---

① 参见佚名：《油烟扰民，执法队员出谋划策解难题》，http://www.sohu.com/a/191555538_672621。最后访问时间：2018 年 3 月 28 日。转引自刘福元：《城管柔性执法：非强制框架下的效益考虑与路径选择》，《中国法学》2018 年第 3 期。

② 参见龚仁伟：《基本国策的特定含义与政策判定》，《重庆社会科学》2012 年第 1 期。

境、对外开放、男女平等等，这些国策都是对人权的保障，都体现了“尊重和保障人权”的精神。但基本国策自身只是一个空洞的概念，只是表明了国家要积极保障这方面权利的决心。其自身不具有可操作性，需要将基本国策分解细化，制定相应的实施办法、行政计划、行政规范以及保障制度，基本国策才能得以贯彻落实，甚至有的行政政策就是直接根据基本国策的需要而制定的。这些落实基本国策和实施宪法“人权条款”的行政政策在制定的过程中始终坚持“国策上位”的原则，即明文规定基本国策在政策体系中的基础性地位，保证其他政策在制定时以基本国策作为依据之一并主动实现与基本国策在条文、导向等方面的协调。[①] 与此同时，我国宪法中所规定的基本权利尤其是积极权利，比如劳动权、休息权，很大一部分都是靠计划行政和行政规划等予以落实，法律无法强迫公民去劳动、去休息，但计划行政可以作为一种积极导向，引导个人去行使这些权利。

与法律相比，行政计划和行政规划这类计划行政之治理模式，因其具有超前性、预见性、灵活性的特征，可以有效地整合和利用现有资源，也可以根据现实社会状态和需要制定相应政策，并在社会生活发生变化时能够及时调整，有助于最大程度上落实和保障公民的积极权利。

为了综观计划行政文件制定的全貌，作者对2004～2018年的国家行政政策（包括行政计划、行政规划）等作了粗略的统计（见表9-3）。在此需要特别说明，这里采集的数据之所以从2004年开始，乃是基于以下两个原因：一是2004年人权条款被写入宪法，以此作为起点有一定的意义；二是采集改革开放四十年的全部数据，数据量太大，且数据重复过多，没有太大的必要。

---

① 参见苏杨、尹德挺：《我国基本国策的实施机制：面临问题及政策建议》，《改革》2008年第2期。

表 9-3　　2004～2018 年计划行政文件一览表①

时间(年)	所涉人权类别	具体政策(计划、规划、意见等)内容
2009	生存权	国家先后出台《关于 2009 年促进农业稳定发展农民持续增收的若干意见》和《关于当前稳定农业发展促进农民增收的意见》。
	社会保障权	国家出台《关于实施特别职业培训计划的通知》,开展针对四类群体的技能培训,制定《关于应对当前经济形势稳定劳动关系的指导意见》。
	少数民族权利	相继制定《关于进一步促进新疆经济社会发展的若干意见》《关于近期支持西藏经济社会发展的意见》《关于进一步促进宁夏经济社会发展的若干意见》和《广西北部湾经济区发展规划》。2009 年,国家对民族地区农村低收入人口全面实施扶贫政策。国务院召开"全国少数民族文化工作会议",出台了《国务院关于进一步繁荣发展少数民族文化事业的若干意见》,出台《关于做好少数民族特色村寨保护与发展试点工作的指导意见》,开展少数民族特色村寨保护与发展的试点工作。
	残疾人权利	国家制定《关于加快推进残疾人社会保障体系和服务体系建设的指导意见》,政府出台《关于进一步加快特殊教育事业发展的意见》。
2012	生存权	中国政府颁布《中国农村扶贫开发纲要(2011～2020 年)》。国家编制出台了《扶贫开发整村推进"十二五"规划》。国务院印发《农村残疾人扶贫开发纲要(2011～2020 年)》。编制实施《扶持人口较少民族发展规划(2011～2015 年)》,编制实施《兴边富民行动规划(2011～2015 年)》。

① 说明:2004～2014 年的具体行政政策,仅采集《中国人权事业的进展》中的内容。

续表

时间（年）	所涉人权类别	具体政策（计划、规划、意见等）内容
2012	发展权	国务院颁布了《全民健身计划（2011～2015 年）》。中国政府提出《国家“十二五”时期文化改革发展规划纲要》《文化产业振兴规划》。国家有关部门联合下发《关于进一步加强农民工文化工作的意见》。文化部联合中央文明办印发了《关于广泛开展基层文化志愿服务活动的意见》。国家编制实施《少数民族事业“十二五”规划》。
	社会保障权	颁布《关于加强自然灾害社会心理援助工作的指导意见》，制定《关于开展重特大疾病医疗救助试点工作的意见》，发布《关于加强和改进流浪未成年人救助保护工作的意见》，制定《中国慢性病防治工作规划（2012～2015 年）》，出台《国家中长期教育改革和发展规划纲要（2010～2020 年）》。
	妇幼老人权利	中国政府颁布了《中国妇女发展纲要（2011～2020 年）》《中国儿童发展纲要（2011～2020 年）》《中国反对拐卖妇女儿童行动计划（2008～2012 年）》。
	残疾人权利	国务院办公厅转发了《关于加快推进残疾人社会保障体系和服务体系建设的指导意见》。
	环境权	国家制定了《国家环境保护“十二五”规划》《“十二五”全国环境保护法规和环境经济政策建设规划》《重点区域大气污染防治“十二五”规划》《全国土壤环境保护“十二五”规划》《中国海洋环境免受陆源污染国家行动计划》《林业发展“十二五”规划》《全国林地保护利用规划纲要（2010～2020 年）》《全国造林绿化规划纲要（2011～2020 年）》《七大流域综合规划》《全国湿地保护工程“十二五”实施规划》《中国生物多样性保护战略与行动计划（2011～2030 年）》《节能减排“十二五”规划》《全国重要江河湖泊水功能区划》等。

续表

时间（年）	所涉人权类别	具体政策（计划、规划、意见等）内容
2013	发展权	国务院发布《关于创新机制扎实推进农村扶贫开发工作的意见》，继续实施《全国地市级公共文化设施建设规划》。
	社会保障权	国务院发布《关于建立统一的城乡居民基本养老保险制度的意见》，国家发改委等六部门联合印发《关于开展城乡居民大病保险工作的指导意见》。
	民主政治权利	中共中央印发《建立健全惩治和预防腐败体系 2013～2017 年工作规划》。
	人身权	制定实施《中国反对拐卖人口行动计划（2013～2020 年）》。
	残疾人权利	制定《特殊教育提升计划（2014～2016 年）》，继续实施《特殊教育学校建设规划（二期）》。
	环境权	制定和实施《化学品环境风险防控“十二五”规划》《大气污染防治行动计划》《京津冀及周边地区落实大气污染防治行动计划实施细则》《京津冀及周边地区重污染天气监测预警方案》《华北平原地下水污染防治工作方案》《关于加强国家重点生态功能区环境保护和管理的意见》《关于加快推进水生态文明建设工作的意见》等。
2014	发展权	国务院印发《国家新型城镇化规划（2014～2020 年）》，发布《关于进一步推进户籍制度改革的意见》，继续实施高校“支援中西部地区招生协作计划”和“农村贫困地区定向招生专项计划”。制定《农民工职业技能提升计划》。国家有关部门联合发布《关于进一步做好建筑业工伤保险工作的意见》。国务院发布《关于建立统一的城乡居民基本养老保险制度的意见》，在全国范围内建立统一的城乡居民基本养老保险制度。

续表

时间（年）	所涉人权类别	具体政策（计划、规划、意见等）内容
2015	生存权	《国务院关于税收等优惠政策相关事项的通知》《国务院办公厅关于加快转变农业发展方式的意见》《国务院关于进一步做好城镇棚户区和城乡危房改造及配套基础设施建设有关工作的意见》。
	发展权	《国务院关于长江中游城市群发展规划的批复》《国务院批转发展改革委关于2015年深化经济体制改革重点工作意见的通知》《国务院关于大别山革命老区振兴发展规划的批复》《国务院关于支持沿边重点地区开发开放若干政策措施的意见》《国务院办公厅关于推进农村一、二、三产业融合发展的指导意见》《国务院办公厅关于支持新疆纺织服装产业发展促进就业的指导意见》《国务院办公厅关于印发乡村教师支持计划（2015～2020年）的通知》。
	社会保障权	《国务院办公厅关于加强传染病防治人员安全防护的意见》《国务院办公厅关于印发2015年食品安全重点工作安排的通知》《国务院办公厅关于印发全国医疗卫生服务体系规划纲要（2015～2020年）的通知》《国务院办公厅关于全面推开县级公立医院综合改革的实施意见》《国务院办公厅关于全面实施城乡居民大病保险的意见》。
	环境权	《国务院办公厅关于印发生态环境监测网络建设方案的通知》《国务院办公厅关于推进海绵城市建设的指导意见》。
	残疾人权利	《国务院关于加快推进残疾人小康进程的意见》。

续表

时间（年）	所涉人权类别	具体政策（计划、规划、意见等）内容
2016	生存权	《国务院办公厅关于完善支持政策促进农民持续增收的若干意见》。
	发展权	《国务院关于印发"十三五"国家战略性新兴产业发展规划的通知》《国务院关于印发全国农业现代化规划（2016～2020年）的通知》《国务院关于钢铁行业化解过剩产能实现脱困发展的意见》《国务院关于煤炭行业化解过剩产能实现脱困发展的意见》《国务院办公厅关于强化学校体育促进学生身心健康全面发展的意见》《国务院办公厅关于加快中西部教育发展的指导意见》。
	社会保障权	《国务院办公厅关于印发国家职业病防治规划（2016～2020年）的通知》《国务院关于整合城乡居民基本医疗保险制度的意见》《国务院关于印发"十三五"深化医药卫生体制改革规划的通知》《国务院关于印发"十三五"卫生与健康规划的通知》《国务院办公厅关于全面放开养老服务市场提升养老服务质量的若干意见》。
	环境权	《国务院关于全国矿产资源规划（2016～2020年）的批复》《国务院关于印发土壤污染防治行动计划的通知》《国务院关于印发"十三五"控制温室气体排放工作方案的通知》《国务院关于印发"十三五"生态环境保护规划的通知》。
	残疾人权利	《国务院关于印发"十三五"加快残疾人小康进程规划纲要的通知》。
	少数民族权利	《国务院关于印发"十三五"促进民族地区和人口较少民族发展规划的通知》。
	妇幼老人权利	《国务院关于加强农村留守儿童关爱保护工作的意见》《国务院关于加强困境儿童保障工作的意见》。

续表

时间（年）	所涉人权类别	具体政策（计划、规划、意见等）内容
2017	生存权	《国务院办公厅关于加强困难群众基本生活保障有关工作的通知》。
	发展权	《国务院办公厅关于加快推进农业供给侧结构性改革大力发展粮食产业经济的意见》《国务院关于印发国家教育事业发展“十三五”规划的通知》《国务院办公厅关于进一步加强控辍保学提高义务教育巩固水平的通知》《国务院关于印发“十三五”促进就业规划的通知》。
	社会保障权	《国务院办公厅关于进一步加强疫苗流通和预防接种管理工作的意见》《国务院办公厅关于印发中国遏制与防治艾滋病“十三五”行动计划的通知》《国务院办公厅关于印发中国防治慢性病中长期规划（2017～2025年）的通知》《国务院办公厅关于印发生育保险和职工基本医疗保险合并实施试点方案的通知》《国务院办公厅关于加快发展商业养老保险的若干意见》《国务院关于印发“十三五”国家老龄事业发展和养老体系建设规划的通知》。
	人身权	《国务院办公厅关于印发安全生产“十三五”规划的通知》《国务院办公厅关于印发2017年食品安全重点工作安排的通知》《国务院关于印发“十三五”国家食品安全规划和“十三五”国家药品安全规划的通知》。
	环境权	《国务院关于印发全国国土规划纲要（2016～2030年）的通知》《国务院办公厅关于印发禁止洋垃圾入境推进固体废物进口管理制度改革实施方案的通知》。
	少数民族权利	《国务院办公厅关于印发兴边富民行动“十三五”规划的通知》。

续表

时间（年）	所涉人权类别	具体政策（计划、规划、意见等）内容
2018	发展权	《国务院办公厅关于全面加强乡村小规模学校和乡镇寄宿制学校建设的指导意见》《国务院关于推行终身职业技能培训制度的意见》。
	社会保障权	《国务院关于建立企业职工基本养老保险基金中央调剂制度的通知》。
	环境权	《国务院办公厅关于加强长江水生生物保护工作的意见》。

从表 9-3 的统计中我们发现，计划行政在我国国家治理中发挥着极其重要的作用。与国家层面的计划行政相对应，我国地方政府也发布了大量的行政计划、行政规划、指导意见（事实上发挥着计划或规划的功能）。这些行政计划、行政规划和指导意见在落实宪法基本国策条款，实施执政党的施政纲领以及形塑社会和保障公民积极权利方面，发挥着立法所不具备的特殊功能，是我国政府法治建设的一个极其重要的组成部分，也是中国特色社会主义国家治理的一个主要特色。

三、给付行政之软权力治理状况

给付行政，又称“福利行政”，是指行政主体为了确保公民或法人在生活和事业发展上的可能性，而对其提供精神的或物质的便利和利益的活动。① 作为一种非强制性的软权力治理模式，与引导行政、计划行政一样，给付行政是“行政国时代”行政职能多元化的主要形式之一，体现了福利国家的时代要求，在现代国家治理中发挥着愈来愈重要的作用。在德国，给付行政包括基础设施行政、担保给付行政、社会行政、促进行政和信息行政。在日本，给付行政是指通过公共设施、公共企业等进行的社

① 参见徐国栋:《诚实信用原则二题》,《法学研究》2002 年第 4 期。

会、经济、文化性的服务的提供，通过社会保障、社会扶助等进行的生活保护、保障，以及资金的交付、助成等，即通过授益性活动，积极地提高、增进国民福利的公共行政活动，包括供给行政、社会保障行政和资金资助行政。在我国台湾，给付行政是指提供人民生活给付、服务或者给予其他利益的行政作用，包括实施社会保险、提供社会救助、兴办公用事业、兴建公共设施、提供职业训练、环境维护、提供经济辅助、实施行政指导等。①

为了综观我国给付行政之软权力治理的总体状况，作者采集了2004～2014年国务院公布的《中国人权事业的进展》白皮书和《改革开放四十年中国人权事业的发展进步》白皮书中2015～2018年的数据，对住房、扶贫、社会保障与救助、资助等方面的给付行政治理状况的数据作一粗略的统计（见表9-4）。在此同样需要特别说明的是，这里采集的数据之所以从2004年开始，乃是基于以下两个原因：一是2004年人权条款写入宪法，以此作为起点有一定的意义；二是采集改革开放四十年的全部数据，数据量太大，且数据重复过多，没有太大的必要。

表9-4　　　　2004～2018年给付行政治理状况基本数据

时间（年）	项　目	基本数据
2004	住　房	全国已有35个大中城市全面建立了最低收入家庭廉租住房制度，2003年底，全国城镇、农村人均居住面积分别达到23.7、27.2平方米。
	扶　贫	中央财政安排扶贫资金122亿元；农村贫困人口比上年减少290万元。
	公共卫生	共向灾区拨救灾补助资金40亿元，救灾捐赠款489万元，调拨救灾帐篷3.1万顶，紧急转移安置受灾群众611万人，全年恢复重建灾民倒房140多万间。

① 参见莫静：《给付行政中政府诚信缺失问题及其应对机制》，《广西政法管理干部学院学报》2013年第1期。

续表

时间(年)	项　目	基本数据
2004	社会保障与救助	2004 年,国务院颁布实施了《劳动保障监察条例》,各地建立了最低工资保障制度,多数地区适时适度地调整了最低工资标准,中央财政用于社会保障的资金达 1465 亿元,比上年增长 18.1%。2004 年底,城镇基本养老、失业、医疗和工伤保险的参保人数分别达到 1.64 亿人、1.06 亿人、1.24 亿人和 6845 万人,分别比上年底增加 847 万人、211 万人、1502 万人和 2270 万人;农村社会养老保险参保人数达到 5500 万人。
	困难学生资助	中西部农村地区义务教育阶段 2400 万贫困家庭学生获得免费教科书。
	少数民族扶助	第十届全国人民代表大会有少数民族代表 415 名,占代表总数的 13.91%,高于人口比例 5.5 个百分点。2004 年,国家新开工 10 项西部大开发重点工程,投资总规模 800 亿元,涉及交通、能源、教育、卫生等各个方面。据统计,2004 年,内蒙古自治区、广西壮族自治区、西藏自治区、宁夏回族自治区、新疆维吾尔自治区地区生产总值分别为 2712、3320、210、460、2200 亿元,分别比上年增长 19.4%、11.8%、12.4%、11%、11.1%。"十五"期间,国家安排 50 亿元继续实施第二期国家贫困地区义务教育工程的 80%以上用于西部和民族地区,同时保护少数民族地区的文化遗产。新疆、西藏、宁夏、青海等省区的义务教育阶段学生有 83%享受免费提供教科书待遇,对西藏、新疆和云南省学生免杂费和免书本费、住宿费等。
	残疾人资助	2004 年,中国残疾人福利基金会出资 100 万元,与中国残疾人联合会合作开展"扶残维权行动"。法律服务和法律援助机构全年为残疾人提供了 13 万人次的法律服务和法律援助。112 名残疾学生进入高等院校学习深造,54.3 万残疾人接受了职业教育和培训,4 万多名贫困残疾学生得到资助。城镇新安排 30.5 万残疾人就业;农村残疾人就业率达到 80%以上。全国共有 446.9 万残疾人得到各种形式的社会保障,文化体育生活也很丰富。

续表

时间（年）	项　目	基本数据
2009	住　房	保障性住房 200 万套，改造林区、棚户区等 130 万套农村危房、80 万户，9.2 万户游牧民定居。
	扶　贫	扶贫资金 197.3 亿元，农村扶贫标准每人每年 1196 元，扶贫对象 4007 万人。
	公共卫生	基层医疗服务体系建设资金 217 亿多元，机构设备购置补助资 17.3 亿元，艾滋病抗病毒治疗覆盖 31 个省。
	社会保障与救助	中央财政安排社会保障基金 2906 亿元，全国基本养老、医疗、工伤、生育保险参保人数分别为 23550 万人、12 亿人、14896 万人、10876 万人，均比上年有所增长。
	困难学生资助	中等职业学校国家助学金资金预算 92.8 亿元，专项彩票公益金教育助学项目资金 6 亿元，70.5 亿元高校国家奖助学金资金预算。24 省启动了生源地信用助学贷款。
	少数民族扶助	投入 12.4 亿元少数民族发展资金，民族地区的全国重点文物保护单位 366 处，投入 5000 万元资金专门用于 121 个少数民族特色村寨保护与发展，推行双语教学。
	残疾人资助	成立了首批 56 个残疾人法律救助工作站，984.4 万残疾人得到社区康复服务，提供辅助器具 112.2 万件。为 78.5 万人次残疾人提供职业技术培训，普通高等院校录取残疾人考生 7782 人。建立托养机构 3474 个，举办残疾人艺术汇演和体育赛事，公共场所提供残疾人服务。

续表

时间(年)	项　目	基本数据
2012	住　房	2008～2012年,新建各类保障性住房1800多万套,近500万户城镇低收入住房困难家庭享受廉租住房租赁补贴。
	扶　贫	将农民人均纯收入2300元作为国家扶贫标准,2011年全国扶贫对象覆盖人口1.22亿人。2012年,中央财政综合扶贫投入2996亿元。
	公共卫生	
	社会保障与救助	各项养老、医疗、工伤、失业、生育保险参保分别人数达到7.9亿人、13亿人、18993万人、15225万人、15445万人,城镇职工、居民基本医疗保险和新型农村合作医疗政策范围内住院费用报销比例分别提高到75%以上、70%以上和75%左右,城乡低保补助资金875亿元,农村五保供养对象545.9万人,平均供养标准为4061元,自然灾害生活救助补助资金116亿元,全国共有救助机构1788个。
	少数民族扶助	2010～2012年,中央财政对8个民族省(自治区)转移支付总额为26055亿元,到2012年5月,民族自治地方有广播电台73座,节目441套,民族语节目105个;电视台90座,节目489套,民族语节目100个。至2011年底,出版23个文种的少数民族文字图书。有84种民族文字报纸,223种民族文字期刊,全国民族自治地方有各类文化机构50834个。
	残疾人资助	城镇新安排残疾人32.9万人,农村残疾1770.3万人就业,建设并开放“中国盲人数字图书馆”和“中国残疾人数字图书馆”,电视节目加配字幕和手语,开展文字视频无障碍网上直播服务,惠及听障人群达7万多人次,在全国2794个区县开展社区康复,1.5万名残疾儿童得到国家和地方各级学前教育资助;为29.9万人次城镇残疾人提供职业培训;239.1万和36.3万符合条件的城乡残疾人分别享受到稳定的生活补贴和护理补贴;截至2012年底,1300万左右残疾人参加了各类社会保险,建立残疾人寄宿制托养服务机构和日间照料机构7275个。

续表

时间（年）	项　目	基本数据
2013	住　房	2003亿元补助资金，基本建成保障性住房和棚户区改造住房540万套。截至2013年，全国累计解决了3600多万户城镇家庭的住房困难，全年改造农村危房266万户。
	扶　贫	专项扶贫资金394亿元，2013年全国农村共有1650万人脱贫。国家扶贫重点县农村居民人均纯收入5389元，比上年实际增长13.8%。
	社会保障与救助	全国城乡居民参保人数达到49750万人，参加城镇职工医疗保险、城镇居民医疗保险和新型农村合作医疗的人数超过13亿，医疗保险和新农合的财政补助标准逐年提高，报销比率均在70%以上。28个省份启动实施了大病保险试点工作。参加失业、工伤、生育保险人数分别为16417万、19917万、16392万。全国城市、农村分别支出保障资金724.2亿元、841.9亿元。
	困难学生资助	10年以来对困难学生每年资助资金近1000亿元，全国所有的县均实现了普及九年义务教育，惠及1.6亿学生。
	少数民族扶助	民族地区转移支付464亿元；少数民族发展专项资金14.5亿元、兴边富民行动专项资金27.9亿元、少数民族特色村寨保护专项资金4亿元，数额均比12年上涨；乡镇通邮率、乡镇通公路率和行政村通公路率分别达到94.6%、99.7%和97.4%；截至2013年，全国建立民族文字图书出版社32家，民族语言文字类音像电子出版单位13家，编辑出版民族文字期刊222种、民族文字报纸99种、民族文字图书9429种。民族自治地方有广播电台73座，节目441套，民族语言节目100个；电视台90座，节目489套，民族语言节目100个；各类文化机构50834个，加强对少数民族传统医药、文化遗产、宗教信仰的保护和发展；全国共有1万多所学校使用21个民族的29种文字开展双语教学，民族高等院校15所。

续表

时间（年）	项　目	基本数据
2013	残疾人资助	新增 169 万残疾人接受社区康复服务，为残疾人提供辅助器具 128.3 万件。专项资金 8 亿元，支持 27 所特殊教育师范院校和残疾人中、高等学校建设。专项补助经费 5500 万元，重点支持中西部地区 10 个省的薄弱特殊教育学校建设。94.4 万名残疾人接受托养服务，在 200 个县，对农村户籍的 49 万例新生儿开展苯丙酮尿症、先天性甲状腺功能减低症和听力障碍患儿筛查工作，并实施康复救助，共为 13.6 万户贫困残疾人家庭进行无障碍改造，为 65.7 万残疾人发放了残疾人机动轮椅车燃油补贴。
2014	住　房	棚户区改造和保障性安居工程配套基础设施建设的投资达到 787 亿；农村危房改造补助资金 230 亿元，支持完成改造任务 266 万户；城镇保障性安居工程基本建成 511 万套。
	扶　贫	专项扶贫资金 433 亿元，在 14 个集中连片特困地区投入车辆购置税收入补助地方资金约 1541 亿元。
	社会保障与救助	全国城镇职工、城乡居民基本养老失业、工伤、生育保险的人数分别比上年增加 357 万、626、722 万、647 万。截至 2014 年底，全国共有城市低保对象 1880 万人，农村低保对象 5209 万人、五保供养对象 529.5 万人。投入 5 亿元推动各省、市建立疾病应急救助基金。
	少数民族扶助	少数民族省区人均可支配收入均比上年增长 7%以上，发展资金比上年增 10%。投入兴边富民补助资金比上年增加 8890 万元。大力实施少数民族特色村寨保护与发展工程，专项补助资金较上年增长 22.5%。公共文化服务体系进一步完善。全国共 1.2 万多所学校开展双语教学。

续表

时间（年）	项　目	基本数据
2014	残疾人资助	专项彩票公益金投入 10.63 亿元，使得共 751.5 万残疾人得到不同程度的康复服务。无障碍设施建设加快推进，公共文化服务进一步完善。
2015～2018	住　房	2017 年，城镇化率达到 42.35%，比 2012 年提高 7 个百分点，城镇居民、农村居民人均住房建筑面积分别为 36.9、46.7 平方米，十八大以来，加大对农村危房改造的支持力度，累计安排 1625 亿元补助资金，支持 1659 万贫困农户改造危房。中国粮食总产量达 66161 万吨，人均寿命预期达 76.7 岁。中国城镇和农村居民人均可支配收入 36396 元和 13432 元，全国居民人均消费支出 18322 元，2015 年～2017 年，中国每年有 1000 多万人稳定脱贫。
	社会保障与救助	2012 年以后每年结业人数年均增长千万以上，2017 年，全年全国共实施医疗救助 9138.1 万人，截至 2018 年 9 月，全国共有城乡低保对象 4619.9 万人。其中，城市低保对象 1068.8 万人，平均城市低保标准为每人每月 575 元，农村低保对象 3551.1 万人，平均农村低保标准为每人每年 4754 元，所有县（市、区）的农村低保标准全部达到或超过国家扶贫标准。 截至 2018 年 6 月，全国累计发放妇女创业担保贷款 3590 多亿元，获贷妇女 634 万人次，落实财政贴息资金 390 多亿元。2012～2016 年，农村孕产妇住院分娩项目累计补助约 4800 万人。2017 年，共为 1173 万名农村计划怀孕夫妇提供免费检查，目标人群覆盖率平均达 91.7%。2017 年，全国共有儿童收养救助服务机构 663 个，床位 10.3 万张，年末收留抚养各类人员 5.9 万人。截至 2017 年，共帮助 78 万名农村留守儿童得到有效监护。 截至 2017 年，将 1781.7 万困难老年人纳入最低生活保障范围，410.2 万特困老年人纳入政府供养范围。全国经济困难的高龄老年人津贴制度实现省级全覆盖，全国所有省份均出台了老年人社会优待政策。

续表

时间（年）	项　目	基本数据
2015～2018	残疾人资助	截至2017年，全国设立残疾人法律援助工作站2600余个，建成法律援助便民服务窗口2500余个，各级残疾人联合会建立残疾人法律救助工作站1746个。残疾人事业财政支持大幅增长，2017年，中央预算内投资比上一个五年增长458%，残疾人服务设施达到3822个。截至2017年，2614.7万城乡残疾人参加城乡社会养老保险，1042.3万残疾人领取养老金；547.2万60岁以下参保的重度残疾人中有529.5万得到了政府参保扶助，代缴养老保险费比例达到96.8%。 截至2017年，全国已竣工并投入使用的省、市、县三级康复设施833个，全国残疾人专业康复服务机构8334个，在岗人员24.6万人，2000多个县（市、区）开展社区康复服务。2017年，全国共有特殊教育普通高中班（部）112个，在校生8466人；残疾人中等职业学校（班）132个，在校生12968人；1845名残疾人进入高等特殊教育学院学习。截至2017年，全国省、地市级电视台共开设电视手语栏目285个，广播电台共开设残疾人专题广播节目223个，省、地、县三级公共图书馆共设立盲文及盲文有声读物阅览室959个，坐席数达2.5万个。全国各类残疾人艺术团体快速发展，已达281个，残疾人文化艺术从业人员近30万名，残疾人就业服务机构近3000家，工作人员1.5万人。实施残疾人职业技能提升计划，建立了500家国家级残疾人职业培训基地、350家省级残疾人职业培训基地，城乡持证残疾人就业人数达到942.1万人，无障碍环境支持与辅助器具服务加速推进。

从表9-4的数据可以看出，改革开放四十年来，我国在生存权和发展权方面取得的成就是非常巨大的。我国粮食产量不断增加，国家取消和减免各类农业税保障农民收入；保障性住房和棚户区改造投入资金不断加大，努力解决城乡居民的住房问题；扶贫开发效果显著，扶贫标准提高，并突出推进农村和集中连片贫困地区的发展，贫困人口大幅减少。在社会保障方面，养老、失业、工伤、生育保险制度更加完善，覆盖更多人

口，社会救助水平提高，享受低保政策的对象逐年增加，公共医疗卫生服务体系更加健全，疾病防治力度加大，减轻了公民医疗负担。在少数民族扶助方面，我国注重少数民族地区的政治、经济、文化、教育等全方位发展，持续推进兴边富民战略，少数民族经济发展速度加快的同时积极参与管理国家事务和社会事务；民族地区和贫困地区教育条件改善，双语教育稳步推进；在弱势群体保护方面，更加关注弱势群体的权益保护，妇女的平等就业权和健康得到保护，推进残疾人的康复救助计划和社会公益服务，维护残疾人权利；农村义务教育学生营养改善计划稳步推进，儿童健康权利得到有效保障，这是人权保障的突出表现。

四、四十年行政软权力治理的成就与问题

通过上述对改革开放四十年软权力治理的基本状况，我们发现，我国在人权保障尤其是积极权利方面取得了重大的历史成就。

第一，生存权问题基本得到解决。通过观察自 1991 年至 2009 年的各部人权白皮书我们可以发现，对生存权的保障总是置于报告第一位，这体现了党中央和国家对于人民生存现状的重视以及迫切想要改善的愿望。公民的生存问题是国之根本，只有让公民生存无忧，才能使国基稳固。对此，党中央和政府发布政策文件，进行专项活动，积极解决三农、住房、贫困人口、安全生产等问题。在 2013 年之后，人权白皮书取消了对于生存权状况的评述。据中国社科院发布的 2011 年《人权蓝皮书》所统计的数据显示："中国的贫困人口由 1978 年的 2.5 亿减少到 2010 年的 2688 万。人均预期寿命也由 1978 年的 68 岁提高到目前的 73 岁，达到了中等发达国家水平。"①在 2015～2018 年国务院办公厅发布的具体行政人权政策中，生存权保障方面的政策也呈现逐年减少的趋势，并且政策内容也由保障温饱问题向提高公民生存质量方面转变。这说明我国公民的生存权问题得到了基本解决，13 亿人口的温饱问题不再困扰国家和人民，人民生活水平提高，最基本的人权得到了切实保障。

① 参见《中国人权事业发展报告(2011)》。

第二,发展权问题得到改善。人的发展与国家的发展二者互相依存,相辅相成,互相促进。人的发展是国家持续不断向前发展的动力,而国家的发展又为人的全面发展提供了条件和保障。发展权与生存权同样重要。国家制定与文化发展相关的政策措施,保证公民享受文化氛围的权利;制定扶贫政策,确保实现全国人民共同富裕;建立健全社会保障制度,采取相关措施,逐步提高公民生活质量和水平。通过行政政策实施,宪法"人权条款"得到了有效落实,人权的持续不断发展得到了行政政策保障。

第三,人权保障质量得到提升。自2004年"人权条款"入宪以来,我国人权事业保障得到了更进一步的发展,人民的生活水平和生活质量显著提高,公民人权得到了更全面的保障。除了生存权和发展权,党中央和政府还注重人权的全方位保障,发布了行政政策,进行了专项行动,政治民主权利、司法保障权、社会保障权、人身权、环境权等都是行政人权政策所要保护的对象。随着中国特色社会主义建设的不断发展,行政政策实施"人权条款"的实践不断推进,人权保障事业也随着时代洪流不断进步。习近平在十九大报告中强调,中国特色社会主义进入新时代,我国社会主要矛盾已经转化为人民日益增长的美好生活需要和不平衡、不充分的发展之间的矛盾。这是对之前人权保障事业成果的肯定,也是对行政政策实施的肯定:人民日益增长的物质文化需要同落后的社会生产力之间的矛盾得到了解决,中国人权保障的质量得到了提升。

在肯定成绩的同时,我们还应当看到,软权力治理虽然有助于实现国家治理的柔性化和激活市场活力,但同时也为行政权的滥用和权力寻租打开了方便之门。

在引导行政治理方面,行政指导在实践中产生了因接受行政指导而无法获得救济的情况(参见本节附件"案例2"),出现了"行政指导型垄断"①现象(参见本节附件"案例1"),"一些地方政府以行政指导促成企业联合、控制市场的行为时有发生,致使市场上竞争减少,价格上升,商品质

① 参见孙晋、蒋蔚:《行政指导型垄断的若干基本问题》,《法学杂志》2017年第4期。

量下降,对消费者利益造成损害”[①]。

在计划行政治理方面,一是出现了人权保障不平等现象。改革开放以来,我国经济高速发展,但也拉开了各地区、各行业、城市与乡村之间的差距,发展不平衡、不充分,中西部地区落后于东部地区,乡村落后于城市,……使得行政人权政策在实施过程中也存在着不平衡、不充分的现象,人权保障程度不均等的结果。二是在计划行政的制定和实施过程中,民主化程度不高,公众参与机制不健全,没有建立起与计划行政相适应的听证制度,也没有健全公民合法利益的诉求机制,以有效反映政策执行的偏差以及促进政策执行的矫正。[②]三是经济发展和GDP至上的思想、观念主导了评价体系,没有在法治思维指导下进一步建立健全科学合理的计划行政治理评价体系和责任体系[③],以至于出现了“软权力不软,硬权力不硬”和“软法不软,硬法不硬”的奇特现象。

在给付行政治理方面存在的一个主要矛盾,是经济发展不平衡造成的地区和行业差距。比如东西部就业机会和教育资源的对比,民生领域还有不少短板,脱贫攻坚任务仍然十分艰巨,农村医疗水平和社会保障基础仍然薄弱,城乡区域发展和收入分配差距依然较大。针对地区发展不平衡现状,政府应继续保持对中西部落后地区的扶贫、就业等政策倾斜,加大各项资金的支持力度,优化教育、文化、社会保障等资源配置,努力缩小地区差距,促进协调发展。在法治面向上,给付行政还存在以下主要问题亟待解决:(1)行政给付范围过于狭窄。我国目前并没有一部专门的行政给付制度方面的法律,关于行政给付制度的规定基本上是零散地分布在一些法律、法规当中,而且这些法律、法规所规定的给付主体相对单一。(2)助成性行政指导的价值体现不明确。行政给付作为一种社会福利,是对特定相对人的一种帮扶,赋予其一定的物质或物质利益。行政给付的初衷是对人

① 孙炜:《反垄断法规制的新视点——对行政指导卡特尔的规制》,《南开学报》(哲学社会科学版)2011年第3期。

② 参见谭新雨、段丽萍:《提高政策执行有效性的法制建设研究》,《湖北警官学院学报》2012年第5期。

③ 参见韩雪:《“汽车限购”政策的法律分析》,广东财经大学硕士学位论文,2014年。

们在遭受天灾人祸等条件下导致生活困难，不能维系其基本生活水平时由政府给予帮扶，使其能够摆脱困难达到自力更生的程度。然而，在现实生活中，行政给付只是一种一次性或连续性的机械式的给付，缺乏行政引导功能，没有体现出助成性行政指导的价值。(3)缺少对行政相对人的义务性要求。由权利和义务的相对性原理，我们知道享有权利必然要尽义务。我国目前的行政给付制度缺少对行政相对人的义务性要求，这也是我国当前行政给付制度不能很好发挥功用的一个重要原因。①

［案例 1］

孙福利不服如皋市公安局道路交通事故责任重新认定案②

2000 年 1 月 16 日，如皋市公安局所属交警大队磨头中队对原告孙福利骑摩托车将 4 岁男孩张凯撞伤的交通事故作出责任认定，认定孙福利在交通事故中负主要责任，张凯负次要责任。3 月 13 日，如皋市公安局交警大队根据孙福利的申请，依据《道路交通事故处理办法》作出第 200024 号交通事故责任重新认定决定，认定原告孙福利与张凯分别负事故的同等责任。

原告诉称："我在交通事故中无违章行为，不应负责任。被告所作认定依据的法规错误，侵犯我合法权益，请求人民法院判决被告的重新认定无效，同时责令被告赔偿精神损失费 600 元。"被告辩称：(1)最高人民法院、公安部法发(1992)39 号《关于处理道路交通事故案件有关问题的通知》第四条规定："当事人仅就公安机关作出的道路交通事故责任认定和伤残评定不服，向人民法院提起行政诉讼或民事诉讼的，人民法院不予受理。"(2)公安部 2000 年 2 月 15 日作出的公复字(2000)1 号《关于对地方政府法制机构可否受理对交通事故责任认定的复议申请的批复》中指出："交通事

① 参见田伟、朱兴亚：《我国行政给付制度存在的问题及对策研究》，《经济视角》2011 年第 5 期。

② 《孙福利不服如皋市公安局道路交通事故责任重新认定案》，法搜网，http://www.fsou.com/html/text/fnl/1176727/117672709_4.html，2018 年 12 月 5 日访问。

故责任认定是公安机关在查明交通事故事实后，根据当事人的违章行为与交通事故之间的因果关系，以及违章行为在交通事故中的作用所作出的鉴定结论。在公安机关处理道路交通事故中起的是证据作用，其本身并不确定当事人之间的权利义务，不属于具体行政行为。”故我局交警大队依据《道路交通事故处理办法》第十七条、第十九条、第二十二条规定作出的重新认定决定不属行政诉讼受案范围。公安部 1992 年 8 月 10 日《道路交通事故处理程序规定》第五条规定：“县（市辖区）公安交通管理部门负责处理本县（区）内发生的交通事故，也可以经本级公安机关领导人批准，指定其下属公安交通管理部门处理本管辖区内发生的轻微事故和一般事故。”江苏省公安厅《贯彻实施〈道路交通事故处理程序规定〉有关问题的意见（试行）》“管辖”部分第二条第二款规定：“交警中队具备条件的，可以由县（市）交警大队指定处理辖区内一般交通事故。”“责任认定”部分第二条规定：“交通事故责任重新认定由原事故处理部门的上一级公安交通管理部门负责。”据此，我局交警大队对磨头交警中队所作交通事故责任认定进行重新认定是合法的，且认定事实清楚，责任依据充分，并未侵犯原告的合法权益，请求人民法院依法判决。

如皋市人民法院根据上述事实和证据认为：根据国务院《道路交通事故处理办法》第十七条规定，公安机关在交通事故发生后作出事故责任认定属其法定职责。当事人认为其行为侵犯合法权益，向人民法院提起行政诉讼符合《中华人民共和国行政诉讼法》第十一条第一款第（八）项、2000 年 3 月 10 日颁布施行的《最高人民法院关于执行〈中华人民共和国行政诉讼法〉若干问题的解释》第一条规定的受案范围。本案原告孙福利在接到重新认定决定后向本院提起诉讼，人民法院受理此案并无不当。《道路交通事故处理办法》第四条第二款明确规定，县以上地方各级公安机关是同级人民政府处理本行政区域内交通事故的主管机关。第二十二条规定，当事人对交通事故责任认定不服的，可向上一级公安机关申请重新认定。如皋市公安局交警大队磨头中队作出的责任认定决定属被告的行为，其所属交警大队作出的重新认定仍属同一级公安机关的认定决定，不产生两级认定的法律效力，其答辩意见不能成立。

江苏省南通市中级人民法院认为,上诉人如皋市公安局依其职权作出的道路交通事故责任认定,对被上诉人孙福利的权利和义务存在一定的影响,不符合行政指导行为具有的特征。依据《最高人民法院关于执行〈中华人民共和国行政诉讼法〉若干问题的解释》有关规定,上诉人所作交通事故责任认定属于人民法院行政诉讼受案范围。如皋市公安局交警大队与磨头中队分别作出的交通事故责任认定和交通事故责任重新认定决定,同属如皋市公安机关的行为。而国务院《道路交通事故处理办法》、江苏省公安厅《贯彻实施〈道路交通事故处理程序规定〉有关问题的意见(试行)》中均规定当事人对交通事故责任认定不服,可向上一级公安机关申请重新认定。如皋市公安局交警大队与磨头中队之间不存在上下级公安机关的关系,故如皋市公安局交警大队无权作出交通事故重新认定决定。现如皋市公安局交警大队行使了上一级公安机关的职权,属于无效行为。如皋市公安局上诉理由不能成立,本院不予支持。一审判决并无不当。

[案例 2]

陈先生打算到某地某经济开发区去投资开办一个电子企业,前往咨询有关政策时,开发区管委会办公室的工作人员劝说陈先生放弃此打算,建议他投资开办机械加工企业,称该开发区鼓励发展机械加工企业且有许多优惠政策。但陈先生接受建议开办机械加工企业后,不仅未能享受到优惠政策照顾,且因当地由于电力短缺出台了许多限制机械加工企业发展的政策措施(相对而言对电子企业影响不大),导致该企业生产经营困难。当陈先生前往交涉时,该公务员却否认作过上述劝说和建议(当时只是口头交谈,陈先生没有获取该公务员代表开发区进行劝说和建议的书面意见)。行政相对人信赖政府机关而听从其意见从事某种活动获得或理应获得的利益,却因政府机关的指导失误遭受损害,同时因行政指导者出尔反尔遭致重大的心理伤害。①

---

① 参见莫于川:《应将行政指导纳入我国行政诉讼受案范围——兼析国外行政指导诉讼的典型案例和特点》,《重庆社会科学》2005 年第 8 期。

第十章 行政软权力治理法治化的未来展望

软权力治理能力是国家治理能力现代化的主要标志之一。在现代法治国家,行政民主化和职能多元化迫使政府越来越多地重视行政软权力的运用。但是,我国改革开放四十年的软权力治理实践,虽然开创了硬权力治理与软权力治理的二元格局,但也存在法治化程度不高的现实问题。为了将行政软权力治理纳入法治化的轨道,必须探索与软权力治理相适应的法治化道理,以便通过法治手段解决其存在的问题和引发的负面效应,真正实现建设法治政府的目标。展望我国软权力治理的未来,除继续重视软权力治理和深入挖掘软权力资源之外,还应当将其特有的制度规范纳入法治的轨道。

第一节 建立和完善与软权力治理相适应的制度规范

行政软权力和软权力制度资源制度规范包括两类:一类是软权力制度规范,包括专门类制度规范(针对某一软权力运用方式的专门制度规范)和软权力程序类制度规范;另一类是软权力制度资源规范,这类规范主要包括针对软权力运用方式的社会价值评价规范和社会伦理规范等。

其中，专门类制度规范是指调整某一类型的软权力行为及其运用方式的制度规范。这类制度规范所调整的软权力行为及其运用方式，通常在实践中被普遍运用，实践中多以部门规章和规范性文件为主，如《工商行政管理机关行政指导工作规则》。程序性制度规范是指在正当法律程序原则指导下通过程序的时间、空间要素来克服和防止法律行为的随意性和随机性的制度规范，是依法行政中的“规制规范”。社会价值评价规范是指以社会价值的考核、评价、评估、监督为主要内容的制度规范，是一种非常重要的软权力制度资源。在我国，这类制度规范主要包括三类：一是党内法规，主要是地方党政领导班子和领导干部和党员领导干部的考核评价和纪律处分；二是软权力治理工作评估类制度规范；三是社会价值评价体系类制度规范，包括社会伦理类和社会信用类制度规范。

一、加强和完善党内法规制度建设

“官本位”是中国最具代表性的传统政治文化，对中国官僚政体的发展影响深远。中国古代官僚制的存在与发达是“官本位”政治文化产生与存在的基本前提。与做官相伴随的是财富、荣耀和特权。在科举制度实行之前，对教育的评价缺乏一个严格的标准，一般读书人即使书读得再好，可能也无入仕的机会，致使大量的文化精英游离于政治制度之外。实行科举制度以后，处于社会下层的书生，通过做官而改变了人生，致使自己一生衣食无忧。贵为官僚后，他们的服装、配饰、出行、住房都和普通百姓不一样，所谓“春风得意马蹄疾”。中国古代所谓“刑不上大夫”之说是官僚享有特权的最好诠释，不仅如此，官员们的这些司法上的特权还惠及亲属，从而使官员的家属也同官员本身一样拥有司法上的特权。

在“官本位”政治文化中，“君贵民轻”思想一直占据着主导地位，权力不是以契约方式来源于下层民众的让与，而是上层官僚以制度方式的给予。权力的分配就形成了由上而下的给予，而不是由下而上的让与，民众从而也就失去了对官僚监督的权利。中国传统政治文化的另一种形态——“民本位”只是从属于“官本位”政治文化，从未在上层建筑领域占据主导地位，在“官本位”政治文化主宰的社会中，普通民众在国家政治生活中是没有话语权的，更不可能有任何形式的政治参与，国家政治机器的运转全靠享有特权的官僚阶层维持。

显然，在中国封建社会的政治文化中，人治比法治有着更深厚的生长土壤和更深重的影响，而人治的法哲学基础是儒教。儒家礼治的根本内涵为“尊卑有序”。只有贵贱、尊卑、长幼、亲疏各有其礼，才能达到儒家心目中“君君，臣臣，父父，子子”的理想社会。国家的治乱，取决于等级秩序的稳定与否。儒家的“礼”以维护宗法等级制为核心，如违反了“礼”的规范，就要受到“刑”的惩罚。“儒家伦理法的又一要点是张扬君主权力，崇尚权力和权威。在儒家伦理法中，权即法，权生法，权压法，权曲法，法依附于权力，并维护等级特权，法律不过是驭民的工具。”①

“官本位”政治文化并没有随着中华人民共和国的建立而寿终正寝，其强大的惯性在一种新的社会制度中依然顽强延续下来。按照新制度经济学创始人诺思提出的“路径依赖”理论，事物一旦进入某一路径，就可能对这种路径产生依赖。这是因为，政治生活、经济生活与物理世界一样，存在着报酬递增和自我强化的机制。这种机制使人们一旦选择走上某一路径，就会在以后的发展中得到不断的自我强化。所以，中华人民共和国成立后的很长一段时间里，过多的政治运动和变幻不定的政策，以及“左”的意识形态等阻碍了政治文化的建设，活跃的仍然是“官本位”政治文化。改革开放虽然已经四十多年，但是封建主义“官本位”意识在社会上特别是干部队伍中仍有很大的市场。邓小平在分析中国政府的官僚主义作风时曾指出，政府机构人员“高高在上，滥用权力，脱离实际，脱离群众，好摆门面，好说空话，思想僵化，墨守成规，机构臃肿，人浮于事，办事拖拉，不讲效率，不负责任，不守信用，公文旅行，互相推诿，以至官气十足，动辄训人，打击报复，压制民主，欺上瞒下，专横跋扈”②。我国现行的经济体制和政治体制在很多方面尚有待于完善，市场配置资

① 李向国、吴永：《从“官本位”政治文化的本质特征看中国传统政治文化的缺陷及其现代转换》，《理论导刊》2006 年第 5 期。

② 《邓小平文选》第 2 卷，人民出版社 1994 年版，第 327 页。

源的基础性作用没有得到充分发挥，政府对经济行为进行过多的干预。政治体制改革相对滞后，政治权力过分集中，人事制度中存在许多的弊端和漏洞，这些都是“官本位”意识存在的体制根源。可见，官本位思想和现象的存在不仅仅是工作作风不到位的问题，其深层次的危害绝不可小觑。苏联解体、东欧剧变和“官本位”的官僚体制有着密切关系，苏联覆灭的过程就是一个党的官僚化而特权化的过程；党的官僚化，再由官僚化而腐败化，是苏联覆灭的一般过程，而过程的实现则在于以党代政的政治体制，这种体制有无法克服的机理性矛盾。①

鉴于党员领导干部中不同程度存在的“重人治，轻法治”的人治文化，党的十八届四中全会作出了“全面推进依法治国”的重大战略部署。2017 年 6 月，国家出台了《中共中央关于加强党内法规制度建设的意见》，首次对“党内法规制度体系”这一概念进行了明确界定：“党内法规制度体系，是以党章为根本，以民主集中制为核心，以准则、条例等中央党内法规为主干，由各领域各层级党内法规制度组成的有机统一整体。”《意见》从指导思想、总体目标、加快构建完善的党内法规制度体系、提高党内法规制度执行力、加强组织领导等方面，对加强新形势下党内法规制度建设提出明确要求、作出统筹部署。《意见》提出，到建党 100 周年时，形成比较完善的党内法规制度体系、高效的党内法规制度实施体系、有力的党内法规制度建设保障体系，党依据党内法规管党治党的能力和水平显著提高。同时，针对党内法规制度体系建设方面存在的短板，在宏观顶层方面强调，要抓党内法规制度制定质量、提高党内法规制度执行力、建设党内法规专门工作队伍和理论研究队伍等。② 党的十九大报告进一步强调：“增强依法执政本领，加快形成覆盖党的领导和党的建设各方面的党内法规制度体系，加强和改善对国家政权机关的领导。”“弘

---

① 参见陈方明：《官僚体制摧毁了经济——从前苏联的崩溃看“官本位”的危害》，《中国经济快讯》2003 年第 2 期。

② 参见周敬青：《新时代加强党内法规制度体系建设的理论逻辑和实践思考》，《毛泽东邓小平理论研究》2017 年第 12 期。

扬忠诚老实、公道正派、实事求是、清正廉洁等价值观,坚决防止和反对个人主义、分散主义、自由主义、本位主义、好人主义,坚决防止和反对宗派主义、圈子文化、码头文化,坚决反对搞两面派、做两面人 。”①

二、建立统一的行政程序制度规范

20 世纪以来,在世界范围内出现了行政程序法典化的浪潮。一些国家通过专门的行政程序法来规范行政软权力,如美国、德国、日本等国家,包括我国台湾地区、澳门特别行政区都已制定了专门的行政程序法。日本 1993 年的《日本行政程序法》和韩国 1996 年的《韩国行政程序法》对行政指导这一典型的行政软权力运用方式作了专章规定。目前,我国一些地方政府如湖南省、山东省、辽宁省、浙江省、汕头市、海口市等省市县,先后制定出台了地方政府规章,对行政软权力行为进行程序上的法律规制。现将这些地方政府规章的名称、制定时间和有关软权力规定列表如下(见表 10-1):

表 10-1　　行政程序法地方立法实践情况表

时　间	名　称	相关规定
2008 年	《湖南省行政程序规定》	第十一条　行政机关的职权和管辖依照法律、法规、规章规定。 第五十四条　本规定所称行政执法,是指行政机关依据法律、法规和规章,作出的行政许可、行政处罚、行政强制、行政给付、行政征收、行政确认等影响公民、法人或者其他组织权利和义务的具体行政行为。

① 习近平:《决胜全面建成小康社会　夺取新时代中国特色社会主义伟大胜利——在中国共产党第十九次全国代表大会上的报告》,人民出版社 2017 年版,第 68～69 页。

续表

时　间	名　称	相关规定
2010 年	《凉山自治州行政程序规定》	第六十二条　本规定所称行政执法，是指行政机关依据法律、法规和规章，作出的行政许可、行政处罚、行政强制、行政给付、行政征收、行政确认、行政承诺、行政指导等影响公民、法人或者其他组织权利和义务的行政行为。 第六十三条　行政执法依据包括法律、行政法规、地方性法规、规章、规范性文件。
2011 年	《汕头市行政程序规定》	第五十条　本规定所称行政执法，是指行政机关依法行使行政职权、履行行政职责，作出影响公民、法人或者其他组织权利和义务的具体行政行为，包括行政许可、行政处罚、行政强制、行政给付、行政征收、行政征用等。 第五章　“特别行为程序”，分别对行政合同、行政指导、行政调解和行政规划分节作了详细规定。
2011 年	《山东省行政程序规定》	第六章　“特别行为程序”，分别对行政合同、行政指导、行政给付、行政调解分节作了程序规定。
2011 年	《辽宁省行政执法程序规定》	第二条　本规定所称行政执法，是指行政执法机关依据法律、法规和规章，作出的行政许可、行政处罚、行政强制、行政给付、行政征收、行政确认等影响公民、法人或者其他组织权利和义务的具体行政行为。
2013 年	《西安市行政程序规定》	第七章　“特别行为程序”，分别对行政合同、行政指导、行政调解、行政给付、行政规划分节作了程序规定。
2013 年	《海口市行政程序规定》	第五章　“特别行为程序”，分别对行政合同、行政指导、行政给付、行政服务分节作了程序规定。
2013 年	《邢台市行政程序规定》	第五章　“特别行为程序”，分别对行政合同、行政指导、行政给付、行政调解分节作了程序规定。

续表

时　间	名　称	相关规定
2015 年	《江苏省行政程序规定》	第五章至第八章分别对行政合同、行政指导、行政调解、公众建议作了规定。
2015 年	《宁夏回族自治区行政程序规定》	“特别行为程序”部分，分别对行政合同、行政指导、行政给付和行政调解作了规定。

除了上述地方政府规章，还有一些地方政府以规范性文件的形式发布了统一的行政程序规定，如酒泉市、白山市、海北藏族自治州等。这些地方立法和实践经验，对我国统一的行政程序立法进程必将产生积极而深远的影响。但是，各个地方的行政程序规定在软权力行为的程序规制方面，在适用范围和程序规定上差别较大，真可谓“五花八门”。比如，有的将行政规划纳入特别行为程序，而有的将公众建议纳入特别行为程序，还有的将一般行政处理行为与特别行为一并称为“执法行为”。

因此，未来随着法治社会的不断进步，当条件成熟时，我们可以在总结国内外立法和实践经验的基础上，制定出台一部统一的行政程序法典，对行政软权力行为进行统一的程序规制。可以肯定的是，未来制定出台的《行政程序法》，应该是一部体现现代行政理念、反映现代公共行政生活、主要规定未型式化行政行为尤其是软权力行为的程序法典。与此同时，这部程序法典还应当是一部符合中国国情和行政软权力法律规制模式的行政行为程序法典。除此之外，这部行政程序法典还应当包含以下重要的程序制度：

第一，信息公开制度。信息公开制度，对于行政行为的程序法制建设而言，具有举足轻重的地位，对于形成和发展中国特色的行政民主具有重要的现实意义。因为“民主政治的特点在于平衡公共利益与个人利益的过程中，尽量扩大公民对行政的参与与监督权利，限制官僚秘密活动的范围”①。为了保障行政软权力运用的规范化、透明化，必须尽快在

① 姜明安：《制定行政程序法应正确处理的几对关系》，《政法论坛》2004 年第 9 期。

统一的行政程序法典中建立信息公开制度。为了使更多的民众参与到行政生活中，我国应借鉴如美国、德国、日本等国外先进的信息公开经验，结合本国国情，因地制宜进行制度创新，进一步完善政府信息公开制度，提高行政软权力运用的透明度。

第二，行政听证制度。听证制度的价值核心在于公正。它不仅是程序公正的基本要求，也是行政程序法中的核心内容。随着20世纪以来政府行政权的不断扩大，公民的合法权益越来越容易受到侵害。目前，我国在已经制定的一些法律中规定了听证制度，但这些制度仅局限在行政硬权力的领域，比如《行政处罚法》第42、43条和《行政许可法》第46～48条有关于听证程序的专门规定，并没有专门针对行政软权力的行政听证制度。可喜的是，目前的地方行政程序立法在实践中，已经出现了普遍适用于一般行政行为的听证制度，如《山东省行政程序规定》里的第五章第四节中规定了普遍适用于一般行政行为的听证程序。但是，这些听证制度在适用范围上还比较狭窄，在行政规划、行政计划、行政指导、行政合同等行政软权力的运用领域中并没有立法实践。不过，随着服务行政、给付行政的发展，扩大行政听证程序的应用范围，乃是大势所趋。因此，未来制定的统一行政程序法典，应当将行政听证制度作为一项普遍适用的程序制度，不仅运用在行政硬权力行为上，也要运用在行政软权力行为上，并通过该制度的普遍适用，来促进行政民主的发展。

三、建立统一的职业道德(伦理)制度规范

俗话说："人无德不立，国无德不兴。"对于行政机关及其工作人员来说，必要的职业道德规范有助于机关权威的塑造，而这可以明显增加人们同化顺从的机会和可能性。正是在此意义上，职业道德规范是软权力治理最重要的制度资源之一。

虽然目前我国已经制定出台了《公务员法》，且该法第五十三条对公

务员的纪律行为作出了明确规定[①]，但是，这些规定通常过于笼统，缺乏针对不同职业的分类规定，而且这些纪律规定大都不属于行政执法活动中的职业道德规范。目前，仅也有个别行政机关规定了职业道德规范，如《公安机关人民警察职业道德规范》(见“附录”)，但这种类型的职业道德规范极其抽象和含混不清，且主要是一种针对执法者个人的纪律要求，并未将其植入行政机关及其工作人员与相对人的互动关系当中。显然，这种所谓的“职业道德规范”，应到归入“宣传口号”而非道德规范的类别当中。

制定出台一部统一的行政执法人员职业道德规范，有助于让社会公众更加清楚、直观地了解行政机关工作人员的职业道德要求，也有助于行政机关工作人员在所有的行政活动中更好地履行政府的服务职能，塑造政府权威。

四、建立统一的社会信用制度规范

社会信用制度是社会评价制度的重要表现形式，也是重要的软权力治理的制度资源之一。健全社会信用体系，加快构建以信用为核心的新型市场监管体制，有利于进一步推动简政放权和政府职能转变，有利于营造公平诚信的市场环境。[②] 为加快推进社会信用体系建设，激励守信，惩戒失信，营造社会诚信环境，降低社会治理和市场交易成本，从 2014 年

---

① 《公务员法》第五十三条规定：“公务员必须遵守纪律，不得有下列行为：(一)散布有损国家声誉的言论，组织或者参加旨在反对国家的集会、游行、示威等活动；(二)组织或者参加非法组织，组织或者参加罢工；(三)玩忽职守，贻误工作；(四)拒绝执行上级依法作出的决定和命令；(五)压制批评，打击报复；(六)弄虚作假，误导、欺骗领导和公众；(七)贪污、行贿、受贿，利用职务之便为自己或者他人谋取私利；(八)违反财经纪律，浪费国家资财；(九)滥用职权，侵害公民、法人或者其他组织的合法权益；(十)泄露国家秘密或者工作秘密；(十一)在对外交往中损害国家荣誉和利益；(十二)参与或者支持色情、吸毒、赌博、迷信等活动；(十三)违反职业道德、社会公德；(十四)从事或者参与营利性活动，在企业或者其他营利性组织中兼任职务；(十五)旷工或者因公外出、请假期满无正当理由逾期不归；(十六)违反纪律的其他行为。”

② 参见《国务院关于建立完善守信联合激励和失信联合惩戒制度 加快推进社会诚信建设的指导意见》(国发〔2016〕33 号)。

开始，国务院和国务院办公厅先后发布了《社会信用体系建设规划纲要(2014～2020年)》(国发〔2015〕33号)、《关于运用大数据加强对市场主体服务和监管的若干意见》(国办发〔2015〕51号文)、《国务院关于批转发展改革委等部门法人和其他组织统一社会信用代码制度建设总体方案》(国发〔2015〕33号)、《关于运用大数据加强对市场主体服务和监管的若干意见》(国办发〔2015〕51号)、《国务院办公厅关于加强个人诚信体系建设的指导意见》(国办发〔2016〕98号)、《国务院关于加强政务诚信建设的指导意见》(国发〔2016〕76号)、《国务院关于印发"十三五"国家信息化规划的通知》(国发〔2016〕73号)、《国务院关于印发"十三五"市场监管规划的通知》(国发〔2017〕6号)和《国务院关于建立完善守信联合激励和失信联合惩戒制度加快推进社会诚信建设的指导意见》(国发〔2016〕33号)等规范性文件。

与此同时，在地方社会信用立法实践中，上海、浙江、山东、湖北、河北、浙江和陕西等省、直辖市也先后制定出台了地方性法规，这些地方立法实践(参见表10-2)，对社会信用立法进行了有益的探索，取得了令人瞩目的社会效果。

表10-2　地方社会信用立法一览表

地方	立法名称
上海	《上海市社会信用条例》
厦门	《厦门经济特区社会信用条例(草案征求意见稿)》(见附录)
山东	《山东省公共信用信息管理办法》
湖北	《湖北省社会信用信息管理条例》
河北	《河北省社会信用信息条例》
浙江	《浙江省公共信用信息管理条例》
陕西	《陕西省公共信用信息条例》

通过对地方社会信用立法文件的分析，我们发现，目前的地方社会信用立法实践中，存在着诸如信用立法的范围、失信和严重失信的边界、联合惩戒的合法性及其关联度以及社会信用修复等方面的理论和制度衔接等方面的问题，需要将来理论研究成熟和在地方立法实践取得有益经验后，适时制定出台一部全国统一的《社会信用法》。

五、建立科学合理的党政领导干部政绩评价制度规范

政绩考核评价体系在提升国家治理能力方面具有举足轻重的地位。政绩，是指领导干部在任期内履行相关职务取得的工作业绩，是领导干部从政思想、为政风格、施政目标的综合体现。[①] 改革开放以后，党和国家的工作重心转移到以经济建设为中心上来，各级政府在中央的号召下，以地方经济发展为己任，重视经济发展指标，客观上推动了我国经济的快速发展，对初步建成小康社会发挥了积极作用。自从 GDP 成为我国国民经济核算的核心指标以来，GDP 实际上成为衡量各级地方政府政绩最硬的指标。但是，以 GDP 作为主要的政绩考核标准，却带来了一些负面效应。早在 2006 年，就有学者著文指出，我们长期以来让各级地方政府成为 GDP 的主要承担者，对地方政府政绩的考核唯 GDP 论英雄。这种做法会导致地方保护主义盛行、政府主导型经济增长效率低下、不顾社会和环境所付出的高昂代价、“官出数字，数字出官”等问题。[②] 有学者还提出了不少建设性的意见，如“将 GNH 纳入地方政府政绩考核体系”[③]，“建立干部绿色政绩考核体系”[④]，“人民群众以切身的感受来评价政府的政绩，这才是最权威、最具有说服力的评价。应以社会发展指标

① 参见徐祖荣:《构建以 GDP 和 GNH 为主要内容的地方政府政绩考核体系》,《求实》2007 年第 9 期。

② 参见孙居涛、易重华:《重塑政绩考核体系是构建和谐社会的重要环节》,《学习论坛》2006 年第 3 期。

③ 徐祖荣:《构建以 GDP 和 GNH 为主要内容的地方政府政绩考核体系》,《求实》2007 年第 9 期。

④ 姜艳生:《对建立干部绿色政绩考核体系的思考》,《领导科学》2008 年第 3 期。

代替GDP指标”[①]等。

为了提高发展质量，以科学发展观为指引，中共中央办公厅2009年6月印发了《关于建立促进科学发展的党政领导班子和领导干部考核评价机制的意见》。为了深入贯彻落实《意见》，中共中央组织部随后制定了《地方党政领导班子和领导干部综合考核评价办法（试行）》《党政工作部门领导班子和领导干部综合考核评价办法（试行）》《党政领导班子和领导干部年度考核办法（试行）》。这三个政绩考核评价办法与《意见》一起，共同构成了促进科学发展的党政领导班子和领导干部考核评价机制，适用于县级以上地方和党政工作部门党政领导班子和领导干部的考核。

党的十八大和十八届三中全会进一步指出，要改革和完善干部考核评价制度、完善发展成果考核评价体系的精神，促进各级领导干部树立正确的政绩观，推动经济社会科学发展。随后，2013年中组部发布了《关于改进地方党政领导班子和领导干部政绩考核工作的通知》，明确提出政绩考核要“突出科学发展导向”，“加强对政府债务状况的考核”和“加强对政绩的综合分析”。同时还指出：“加强对政绩的综合分析”，“不能仅仅把地区生产总值及增长率作为考核评价政绩的主要指标，不能搞地区生产总值及增长率排名。中央有关部门不能单纯以地区生产总值及增长率来衡量各省（自治区、直辖市）发展成效。地方各级党委政府不能简单以地区生产总值及增长率排名评定下一级领导班子和领导干部的政绩和考核等次。”（详细规定请参见附录《关于改进地方党政领导班子和领导干部政绩考核工作的通知》）。2014年，党的十八届四中全会审议通过的《中共中央关于全面推进依法治国若干重大问题的决定》，作出了“全面推进依法治国”重大战略决定，并首次明确提出将法治建设成效纳入领导干部政绩考核体系。至此，改革开放以来的政绩考核评价体系得到进一步优化。

---

① 孙居涛、易重华：《重塑政绩考核体系是构建和谐社会的重要环节》，《学习论坛》2006年第3期。

但是,我国目前的政绩考核评价指标体系仍然存在一些值得商榷的问题,如官僚体制的独立性不强,重结果考核,轻过程考核,考核标准过于模糊,以及透明度不高等。对于政府法治和软权力治理来说,目前的考核评价指标体系还存在着"群众利益诉求表达机制不健全"①、"评价主观性"以及党政在政绩考核评价标准上的区分度不高等问题。建议在未来进一步完善党政领导干部政绩考核评价体系时,一是将不同类别的党政领导干部的考核评价指标予以区分,建立更加科学合理的考核评价指标体系;二是坚持人民的主体性原则,将群众满意度作为重要的考核评价指标,以促进政府软权力治理能力的现代化;三是尽可能地保证政绩评价的客观性,以维护"官僚体制的独立性",尽可能避免在官僚机构之间产生出人事上的掣肘和庇护关系,以及对公务人员的职业生涯产生影响。②

■ 第二节 完善针对软权力治理的监督和救济体系

如前所述,针对软权力行为的法律规制模式,是一种程序主义法范式为主导的,行政程序法制、行政伦理法制和社会价值评价法制相结合的行政软权力复合规制模式,因此,应当建立与这一复合规制模式相适应的监督和救济体系,在必要的时候,还应当建立一种与程序主义法制相适应的救济法律体系。

---

① 薛金礼、孙津:《以完善政绩考核体系健全群众利益诉求表达机制》,《辽宁行政学院学报》2013 年第 6 期。

② 通过绩效原则来选拔官僚体制的人员,有助于维护官僚体制的独立性。因为"这一原则不仅服务于行政效率,同样——作为'客观的'、与功能相关的选拔标准——也有助于公务人员免受利益影响。只要人们没有找到适宜的防御机制,能够保障官僚机制严格按照资格、能力和专业绩效进行选拔和提升,机会主义就会有很大的作用空间"。([德]齐佩利乌斯:《德国国家学》,赵宏译,法律出版社 2011 年版,第 450～451 页)

一、建立与行政伦理(道德)法制相适应的内部监督机制

严格说来,与行政伦理(道德)法制相适应的内部监督机制是一种内部监督机制,或者说,是一种自我监督机制或“行政自制”[①]。在西方法治国家,行政自制的形成依赖社会民主政治力量的外在压力和监督,而在我国,行政自制主要依赖执政党和社会公众的压力。传统上,不管是哪种形式的外在压力所形成的行政自制,都不属于法律救济的范畴。但是,随着现代行政的发展和给付行政、服务行政的兴起,行政职能开始呈现多元化的特征,政府开始积极干预经济和社会生活,非强制性软权力受到愈来愈多的运用。于是,由于行政软权力的运用和公民的经济和生活休戚相关,“当前对行政国家行为扩张的司法回应的顶点是赋予个人越来越多的手段通过诉讼来质疑公共行政机关和管理者”[②]。不过,司法救济毕竟是一种事后的救济,而且是一种兜底式的救济。对于行政软权力的运用来说,如果没有采用或变相采用强制性手段,原则上是不能进行法律救济的。[③] 而且,司法救济属于事后救济且救济成本较高。因此,对于行政软权力的监督来说,最重要的是建立一种与行政伦理(道德)法制相适应的内部监督机制。具体来说,包括非正式的内部行政规则制度和绩效评估制度。

非正式的内部行政规则,指的是行政活动中为行政人员普遍遵循的、仅对内部行政事务进行规范并且不存在于正式法律文本中的规则;或者是指那些为行政人员普遍遵循的、具有约束力的、法律之外的行为

---

① 行政自制,指的是行政主体自发地约束其所实施的行政行为,使其行政权在合法合理的范围内运行的一种自主行为。也就是行政主体对自身违法或不当行为的自我控制,包括自我预防、自我发现、自我遏制、自我纠错等一系列下设机制。(参见刘福元:《行政自制:探索政府自我控制的理论与实践》,法律出版社 2011 年版,第 3 页;崔卓兰、刘福元:《行政自制——探讨行政法理论视野之拓展》,《法制与社会发展》2008 年第 3 期)

② [美]罗森布鲁姆·奥利里:《公共管理与法律》,张梦中译,中山大学出版社 2007 年版,第 240 页。

③ 当然,并非所有的行政软权力之运用都不能进行法律上的救济。现代行政法治已经开发出了一些特别救济制度,比如基于信赖保护原则的行政补偿制度。

规则和模式。[①] 虽然没有明文规定，但是大家都熟悉这些规则，没有严格的程序对其进行约束，靠的是行政人员日常的经验积累。这种经验的积累可以形成一种范本来指导行政软权力的运用，非正式的内部行政规则迎合了目前新时代背景下服务行政的理念，它可以增进相对人的权益，从而增加社会福利，服务性的标准为行政软权力的运用提供了救济的依据。

绩效评估制度指的是行政主体对其行为的过程和结果从成本、收益、效率、便民等方面进行综合评估，并将评估结果用于指导实践的一种制度。[②] 为了纠正行政主体的违法行为，更好地维护行政相对人的合法权益，我们要确立过程和结果的综合评估体系以及开放的绩效评估机制：一方面，当前社会上一些行政人员的腐败不良风气，会造成对公众利益的损害，以往只注重结果的绩效评估，导致了很多"形象工程""面子工程"绩效评估的作用根本发挥不出来，为了更好地发挥监督行政主体的功能，因此我们要确立过程和结果的综合评估体系。另一方面，以往自上而下的评估机制导致了只对上负责不对下负责的现象，我们要让运用行政软权力的行政人员主动参与到评估程序中，发表自己的意见以及对结果的接受程度。同时，将广大公民的认可作为评估机制的重要影响因素之一，提高公众参与度，对公共管理行为效率的价值评价不能是政府或公共管理部门自身的政绩评估，而应当是公共社会的普遍认可程度和长远评估。因而，为了有效解决行政主体和行政相对人的纠纷、解决行政软权力救济不足的问题，建立开放的绩效评估机制是应有之义。

二、建立与程序主义法范式相适应的司法救济体系

"有损害必有救济"是法治的核心要义，因为没有救济的权利便不是权利。但是，由于行政软权力的非强制性特征，通常因不会带来直接的

---

① 参见刘福元：《行政自制：探索政府自我控制的理论与实践》，法律出版社 2011 年版，第 209 页。

② 参见董星：《非正式行政行为研究》，南京工业大学硕士学位论文，2012 年。

法律效果而被排除于司法救济之外。无论是行政指导、行政合同、行政调解以及行政奖励都存在法律救济不足的问题，尤其是给付行政领域关于利害关系人的法律救济问题尤为突出。

从目前针对行政软权力行为的司法救济现状来看，对于利害关系人的权利保护途径主要依赖以下两点：第一，行政诉讼活动中对私权的平等保护原则。法治国理念要求公民放弃自力救济而由国家来行使，国家必然负有在立法和司法上赋予公民平等的诉讼主体地位和资格的义务。行政诉讼利害关系理应作为与行政诉讼原告平等受到保护的对象。[①] 一旦行政机关违反了法律法规的相关规定，侵犯了利害关系人的合法权益，其就可以运用法律所提供的救济途径，来维护自己的合法权益不被侵害。这是法律面前人人平等原则的体现。第二，通过直接运用新《行政诉讼法》第二十五条来确定利害关系人是否具有原告资格。新《行政诉讼法》第二十五条明确了行政诉讼中利害关系人的法律资格和地位。除了考虑有无法律上的利益关系以外，还考虑是否具有事实上的利害关系。这是我国行政诉讼法的一大进步，但对什么是利害关系、需要具备哪些要件尚未作出具体的解释。举个例子，当某一行为没有产生法律上的利害关系，但具有事实上的利害关系时，如何给予事实上利益受损的人以诉的可能性？将利害关系人笼统地解释为权益受到侵害的人，看起来是保护公民的起诉权，但其实是不妥当的。这样做只会模糊了有权提起诉讼人的资格范围，加大了实务中操作的难度。就拿行政奖励来说，是一种授益性行政事实行为，当利害关系人认为自己的合法权利受到损害时，该如何进行相应的救济呢？纵然是新修改的《行政诉讼法》也是将如行政奖励、行政指导等行政事实行为排除在诉讼受案范围外，这是扩大受案范围所解决不了的问题。虽然新修改的《行政诉讼法》第二条将“具体行政行为”改为“行政行为”，并且增加了对抽象行政行为如规范性法律文件的附带性审查，但对于行政软权力中的利害关系人的权利救济

① 参见胡敏洁：《行政相对人程序性权利功能分析》，《江南大学学报》（社科版）2002 年第 2 期。

也是于事无补的。

因此,最为重要的是建立一种与软权力治理和程序主义法范式相适应的法律救济体系。一方面,尽快建立类型化的行政诉讼模式,将行政给付诉讼类型纳入行政诉讼中来。从方法论的角度看,行政诉讼类型化是指基于一定的目的,根据一定的标准,对不同属性或特征的诉讼形态进行分类,以提供社会实证根据的研究方法。① 行政诉讼类型化关涉到我国行政诉讼制度能否为公民、法人、其他组织提供全面的法律保护。关于行政诉讼类型化的基本分类标准,主要有诉讼标的的性质、诉讼请求的内容、行政争议的性质以及判决的内容与效力等几种。在未来修改行政诉讼法时,笔者认为应该充分考虑我国行政诉讼的审判实践,参照我国台湾地区以"判决的内容与效力"为标准划分基本诉讼类型。可以将诉讼类型划分为撤销诉讼、确认诉讼和给付诉讼三种。给付诉讼又分为课以义务的诉讼和一般给付诉讼。课以义务的诉讼是指给付内容为行政处分,一般给付诉讼给付内容为财产给付,主要针对行政事实行为,也就是行政软权力的运用形式,比如说行政指导、行政奖励等。因此,针对行政软权力运用中利害关系人的法律救济,可以通过设立一般给付诉讼对利害关系人进行权利的救济。总体而言,要建立科学合理的救济制度,实现行政软权力的法治化,需要行政诉讼法的进一步改进和完善,来更好地促进行政软权力的法律救济。另一方面,关于行政指导、行政调解、公布违法事实等软权力行为的法律救济,应当通过行政程序制度的建设来落实相对人权利救济的目标,尽快制定统一的《行政程序法》,并建立针对行政软权力的程序权利救济制度。

---

① 参见门中敬:《行政诉讼类型化的目的与标准》,《烟台大学学报》(哲学社会科学版)2011年第3期。

附　录
行政软权力和软权力资源制度规范（示例）

A. 专门类制度规范示例

《工商行政管理机关行政指导工作规则》（节选）

第一章　总　则

第一条　为了推进和规范工商行政管理机关行政指导工作，保障工商行政管理机关在行政指导中正确履行职权，保护公民、法人和其他组织的合法权益，增强行政管理方式改革和创新成效，加快推进法治工商建设，根据国务院《全面推进依法行政实施纲要》等有关规定，制定本规则。

第二条　工商行政管理机关实施行政指导，适用本规则。法律、法规、规章另有规定的，从其规定。

第三条　本规则所称行政指导，是指工商行政管理机关在其法定职权范围内，通过建议、辅导、提醒、规劝、示范、公示、约谈等非强制性方式，引导公民、法人和其他组织（以下简称行政相对人）自愿作出或者不作出某种行为，以实现一定行政管理目的的行为。

第四条 实施行政指导应当遵循以下基本原则:

(一)合法原则。实施行政指导必须在工商行政管理机关法定职权范围内进行,不得违反法律、法规、规章的规定,不得与国家政策相抵触。不得以行政指导替代依法应当作出的行政行为。

(二)自愿原则。实施行政指导应当以行政相对人自愿为前提,充分尊重其自主选择权。不得采取或者变相采取强制性手段以及其他不利于行政相对人的行政手段强迫其接受行政指导,不得因行政相对人拒绝接受行政指导而加重行政处罚。

(三)公平原则。实施行政指导应当公平、公正地对待行政相对人,不得偏袒徇私。

(四)公开原则。除依法应当保密的以外,实施行政指导应当公开进行。

(五)合理原则。实施行政指导应当根据行政目的和行政相对人的具体情况,选择合理适当的行政指导方案、方式。

(六)效率原则。实施行政指导应当注重降低行政成本、提高效能,为行政相对人提供高效、便捷的指导服务。

第五条 工商行政管理机关实施行政指导,不得为单位和个人谋取不正当利益。

第二章 实施主体与适用范围

第六条 工商行政管理机关在本行政区域内实施行政指导。

第七条 各级工商行政管理机关应当建立健全行政指导工作的领导机构。综合部门负责行政指导工作的组织协调、监督检查、绩效考核等工作。相关业务部门负责行政指导工作的业务指导及具体实施。基层队、所(分局)负责行政指导工作的具体事项。

第八条 行政指导主要适用于以下情形:

(一)依据工商行政管理职能,在工商行政管理业务、信息等方面帮助行政相对人,促进其事业发展的;

(二)指导帮助行政相对人完善经营管理行为,预防或者避免行政相对人违反工商行政管理法律、法规、规章行为发生的；

(三)法律法规赋予工商行政管理机关监管职责，但未明确监管措施和手段的；

(四)其他工商行政管理机关可以实施行政指导的情形。

第三章　实施程序

第一节　一般程序

第九条　行政指导可以依职权主动实施，也可以依行政相对人的申请实施。

对依申请实施的行政指导，行政相对人要求撤回或者变更申请的，工商行政管理机关应当准许。

第十条　工商行政管理机关履行职责中，认为有必要主动实施行政指导的，应当告知行政相对人有关行政指导的目的、内容、理由、依据、实施人员等事项。需要行政相对人事先做相应准备的，应当提前告知行政相对人。

第十一条　工商行政管理机关收到行政相对人提交的行政指导书面申请后，可以根据下列情形分别作出处理：

(一)申请事项属于工商行政管理机关法定职权范围的，予以受理；

(二)申请事项不属于工商行政管理机关法定职权范围的，不予受理，并说明理由；

(三)其他不适合工商行政管理机关实施行政指导的申请事项，不予受理，并说明理由。

第十二条　工商行政管理机关可以根据不同的行政指导对象和行政指导事项，采取适当的行政指导方式，也可以针对特定对象、特定行业或者特定行为综合运用多种方式进行行政指导。

实施行政指导可以采取以下方式：

(一)建议。为规范行政相对人行为，就工商行政管理相关问题向行政相对人提出引导性、倾向性意见。

(二)辅导。为行政相对人提供与工商行政管理业务相关的帮助和支持。

(三)提醒。就行政相对人容易疏忽的工商行政管理相关事项进行提示。

(四)规劝。就容易发生或者可能发生的违法行为对行政相对人进行预警或者劝告。

(五)示范。通过推荐、评价、展示等方式,引导行政相对人合法、规范经营。

(六)公示。对工商行政管理工作中制作或者获取的相关信息进行收集、整理、分析,并依法向社会公众公开,为行政相对人提供有引导性的参考。

(七)约谈。召集行政相对人,就工商行政管理事项通过约见沟通、学习讲评等方式,引导行政相对人合法、规范经营。

(八)其他不违背法律、法规、规章规定的行政指导方式。

第十三条　实施行政指导可以采取书面形式,制发行政指导意见书等相关文书。

行政指导文书应当载明行政指导的目的、内容、时间、行政指导对象和实施人员等基本事项,并及时送达行政相对人。

第十四条　实施行政指导应当告知行政相对人有自主选择的权利,行政相对人可以自主决定是否需要接受行政指导。

第十五条有下列情形之一的,应当终止行政指导:

(一)行政相对人明确表示拒绝行政指导、撤回申请或者要求停止行政指导的;

(二)作为行政指导对象的自然人死亡的,或者作为行政指导对象的法人或者其他组织终止的;

(三)实施行政指导时的法律依据或者政策依据已经发生变化,继续实施行政指导将违反现行法律、法规、规章的规定,或者与国家政策相抵触,或者将损害他人合法权益、社会公共利益的;

(四)其他需要终止行政指导的情形。

第十六条　行政指导实施完成或者终止后,工商行政管理机关应当将行政指导文书、相关批准文件及记录文书、证据材料等及时收集、整理、立卷归档。

第二节　简易程序(略)

第三节　特别程序(略)

第四章　监督检查(略)

第五章　附　则(略)

B. 程序类制度规范示例

《山东省行政程序规定》(节选)

第一章　总　则

第一条　为了规范行政行为,保护公民、法人和其他组织的合法权益,保障和监督行政机关依法行政,建设法治政府,根据有关法律、法规,结合本省实际,制定本规定。

第二条　本省各级行政机关、法律法规授权的组织和依法受委托的组织实施行政行为,应当遵守本规定。法律、法规另有规定的,从其规定。

第三条　行政机关应当依照法律、法规、规章,在法定权限内,按照法定程序实施行政行为。

第四条　没有法律、法规、规章依据,行政机关不得作出影响公民、法人和其他组织合法权益或者增加其义务的决定。

第五条　行政机关应当公正行使行政权力,平等对待公民、法人和其他组织。

行政机关行使行政裁量权应当符合立法目的,采取的措施和手段应当必要、适当;实施行政管理可以采取多种方式实现行政目的的,应当选择最有利于保护公民、法人和其他组织合法权益的方式。

第六条 行政机关应当将实施行政行为的依据、过程和结果依法公开。但是涉及国家秘密、商业秘密和个人隐私的除外。

涉及公民、法人和其他组织权利义务的行政文件、档案，应当依法允许查阅、摘录、复制。

第七条 公民、法人和其他组织因行政行为取得的正当权益受法律保护。非因法定事由并经法定程序，行政机关不得撤销、变更已经生效的行政决定；因公共利益或者其他法定事由必须撤销或者变更的，应当依照法定权限和程序进行，并对公民、法人和其他组织因此遭受的财产损失依法予以补偿。

第八条 公民、法人和其他组织有权提出行政管理的意见和建议，行政机关应当提供必要条件，采纳其合理意见和建议。

第九条 行政机关实施行政行为，可能影响公民、法人和其他组织合法权益的，除法定情形外，应当书面告知其事实、理由、依据，陈述权、申辩权，以及行政救济的途径、方式和期限。

第十条 行政机关实施行政行为，应当遵守法定期限或者承诺期限，为公民、法人和其他组织提供高效、优质服务。

第十一条 县级以上人民政府负责本规定在本行政区域内的实施工作。

县级以上人民政府法制机构和政府工作部门法制机构负责本规定实施的具体工作。县级以上人民政府办公厅（室）和机构编制、监察、人力资源社会保障、财政等部门，按照各自的职责分工，做好本规定实施的相关工作。

第二章 行政程序主体

第十二条 行政机关行使职权应当依照法律、法规、规章的规定。

法律、法规、规章对上下级行政机关之间的职权未作出明确规定的，上级行政机关应当按照有利于发挥行政效能、财权与事权相匹配、权力与责任相一致、管理重心适当下移等原则确定。

第十三条　行政机关的内设机构或者派出机构应当以其隶属的行政机关的名义作出行政决定,并由该行政机关承担法律责任。但是法律、法规另有规定的除外。

第十四条　法律、法规授权的具有管理公共事务职能的组织,在法定授权范围内,以自己的名义行使行政职权并承担相应的法律责任。

第十五条　行政机关可以根据法律、法规、规章的规定,委托行政机关或者具有管理公共事务职能的组织行使行政职权,受委托行政机关或者组织应当具备履行相应职责的条件,并在委托的范围内,以委托行政机关的名义行使行政职权,由此所产生的后果由委托行政机关承担法律责任。受委托行政机关或者组织不得将受委托的行政职权再委托给其他行政机关、组织或者个人。

委托行政机关应当将受委托主体和委托的行政职权内容向社会公告,并对受委托行政机关或者组织行使受委托行政职权的行为进行指导、监督。

第十六条　行政机关与受委托行政机关、组织之间应当签订书面委托协议,并报本级人民政府法制机构备案。委托协议应当包括委托依据、事项、权限、期限、双方权利和义务、法律责任等内容。

有下列情形之一的,应当及时解除委托协议,并向社会公布:

(一)委托期限届满的;

(二)受委托行政机关或者组织超越、滥用行政职权或者不履行行政职责的;

(三)受委托行政机关或者组织不再具备履行相应职责条件的;

(四)应当解除委托协议的其他情形。

第十七条　有下列情形之一的,行政机关应当请求相关行政机关协助:

(一)独立行使职权不能实现行政目的的;

(二)不能自行调查、取得所需事实资料的;

(三)执行公务所需文书、资料、信息为其他行政机关所掌握,自行收集难以取得的;

（四）应当请求行政协助的其他情形。

被请求协助的行政机关应当及时履行协助义务，不得推诿或者拒绝。不能提供协助的，应当以书面形式及时告知请求机关并说明理由。

因行政协助发生争议的，由请求机关与协助机关共同的上一级行政机关决定。

第十八条　行政机关的地域管辖权依照法律、法规、规章规定确定；没有明确规定的，由行政管理事项发生地的行政机关管辖，但是有下列情形之一的除外：

（一）涉及公民身份事务的，由其住所地行政机关管辖；住所地与经常居住地不一致的，由经常居住地行政机关管辖；住所地与经常居住地都不明确的，由最后居住地行政机关管辖。

（二）涉及法人和其他组织主体资格事务的，由其主要营业地或者主要办事机构所在地行政机关管辖。

（三）涉及不动产的，由不动产所在地行政机关管辖。

第十九条　行政机关受理公民、法人和其他组织的申请或者依职权启动行政程序后，认为不属于自己管辖的，应当移送有管辖权的行政机关，并通知当事人；受移送的行政机关认为不属于自己管辖的，不得再行移送，应当报请共同上一级行政机关指定管辖。

公民、法人和其他组织在法定期限内提出申请，依照前款规定移送有管辖权的行政机关的，视为已在法定期限内提出申请。

第二十条　两个以上行政机关对同一行政管理事项都有管辖权的，由先受理的行政机关管辖；发生管辖争议的，由共同上一级行政机关指定管辖。情况紧急、不及时采取措施将对公共利益或者公民、法人和其他组织合法权益造成重大损害的，行政管理事项发生地的行政机关应当进行必要处理，并立即通知有管辖权的行政机关。

第二十一条　行政机关之间发生职权争议的，由争议各方协商解决；协商不成的，依照下列规定处理：

（一）涉及职权划分的，由有管辖权的机构编制部门提出协调意见，报本级人民政府决定；

(二)涉及执行法律、法规、规章的,由有管辖权的政府法制机构依法协调处理;涉及重大事项的,由政府法制机构提出意见,报本级人民政府决定。

第二十二条 行政机关工作人员执行公务时,有下列情形之一的,应当自行申请回避;本人未申请回避的,行政机关应当责令回避;公民、法人和其他组织也可以以书面形式提出回避申请:

(一)与本人有利害关系的;

(二)与本人有夫妻关系、直系血亲关系、三代以内旁系血亲关系以及近姻亲关系的;

(三)可能影响公正执行公务的其他情形。

行政机关工作人员的回避由该行政机关主要负责人决定。行政机关主要负责人的回避由本级人民政府或者上一级行政机关决定。

第二十三条 公民、法人和其他组织在行政程序中,依法享有申请权、知情权、参与权、监督权、救济权。

公民、法人和其他组织参与行政程序,应当履行服从行政管理、协助执行公务、维护公共利益、提供真实信息、遵守法定程序等义务。

第三章 重大行政决策程序(略)

第四章 规范性文件制定程序(略)

第五章 行政执法程序(略)

第六章 特别行为程序

第一节 行政合同

第一百条 本规定所称行政合同,是指行政机关为了维护公共利益,实现行政管理目的,与公民、法人和其他组织之间,经双方意思表示一致达成的协议。

行政合同主要适用于下列事项:

(一)政府特许经营;

(二)国有自然资源使用权出让;

(三)国有资产承包经营、出售或者租赁;

（四）公用征收、征用补偿；

（五）政府购买公共服务；

（六）政策信贷；

（七）行政机关委托的科研、咨询；

（八）计划生育管理；

（九）法律、法规、规章规定可以订立行政合同的其他事项。

第一百零一条　订立行政合同应当遵循维护公益、公开竞争和自愿原则。

行政合同应当采取公开招标、拍卖等方式订立。有下列情形之一的，可以采取直接磋商的方式订立：

（一）法律、法规有明确规定的；

（二）情况紧急需要尽快订立合同的；

（三）行政机关委托的科研合同；

（四）需要保密的合同；

（五）需要利用专利权或者其他专有权利的合同；

（六）需要采取直接磋商方式的其他情形。

法律、法规、规章对订立行政合同的方式另有规定的，从其规定。

第一百零二条　行政合同应当以书面形式签订，但是法律、法规另有规定的除外。

行政合同的内容不得违反法律、法规、规章的规定，不得损害国家和社会公共利益，不得违反公序良俗。

第一百零三条　行政合同依照法律、法规规定应当经其他行政机关批准或者会同办理的，经批准或者会同办理后，行政合同方能生效。

第一百零四条　行政机关有权对行政合同的履行进行指导和监督，但是不得妨碍对方当事人履行合同。

第一百零五条　行政合同受法律保护，合同当事人不得擅自变更、中止或者解除合同。

行政合同在履行过程中，出现严重损害国家利益或者公共利益的重大情形，行政机关有权变更或者解除合同；由此给对方当事人造成损失的，应当予以补偿。

行政合同在履行过程中，出现影响合同当事人重大利益、导致合同不能履行或者难以履行的情形的，合同当事人可以协商变更或者解除合同。

第二节　行政指导

第一百零六条　本规定所称行政指导，是指行政机关为了实现特定行政目的，在法定职权范围内或者依据法律、法规、规章和政策，以劝告、提醒、建议、协商、制定和发布指导性政策、提供技术指导和帮助等非强制方式，引导公民、法人和其他组织作出或者不作出某种行为的活动。

行政机关实施行政指导不得收取任何费用。

第一百零七条　行政指导一般适用于下列情形：

(一)需要从技术、政策、安全、信息等方面帮助公民、法人和其他组织增进其合法利益的；

(二)需要预防可能出现的妨碍行政管理秩序的违法行为的；

(三)需要实施行政指导的其他情形。

第一百零八条　实施行政指导可以采取书面、口头或者其他合理形式。公民、法人和其他组织要求采取书面形式的，行政机关应当采取书面形式。

第一百零九条　行政机关可以主动实施行政指导，也可以依公民、法人和其他组织的申请实施行政指导。

公民、法人和其他组织有权自主决定是否接受、听从、配合行政指导；行政机关不得采取或者变相采取强制措施实施行政指导。

第一百一十条　行政指导的主体、目的、内容、理由、依据和背景资料等事项，应当向社会公开，但是涉及国家秘密、商业秘密和个人隐私的除外。

第一百一十一条　行政机关实施重大行政指导，应当采取公布草案、听证会、座谈会等方式，广泛听取公民、法人和其他组织的意见。

实施行政指导涉及专业性、技术性问题的，应当经过专家论证，专家论证意见应当记录在案。

第三节　行政裁决

第一百一十二条　本规定所称行政裁决，是指行政机关根据法律、法规的授权，处理公民、法人和其他组织之间发生的与行使行政职权相关的民事纠纷的行为。

第一百一十三条　公民、法人和其他组织申请行政裁决，可以书面申请，也可以口头申请。口头申请的，行政机关应当当场记录申请人的基本情况、行政裁决请求、主要事实和理由。

行政机关应当自收到公民、法人和其他组织申请之日起5日内审查完毕，并按照下列规定作出处理：

（一）申请事项属于本机关管辖的，应当受理，并自受理之日起5日内，将申请书副本或者申请笔录复印件发送被申请人；

（二）申请事项不属于本机关管辖的，应当告知申请人向有关行政机关提出；

（三）申请事项依法不适用行政裁决程序的，不予受理，并书面告知申请人。

第一百一十四条　被申请人应当自收到申请书副本或者申请笔录复印件之日起10日内，向行政机关提交书面答复及相关证据材料。

行政机关应当自收到被申请人提交的书面答复之日起5日内，将书面答复副本送达申请人。申请人、被申请人可以到行政机关查阅、复制、摘录案卷材料。

第一百一十五条　行政机关审理行政裁决案件，应当由2名以上工作人员办理。

申请人、被申请人对主要事实没有争议的，行政机关可以书面审理；对主要事实有争议的，应当公开审理。但是依法不予公开的除外。

行政机关应当先行调解，调解不成的，依法作出裁决。

第一百一十六条　行政机关作出裁决后应当制作行政裁决书。

行政裁决书应当载明下列事项：

（一）申请人、被申请人的基本情况；

（二）争议的事实；

(三)认定的事实;

(四)适用的法律依据;

(五)裁决内容和理由;

(六)救济的途径和期限;

(七)行政机关印章和裁决日期;

(八)应当载明的其他事项。

第一百一十七条　行政机关应当自受理申请之日起60日内作出裁决;情况复杂的,经本行政机关主要负责人批准,可以延长30日,并告知申请人和被申请人。

第四节　行政给付

第一百一十八条　本规定所称行政给付,是指行政机关根据公民、法人和其他组织的申请,依照有关法律、法规、规章或者规范性文件的规定,发放抚恤金、社会保险金、最低生活保障金和其他福利等赋予物质权益或者与物质有关的权益的行为。

行政给付应当遵循有利于保护群众利益、促进社会公正、维护社会稳定的原则。

第一百一十九条　行政给付应当根据法律、法规、规章或者规范性文件规定的范围、对象、等级、标准和期限实施。

实施行政给付应当建立账册登记制度,由公民、法人和其他组织在账册上签字或者盖章。

行政给付的账册应当定期交付审计,审计结果应当依法向社会公布。

第一百二十条　行政机关变更行政给付范围、对象、等级、标准、期限或者废止相应项目的,应当提前30日告知公民、法人和其他组织。

第一百二十一条　公民、法人和其他组织以欺骗、贿赂等不正当手段取得行政给付的,行政机关应当撤销,并予以追回。

第五节　行政调解

第一百二十二条　本规定所称行政调解,是指行政机关为了化解社会矛盾、维护社会稳定,依照法律、法规、规章和规范性文件的规定,居间协调处理与行使行政职权相关的民事纠纷的行为。行政调解应当遵循自愿、合法、公正、及时的原则。

第一百二十三条　行政机关可以根据公民、法人和其他组织的申请进行行政调解,也可以主动进行行政调解。

行政调解由具有相关法律知识、专业知识和实际经验的工作人员主持。

第一百二十四条　行政机关收到行政调解申请后,经审查符合条件的,应当及时告知被申请人;被申请人同意调解的,应当受理并组织调解。

不符合条件或者一方不同意调解的,不予调解。

第一百二十五条　行政调解工作人员应当在查明事实、分清是非的基础上,根据纠纷的特点、性质和难易程度,进行说服疏导,引导双方达成调解协议。

调解达成协议的,应当制作调解协议书。调解协议书应当由纠纷双方和调解工作人员签名,并加盖行政机关印章。

第七章　监督和责任追究

第一百二十六条　县级以上人民政府应当加强对本规定实施情况的监督检查,及时纠正行政程序违法行为。

监督检查应当采取下列方式:

(一)听取本规定实施情况的报告;

(二)行政执法评议考核;

(三)行政执法案卷评查;

(四)调查处理公众投诉、举报以及新闻媒体曝光的行政程序违法行为;

(五)监督检查的其他方式。

第一百二十七条　公民、法人和其他组织认为行政机关的行政行为违反本规定的,可以向监察机关、上级行政机关或者本级人民政府法制机构投诉、举报。

监察机关、上级行政机关、政府法制机构应当公布受理投诉、举报的承办机构和联系方式，对受理的投诉、举报进行调查，依照职权作出处理，并将处理结果告知投诉人、举报人。

第一百二十八条　行政机关违反本规定的，应当依职权或者依公民、法人和其他组织的申请自行纠正。

监察机关、上级行政机关、政府法制机构对投诉、举报和监督检查中发现的违反本规定的行为，应当发出《行政监督通知书》，建议自行纠正，有关行政机关应当在30日内将处理结果向监督机关报告。

有关行政机关不自行纠正的，由监督机关依照职权分别作出责令补正或者更正、责令履行法定职责、确认违法或者无效、撤销等处理。

第一百二十九条　行政决定有下列情形之一的，应当以书面形式补正或者更正：

(一)未说明理由，但是未对公民、法人和其他组织的合法权益产生不利影响的；

(二)程序存在轻微瑕疵，但是未侵犯公民、法人和其他组织合法权益的；

(三)文字表述错误或者计算错误的；

(四)未载明作出日期的；

(五)需要补正或者更正的其他情形。

第一百三十条　行政机关不履行或者拖延履行法定职责的，应当责令其履行。

第一百三十一条　行政决定有下列情形之一的，应当确认违法：

(一)行政机关不履行法定职责，但是责令其履行已无实际意义的；

(二)行政决定违法，但是不具有可撤销内容的；

(三)行政决定违法，但是撤销该行政决定可能对公共利益造成重大损害的；

(四)应当确认违法的其他情形。

第一百三十二条　行政决定有下列情形之一的，应当确认无效：

(一)行政机关无权作出的；

（二）未加盖行政机关印章的；

（三）内容不可能实现的；

（四）应当确认无效的其他情形。

行政决定的部分内容被确认无效的，不影响其他内容的效力。但是确认部分内容无效后行政决定不能成立的，行政决定全部无效。

无效的行政决定，自始不发生法律效力。

第一百三十三条　行政决定有下列情形之一的，应当撤销：

（一）主要事实不清、证据不足的；

（二）适用依据错误的；

（三）违反法定程序的，但是可以补正或者更正的除外；

（四）超越或者滥用职权的；

（五）应当撤销的其他情形。

撤销行政决定可能对公共利益造成重大损害的，不予撤销；但是行政机关应当自行补救或者由有权机关责令其补救。行政决定被撤销的，行政机关可以依法重新作出。

第一百三十四条　行政机关及其工作人员违反本规定，有下列情形之一的，应当追究责任：

（一）不具有法定行政主体资格实施行政行为的；

（二）违法进行行政委托的；

（三）超越或者滥用职权的；

（四）不履行或者拖延履行法定职责的；

（五）重大行政决策未经公众参与、专家论证、风险评估、合法性审查、集体讨论决定的；

（六）违反本规定制定和发布规范性文件的；

（七）不依法组织听证的；

（八）行政决定被撤销、被确认违法或者无效的；

（九）违反本规定订立、履行行政合同的；

（十）违反本规定实施行政指导的；

（十一）违反本规定进行行政裁决的；

(十二)违反本规定实施行政给付的;

(十三)违反本规定进行行政调解的;

(十四)因行政行为违法导致行政赔偿的;

(十五)违反本规定的其他情形。

前款所称行政机关工作人员,是指行政行为的具体承办人员、审核人员和批准人员。

第一百三十五条　追究行政机关及其工作人员责任的形式包括行政处理和处分。

对行政机关行政处理的种类为:责令限期整改、责令道歉、通报批评、取消评比先进的资格等。

对行政机关工作人员的行政处理的种类为:告诫、责令道歉、通报批评、离岗培训、调离执法岗位、取消行政执法资格等。

处分的种类为:警告、记过、记大过、降级、撤职、开除。

行政处理和处分可以合并适用。

第一百三十六条　追究行政机关及其工作人员的责任,按照下列规定进行:

(一)对行政机关的行政处理,由本级人民政府、监察机关或者上级行政机关决定。

(二)对行政机关工作人员的行政处理,由本行政机关或者任免机关决定;其中,取消行政执法资格的处理,由本级人民政府法制机构决定。

(三)对行政机关工作人员的处分,由任免机关或者监察机关决定。

(四)对行政机关工作人员应当采取组织处理措施的,按照管理权限和规定程序办理。

第一百三十七条　行政机关违反本规定实施行政行为,侵犯公民、法人和其他组织合法权益造成损害的,依法承担行政赔偿责任。

行政机关履行赔偿义务后,应当责令有故意或者重大过失的行政机关工作人员承担全部或者部分赔偿费用。

第八章 附 则

第一百三十八条 设区的市、县(市、区)人民政府可以根据本规定作出具体规定。

第一百三十九条 本规定自2012年1月1日起施行。

C. 社会伦理类制度规范示例

《公安机关人民警察职业道德规范》

一、忠诚可靠:听党指挥,热爱人民,忠于法律。

二、秉公执法:事实为据,秉持公正,惩恶扬善。

三、英勇善战:坚韧不拔,机智果敢,崇尚荣誉。

四、热诚服务:情系民生,服务社会,热情周到。

五、文明理性:理性平和,文明礼貌,诚信友善。

六、严守纪律:遵章守纪,保守秘密,令行禁止。

七、爱岗敬业:恪尽职守,勤学善思,精益求精。

八、甘于奉献:任劳任怨,顾全大局,献身使命。

九、清正廉洁:艰苦朴素,情趣健康,克己奉公。

十、团结协作:精诚合作,勇于担当,积极向上。

D. 社会评价类制度规范示例

一、《地方党政领导班子和领导干部综合考核评价办法(试行)》(节选)

第一章 总 则

第一条 为深入贯彻落实科学发展观,进一步加强地方党政领导班子和领导干部队伍建设,建立促进科学发展的干部考核评价机制,推动经济社会又好又快发展,根据《中华人民共和国公务员法》、《党政领导干部选拔任用工作条例》、《关于建立促进科学发展的党政领导班子和领导干部考核评价机制的意见》和有关法律法规,制定本办法。

第二条 本办法适用于县级以上地方党政领导班子换届考察、领导干部个别提拔任职考察。其中,领导干部个别提拔任职考察在有关方法上可以适当简化。

第三条 坚持德才兼备、以德为先,把按照科学发展观要求领导和推动经济社会发展的实际成效作为基本依据,综合运用民主推荐、民主测评、民意调查、个别谈话、实绩分析、综合评价等方法,全面客观准确地考核评价地方党政领导班子和领导干部。

第二章 民主推荐(略)

第三章 民主测评(略)

第四章 民意调查(略)

第五章 个别谈话(略)

第六章 实绩分析

第二十八条 实绩分析主要依据有关方面提供的经济发展、社会发展、可持续发展整体情况和民意调查结果等内容,分析地方党政领导班子和领导干部在一定时期内的工作思路、工作投入、工作成效,重点评价贯彻落实科学发展观的实际成效。

第二十九条 地方党政领导班子和领导干部的实绩分析,主要内容包括:

(一)本级党代会、人代会确定的中长期发展规划和年度工作目标,上级统计部门和有关主管部门综合提供的经济发展水平、经济发展综合效益、城乡居民收入、地区经济发展差异、发展代价,基础教育、城镇就业、医疗卫生、城乡文化生活、社会安全,节能减排与环境保护、生态建设与耕地等资源保护、人口与计划生育、科技投入与创新等方面(见附表三)的统计数据和评价意见。具体指标由各地根据实绩分析评价要点和实际情况，充分考虑导向性、代表性、可比性，采取民主、公开的方法设置。

（二）民意调查反映的群众对当地经济社会发展状况的满意度。

（三）上级审计部门提供的经济责任审计以及相关的审计和专项审计调查结论、评价意见。

第三十条　实绩分析按照以下方法进行：

（一）对有关统计数据进行计算处理，获得具体数值，并结合民意调查反映的群众满意度情况对数值进行修正，形成量化结果；

（二）根据当地中长期发展规划和年度工作目标对应的指标值，对照有关统计数据、评价意见和量化结果，分析推动科学发展的工作思路和成效；

（三）通过对当地经济社会发展状况的总体了解，在适当进行不同地区之间横向比较的同时，突出对任期内的纵向比较；

（四）以分析领导班子整体工作实绩为基础，结合工作分工和民意调查及有关审计情况，分析评价领导干部个人的工作实绩（见附表四）。

第三十一条　实绩分析按年度定期进行。在地方党委组织部门汇总有关统计数据和评价意见的基础上，由地方党委主持召开有关部门联席会议，共同分析研究，对下一级地方党政领导班子和领导干部的工作实绩作出评价。

根据需要，可以对领导班子有关工作实绩在一定范围内进行公示。

第七章　综合评价

第三十二条　综合评价主要对民主推荐、民主测评、民意调查、个别谈话、实绩分析的结果，平时考核、年度考核以及纪检监察机关、巡视组的意见等情况进行分析比较，相互补充印证，客观公正地对地方党政领导班子和领导干部作出评价。

应当把在重大事件中、关键时刻的表现作为综合评价的重要依据。

第三十三条　综合评价应当坚持定性与定量相结合，充分运用量化方法进行分析比较，形成既有定性评价又有定量结果的综合评价意见。

第三十四条　综合评价可以采用以下方法：

(一)类型分析。按照材料来源、发生时间、表现内容和考察对象所起的作用等情况，将各类材料分门别类进行分析整理，使之条理化、系统化。

(二)数据分析。通过分析民主推荐、民主测评、民意调查、实绩分析等环节形成的有关数据，评价考察对象的工作成效和群众公认度。

(三)比较分析。把不同考察环节反映的同类与不同类情况、考察对象与领导班子其他成员的现实表现进行分析比较，评价考察对象的主要优缺点及特长。

(四)环境分析。对考察对象工作表现的客观环境因素，重点是工作基础和工作条件进行分析，评价其主观努力程度。

(五)历史分析。将考察对象的历史情况与现实情况联系分析，评价其一贯表现和基本素质。

第三十五条　对反映考察对象的有关问题，特别是涉及不按照科学发展观要求办事和廉洁、团结、作风等方面的问题，应当认真核实和分析，凡是线索清楚、情况具体的，考察组应当通过实地调查、与当事人核实或者函询等方法了解清楚。情况比较复杂、一时难以了解清楚的，按照干部管理权限，委托地方党委或者纪检监察机关和审计、统计等部门进行专项调查，形成结论，作为综合评价的重要依据。

第三十六条　地方党政领导班子换届考察，现班子成员中会议投票推荐得票未达到半数、民主测评优秀和称职得票率未达到三分之二、经组织考察认定为不宜继续提名的，或者不称职得票率超过三分之一的，不列为继续提名人选。

第三十七条　在综合评价的基础上，由考察组集体研究，对领导班子提出评价意见，对领导干部提出使用意见，负责形成考察报告和考察材料。

考察报告和考察材料必须客观公正、实事求是地反映考察结果，突出反映贯彻落实科学发展观的情况。考察材料应当全面评价德、能、勤、绩、廉等方面的现实表现、个性特点和不足之处，同时反映民主推荐、民主测评、民意调查、实绩分析等方面的量化结果。根据需要，还可以把有关实地调查报告作为附件材料。

第八章　结果运用

第三十八条　根据考察情况和综合评价结果，认真分析地方党政领导班子的运行状况，提出加强领导班子建设、改进工作的意见和建议；客观评价领导干部的德才素质和现实表现，提出干部选拔任用、培养教育、管理监督、激励约束的意见和建议。

第三十九条　运用考核评价结果，应当突出体现科学发展观的导向作用，营造促进科学发展的良好氛围。对自觉坚持科学发展、善于领导科学发展，坚持原则、勇于负责，敢抓善管、真抓实干，实绩突出、群众公认的领导班子和领导干部，应当表彰奖励、提拔重用；对不按照科学发展观要求办事，搞形式主义、形象工程的，要严肃批评，进行诫勉谈话，必要时实行组织调整。

第四十条　地方党政领导班子的有关考核评价情况，应当向领导班子成员反馈，同时在一定范围内通报。

领导干部的有关考核评价情况，应当向本人反馈。

领导班子和领导干部对考核评价情况有不同意见的，可以向上级党委组织部门提出申诉。上级党委组织部门应当及时调查核实，作出明确答复。

第九章　组织实施（略）

第十章　附则（略）

二、《中国共产党纪律处分条例》（节选）

第一编　总　则

第一章　指导思想、原则和适用范围

第一条　为了维护党章和其他党内法规，严肃党的纪律，纯洁党的组织，保障党员民主权利，教育党员遵纪守法，维护党的团结统一，保证党的路线、方针、政策、决议和国家法律法规的贯彻执行，根据《中国共产

党章程》,制定本条例。

第二条(略)

第三条(略)

第四条　党的纪律处分工作应当坚持以下原则(略)

第五条　运用监督执纪"四种形态",经常开展批评和自我批评、约谈函询,让"红红脸、出出汗"成为常态;党纪轻处分、组织调整成为违纪处理的大多数;党纪重处分、重大职务调整的成为少数;严重违纪涉嫌违法立案审查的成为极少数。

第六条　本条例适用于违犯党纪应当受到党纪责任追究的党组织和党员。

第二章　违纪与纪律处分(略)

第三章　纪律处分运用规则(略)

第四章　对违法犯罪党员的纪律处分(略)

第五章　其他规定(略)

第六章　对违反政治纪律行为的处分(略)

第七章　对违反组织纪律行为的处分(略)

第八章　对违反廉洁纪律行为的处分

第八十五条　党员干部必须正确行使人民赋予的权力,清正廉洁,反对任何滥用职权、谋求私利的行为。

利用职权或者职务上的影响为他人谋取利益,本人的配偶、子女及其配偶等亲属和其他特定关系人收受对方财物,情节较重的,给予警告或者严重警告处分;情节严重的,给予撤销党内职务、留党察看或者开除党籍处分。

第八十六条　相互利用职权或者职务上的影响为对方及其配偶、子女及其配偶等亲属、身边工作人员和其他特定关系人谋取利益搞权权交易的,给予警告或者严重警告处分;情节较重的,给予撤销党内职务或者留党察看处分;情节严重的,给予开除党籍处分。

第八十七条　纵容、默许配偶、子女及其配偶等亲属、身边工作人员和其他特定关系人利用党员干部本人职权或者职务上的影响谋取私利,情节较轻的，给予警告或者严重警告处分；情节较重的，给予撤销党内职务或者留党察看处分；情节严重的，给予开除党籍处分。

党员干部的配偶、子女及其配偶等亲属和其他特定关系人不实际工作而获取薪酬或者虽实际工作但领取明显超出同职级标准薪酬，党员干部知情未予纠正的，依照前款规定处理。

第八十八条　收受可能影响公正执行公务的礼品、礼金、消费卡和有价证券、股权、其他金融产品等财物，情节较轻的，给予警告或者严重警告处分；情节较重的，给予撤销党内职务或者留党察看处分；情节严重的，给予开除党籍处分。

收受其他明显超出正常礼尚往来的财物的，依照前款规定处理。

第八十九条　向从事公务的人员及其配偶、子女及其配偶等亲属和其他特定关系人赠送明显超出正常礼尚往来的礼品、礼金、消费卡和有价证券、股权、其他金融产品等财物，情节较重的，给予警告或者严重警告处分；情节严重的，给予撤销党内职务或者留党察看处分。

第九十条　借用管理和服务对象的钱款、住房、车辆等，影响公正执行公务，情节较重的，给予警告或者严重警告处分；情节严重的，给予撤销党内职务、留党察看或者开除党籍处分。

通过民间借贷等金融活动获取大额回报，影响公正执行公务的，依照前款规定处理。

第九十一条　利用职权或者职务上的影响操办婚丧喜庆事宜，在社会上造成不良影响的，给予警告或者严重警告处分；情节严重的，给予撤销党内职务处分；借机敛财或者有其他侵犯国家、集体和人民利益行为的，从重或者加重处分，直至开除党籍。

第九十二条　接受、提供可能影响公正执行公务的宴请或者旅游、健身、娱乐等活动安排，情节较重的，给予警告或者严重警告处分；情节严重的，给予撤销党内职务或者留党察看处分。

第九十三条　违反有关规定取得、持有、实际使用运动健身卡、会所和俱乐部会员卡、高尔夫球卡等各种消费卡，或者违反有关规定出入私人会所，情节较重的，给予警告或者严重警告处分；情节严重的，给予撤销党内职务或者留党察看处分。

第九十四条　违反有关规定从事营利活动，有下列行为之一，情节较轻的，给予警告或者严重警告处分；情节较重的，给予撤销党内职务或者留党察看处分；情节严重的，给予开除党籍处分：

(一)经商办企业的；

(二)拥有非上市公司(企业)的股份或者证券的；

(三)买卖股票或者进行其他证券投资的；

(四)从事有偿中介活动的；

(五)在国(境)外注册公司或者投资入股的；

(六)有其他违反有关规定从事营利活动的。

利用参与企业重组改制、定向增发、兼并投资、土地使用权出让等决策、审批过程中掌握的信息买卖股票，利用职权或者职务上的影响通过购买信托产品、基金等方式非正常获利的，依照前款规定处理。

违反有关规定在经济组织、社会组织等单位中兼职，或者经批准兼职但获取薪酬、奖金、津贴等额外利益的，依照第一款规定处理。

第九十五条　利用职权或者职务上的影响，为配偶、子女及其配偶等亲属和其他特定关系人在审批监管、资源开发、金融信贷、大宗采购、土地使用权出让、房地产开发、工程招投标以及公共财政支出等方面谋取利益，情节较轻的，给予警告或者严重警告处分；情节较重的，给予撤销党内职务或者留党察看处分；情节严重的，给予开除党籍处分。

利用职权或者职务上的影响，为配偶、子女及其配偶等亲属和其他特定关系人吸收存款、推销金融产品等提供帮助谋取利益的，依照前款规定处理。

第九十六条　党员领导干部离职或者退(离)休后违反有关规定接受原任职务管辖的地区和业务范围内的企业和中介机构的聘任，或者个人从事与原任职务管辖业务相关的营利活动，情节较轻的，给予警告或者严重警告处分；情节较重的，给予撤销党内职务处分；情节严重的，给予留党察看处分。

党员领导干部离职或者退(离)休后违反有关规定担任上市公司、基金管理公司独立董事、独立监事等职务，情节较轻的，给予警告或者严重警告处分；情节较重的，给予撤销党内职务处分；情节严重的，给予留党察看处分。

第九十七条 党员领导干部的配偶、子女及其配偶，违反有关规定在该党员领导干部管辖的地区和业务范围内从事可能影响其公正执行公务的经营活动，或者在该党员领导干部管辖的地区和业务范围内的外商独资企业、中外合资企业中担任由外方委派、聘任的高级职务或者违规任职、兼职取酬的，该党员领导干部应当按照规定予以纠正；拒不纠正的，其本人应当辞去现任职务或者由组织予以调整职务；不辞去现任职务或者不服从组织调整职务的，给予撤销党内职务处分。

第九十八条 党和国家机关违反有关规定经商办企业的，对直接责任者和领导责任者，给予警告或者严重警告处分；情节严重的，给予撤销党内职务处分。

第九十九条 党员领导干部违反工作、生活保障制度，在交通、医疗、警卫等方面为本人、配偶、子女及其配偶等亲属和其他特定关系人谋求特殊待遇，情节较重的，给予警告或者严重警告处分；情节严重的，给予撤销党内职务或者留党察看处分。

第一百条 在分配、购买住房中侵犯国家、集体利益，情节较轻的，给予警告或者严重警告处分；情节较重的，给予撤销党内职务或者留党察看处分；情节严重的，给予开除党籍处分。

第一百零一条 利用职权或者职务上的影响，侵占非本人经管的公私财物，或者以象征性地支付钱款等方式侵占公私财物，或者无偿、象征性地支付报酬接受服务、使用劳务，情节较轻的，给予警告或者严重警告处分；情节较重的，给予撤销党内职务或者留党察看处分；情节严重的，给予开除党籍处分。

利用职权或者职务上的影响，将本人、配偶、子女及其配偶等亲属应当由个人支付的费用，由下属单位、其他单位或者他人支付、报销的，依照前款规定处理。

第一百零二条 利用职权或者职务上的影响，违反有关规定占用公物归个人使用,时间超过六个月,情节较重的,给予警告或者严重警告处分;情节严重的,给予撤销党内职务处分。

占用公物进行营利活动的,给予警告或者严重警告处分;情节较重的,给予撤销党内职务或者留党察看处分;情节严重的,给予开除党籍处分。

将公物借给他人进行营利活动的,依照前款规定处理。

第一百零三条　违反有关规定组织、参加用公款支付的宴请、高消费娱乐、健身活动,或者用公款购买赠送或者发放礼品、消费卡(券)等,对直接责任者和领导责任者,情节较轻的,给予警告或者严重警告处分;情节较重的,给予撤销党内职务或者留党察看处分;情节严重的,给予开除党籍处分。

第一百零四条　违反有关规定自定薪酬或者滥发津贴、补贴、奖金等,对直接责任者和领导责任者,情节较轻的,给予警告或者严重警告处分;情节较重的,给予撤销党内职务或者留党察看处分;情节严重的,给予开除党籍处分。

第一百零五条　有下列行为之一,对直接责任者和领导责任者,情节较轻的,给予警告或者严重警告处分;情节较重的,给予撤销党内职务或者留党察看处分;情节严重的,给予开除党籍处分:

(一)公款旅游或者以学习培训、考察调研、职工疗养等为名变相公款旅游的;

(二)改变公务行程,借机旅游的;

(三)参加所管理企业、下属单位组织的考察活动,借机旅游的。

以考察、学习、培训、研讨、招商、参展等名义变相用公款出国(境)旅游的,依照前款规定处理。

第一百零六条　违反公务接待管理规定,超标准、超范围接待或者借机大吃大喝,对直接责任者和领导责任者,情节较重的,给予警告或者严重警告处分;情节严重的,给予撤销党内职务处分。

第一百零七条　违反有关规定配备、购买、更换、装饰、使用公务交通工具或者有其他违反公务交通工具管理规定的行为,对直接责任者和领导责任者，情节较重的，给予警告或者严重警告处分；情节严重的，给予撤销党内职务或者留党察看处分。

第一百零八条　违反会议活动管理规定，有下列行为之一，对直接责任者和领导责任者，情节较重的，给予警告或者严重警告处分；情节严重的，给予撤销党内职务处分：

（一）到禁止召开会议的风景名胜区开会的；

（二）决定或者批准举办各类节会、庆典活动的。

擅自举办评比达标表彰活动或者借评比达标表彰活动收取费用的，依照前款规定处理。

第一百零九条　违反办公用房管理等规定，有下列行为之一，对直接责任者和领导责任者，情节较重的，给予警告或者严重警告处分；情节严重的，给予撤销党内职务处分：

（一）决定或者批准兴建、装修办公楼、培训中心等楼堂馆所的；

（二）超标准配备、使用办公用房的；

（三）用公款包租、占用客房或者其他场所供个人使用的。

第一百一十条　搞权色交易或者给予财物搞钱色交易的，给予警告或者严重警告处分；情节较重的，给予撤销党内职务或者留党察看处分；情节严重的，给予开除党籍处分。

第一百一十一条　有其他违反廉洁纪律规定行为的，应当视具体情节给予警告直至开除党籍处分。

第九章　对违反群众纪律行为的处分

第一百一十二条　有下列行为之一，对直接责任者和领导责任者，情节较轻的，给予警告或者严重警告处分；情节较重的，给予撤销党内职务或者留党察看处分；情节严重的，给予开除党籍处分：

（一）超标准、超范围向群众筹资筹劳、摊派费用，加重群众负担的；

（二）违反有关规定扣留、收缴群众款物或者处罚群众的；

（三）克扣群众财物，或者违反有关规定拖欠群众钱款的；

（四）在管理、服务活动中违反有关规定收取费用的；

（五）在办理涉及群众事务时刁难群众、吃拿卡要的；

(六)有其他侵害群众利益行为的。

在扶贫领域有上述行为的,从重或者加重处分。

第一百一十三条　干涉生产经营自主权,致使群众财产遭受较大损失的,对直接责任者和领导责任者,给予警告或者严重警告处分;情节严重的,给予撤销党内职务或者留党察看处分。

第一百一十四条　在社会保障、政策扶持、扶贫脱贫、救灾救济款物分配等事项中优亲厚友、明显有失公平的,给予警告或者严重警告处分;情节较重的,给予撤销党内职务或者留党察看处分;情节严重的,给予开除党籍处分。

第一百一十五条　利用宗族或者黑恶势力等欺压群众,或者纵容涉黑涉恶活动、为黑恶势力充当“保护伞”的,给予撤销党内职务或者留党察看处分;情节严重的,给予开除党籍处分。

第一百一十六条　有下列行为之一,对直接责任者和领导责任者,情节较重的,给予警告或者严重警告处分;情节严重的,给予撤销党内职务或者留党察看处分:

(一)对涉及群众生产、生活等切身利益的问题依照政策或者有关规定能解决而不及时解决,慵懒无为,效率低下,造成不良影响的;

(二)对符合政策的群众诉求消极应付、推诿扯皮,损害党群、干群关系的;

(三)对待群众态度恶劣、简单粗暴,造成不良影响的;

(四)弄虚作假,欺上瞒下,损害群众利益的;

(五)有其他不作为、乱作为等损害群众利益行为的。

第一百一十七条　盲目举债、铺摊子、上项目,搞劳民伤财的“形象工程”“政绩工程”,致使国家、集体或者群众财产和利益遭受较大损失的,对直接责任者和领导责任者,给予警告或者严重警告处分;情节严重的,给予撤销党内职务、留党察看或者开除党籍处分。

第一百一十八条　遇到国家财产和群众生命财产受到严重威胁时,能救而不救,情节较重的,给予警告、严重警告或者撤销党内职务处分;情节严重的,给予留党察看或者开除党籍处分。

第一百一十九条　不按照规定公开党务、政务、厂务、村(居)务等，侵犯群众知情权，对直接责任者和领导责任者，情节较重的，给予警告或者严重警告处分；情节严重的，给予撤销党内职务或者留党察看处分。

第一百二十条　有其他违反群众纪律规定行为的，应当视具体情节给予警告直至开除党籍处分。

第十章　对违反工作纪律行为的处分

第一百二十一条　工作中不负责任或者疏于管理，贯彻执行、检查督促落实上级决策部署不力，给党、国家和人民利益以及公共财产造成较大损失的，对直接责任者和领导责任者，给予警告或者严重警告处分；造成重大损失的，给予撤销党内职务、留党察看或者开除党籍处分。

贯彻创新、协调、绿色、开放、共享的发展理念不力，对职责范围内的问题失察失责，造成较大损失或者重大损失的，从重或者加重处分。

第一百二十二条　有下列行为之一，造成严重不良影响，对直接责任者和领导责任者，情节较轻的，给予警告或者严重警告处分；情节较重的，给予撤销党内职务或者留党察看处分；情节严重的，给予开除党籍处分：

(一)贯彻党中央决策部署只表态不落实的；

(二)热衷于搞舆论造势、浮在表面的；

(三)单纯以会议贯彻会议、以文件落实文件，在实际工作中不见诸行动的；

(四)工作中有其他形式主义、官僚主义行为的。

第一百二十三条　党组织有下列行为之一，对直接责任者和领导责任者，情节较重的，给予警告或者严重警告处分；情节严重的，给予撤销党内职务或者留党察看处分：

(一)党员被依法判处刑罚后，不按照规定给予党纪处分，或者对违反国家法律法规的行为，应当给予党纪处分而不处分的；

(二)党纪处分决定或者申诉复查决定作出后，不按照规定落实决定中关于被处分人党籍、职务、职级、待遇等事项的；

(三)党员受到党纪处分后，不按照干部管理权限和组织关系对受处分党员开展日常教育、管理和监督工作的。

第一百二十四条　因工作不负责任致使所管理的人员叛逃的,对直接责任者和领导责任者,给予警告或者严重警告处分;情节严重的,给予撤销党内职务处分。

因工作不负责任致使所管理的人员出走,对直接责任者和领导责任者,情节较重的,给予警告或者严重警告处分情节严重的,给予撤销党内职务处分。

第一百二十五条　在上级检查、视察工作或者向上级汇报、报告工作时对应当报告的事项不报告或者不如实报告,造成严重损害或者严重不良影响的,对直接责任者和领导责任者,给予警告或者严重警告处分;情节严重的,给予撤销党内职务或者留党察看处分。

在上级检查、视察工作或者向上级汇报、报告工作时纵容、唆使、暗示、强迫下级说假话、报假情的,从重或者加重处分。

第一百二十六条　党员领导干部违反有关规定干预和插手市场经济活动,有下列行为之一,造成不良影响的,给予警告或者严重警告处分;情节较重的,给予撤销党内职务或者留党察看处分;情节严重的,给予开除党籍处分:

(一)干预和插手建设工程项目承发包、土地使用权出让、政府采购、房地产开发与经营、矿产资源开发利用、中介机构服务等活动的;

(二)干预和插手国有企业重组改制、兼并、破产、产权交易、清产核资、资产评估、资产转让、重大项目投资以及其他重大经营活动等事项的;

(三)干预和插手批办各类行政许可和资金借贷等事项的;

(四)干预和插手经济纠纷的;

(五)干预和插手集体资金、资产和资源的使用、分配、承包、租赁等事项的。

第一百二十七条　党员领导干部违反有关规定干预和插手司法活动、执纪执法活动,向有关地方或者部门打听案情、打招呼、说情,或者以其他方式对司法活动、执纪执法活动施加影响,情节较轻的,给予严重警告处分;情节较重的,给予撤销党内职务或者留党察看处分;情节严重的,给予开除党籍处分。

党员领导干部违反有关规定干预和插手公共财政资金分配、项目立项评审、政府奖励表彰等活动,造成重大损失或者不良影响的,依照前款规定处理。

第一百二十八条　泄露、扩散或者打探、窃取党组织关于干部选拔任用、纪律审查、巡视巡察等尚未公开事项或者其他应当保密的内容的,给予警告或者严重警告处分;情节较重的,给予撤销党内职务或者留党察看处分;情节严重的,给予开除党籍处分。

私自留存涉及党组织关于干部选拔任用、纪律审查、巡视巡察等方面资料,情节较重的,给予警告或者严重警告处分;情节严重的,给予撤销党内职务处分。

第一百二十九条　在考试、录取工作中,有泄露试题、考场舞弊、涂改考卷、违规录取等违反有关规定行为的,给予警告或者严重警告处分;情节较重的,给予撤销党内职务或者留党察看处分;情节严重的,给予开除党籍处分。

第一百三十条　以不正当方式谋求本人或者其他人用公款出国(境),情节较轻的,给予警告处分;情节较重的,给予严重警告处分;情节严重的,给予撤销党内职务处分。

第一百三十一条　临时出国(境)团(组)或者人员中的党员,擅自延长在国(境)外期限,或者擅自变更路线的,对直接责任者和领导责任者,给予警告或者严重警告处分;情节严重的,给予撤销党内职务处分。

第一百三十二条　驻外机构或者临时出国(境)团(组)中的党员,触犯驻在国家、地区的法律、法令或者不尊重驻在国家、地区的宗教习俗,情节较重的,给予警告或者严重警告处分;情节严重的,给予撤销党内职务、留党察看或者开除党籍处分。

第一百三十三条　在党的纪律检查、组织、宣传、统一战线工作以及机关工作等其他工作中,不履行或者不正确履行职责,造成损失或者不良影响的,应当视具体情节给予警告直至开除党籍处分。

第十一章　对违反生活纪律行为的处分

第一百三十四条　生活奢靡、贪图享乐、追求低级趣味，造成不良影响的，给予警告或者严重警告处分；情节严重的，给予撤销党内职务处分。

第一百三十五条　与他人发生不正当性关系，造成不良影响的，给予警告或者严重警告处分；情节较重的，给予撤销党内职务或者留党察看处分；情节严重的，给予开除党籍处分。

利用职权、教养关系、从属关系或者其他相类似关系与他人发生性关系的，从重处分。

第一百三十六条　党员领导干部不重视家风建设，对配偶、子女及其配偶失管失教，造成不良影响或者严重后果的，给予警告或者严重警告处分；情节严重的，给予撤销党内职务处分。

第一百三十七条　违背社会公序良俗，在公共场所有不当行为，造成不良影响的，给予警告或者严重警告处分；情节较重的，给予撤销党内职务或者留党察看处分；情节严重的，给予开除党籍处分。

第一百三十八条　有其他严重违反社会公德、家庭美德行为的，应当视具体情节给予警告直至开除党籍处分。

三、《泉州市工商行政管理机关行政指导评估暂行办法》(节选)

第一章　总　则

第一条　为客观、科学地评价全市工商行政管理机关行政指导的水平，确定其总体绩效，为行政指导的决策提供依据，保证和不断提高行政指导的质量，以充分发挥预期的行政管理效益和适应现代行政法治的需要，根据《泉州市工商行政管理机关行政指导程序规定》，并结合工作实际，制定本暂行办法。

第二条　本办法适用于泉州市各级工商行政管理机关(以下简称工商机关)对行政指导进行评估的活动。

第三条　本办法中所指的行政指导评估，是指由专门的评估机构根据明确的目的，遵循一定的原则、程序和标准，运用科学、可行的方法对行政指导活动的目标实现情况以及行政指导活动的质量、效果和影响以及与行政指导活动有关的行为所进行的评判活动。

第四条　行政指导评估必须遵循实事求是、客观公正、简便易行、注重实效的原则，坚持激励与约束相结合、定量与定性相结合、指导性与操作性相结合，重在落实责任，推动工作，提升水平。

第二章　组织管理(略)

第三章　评估类型和范围

第九条　工商机关组织行政指导评估，主要包括以下类型：

(一)抽象行政指导项目评估，是对《泉州市工商行政管理机关行政指导程序规定》第二章第十四条第(四)(五)项规定的向社会发布旨在引导行政相对人行动的信息，以及向社会或一定范围的行政相对人发布不具有强制力的政策指南或者提供咨询意见等涉及不特定行政相对人的抽象行政指导进行的评估。

(二)重大具体行政指导项目评估，是对实施具有重大影响的具体行政指导进行的评估。

第十条　重大具体行政指导项目评估，主要适用于以下情形：

(一)在全市范围内实施同一行政指导项目的行政相对人多于200人，或在全县(区、县级市)范围内多于20人，且在一定区域或相关行业中产生重大影响的；

(二)实施行政指导造成或可能造成损害的；

(三)其他需要进行评估的行政指导行为。

第十一条　行政指导评估工作的对象和范围主要有：

(一)行政指导政策的研究、制定和效果；

(二)行政指导工作意见、工作方案的执行情况与实施成效；

(三)抽象行政指导项目的前期立项、中期实施、后期效果；

(四)具体行政指导项目实施的质量、效果、影响；

(五)促成行政相对人事业发展、增进其合法利益的成果;

(六)推动区域或行业进步的成果;

(七)促进工商行政管理工作健康、有序发展,以有利于建立健全长效监管机制和信用体系,维护社会公共利益的成果;

(八)其他与行政指导工作有关的活动。

第四章　评估程序

第一节　一般规定

第十二条　行政指导评估根据不同的评估对象和需求,可以采用不同的评估指标和方法。

第十三条　行政指导评估可以采用以下方法:

(一)书面问卷调查;

(二)计算机网络调查;

(三)实地考察;

(四)召开由有关代表共同参加的座谈会;

(五)就专门性问题向有关专家、学者咨询;

(六)征求当地政府有关部门,有关社会团体的意见;

(七)就特别需求对行政相对人进行重点考察、重点追踪;

(八)其他行之有效的方法。

第十四条　行政指导评估的基本程序如下:

(一)评估需求分析和方案设计;

(二)采集评估信息并综合分析;

(三)撰写评估报告。

第十五条　评估报告应当包括:

(一)行政指导评估项目;

(二)评估目的、范围和简要说明;

(三)评估报告的适用时间及适用范围;

(四)评估方法的采用;

(五)评估说明;

（六）评估结论；

（七）重大事项声明；

（八）评估小组组长签名。

评估报告应同时附上其他与评估有关的文件资料。

第十六条　评估报告按优秀、良好、一般、较差四类确定评估结论。

第二节　评估步骤（略）

第五章　评估结果

第二十四条　根据必须必要原则，被评估行政指导项目应依据评估报告进行修正。

第二十五条　行政指导评估结果是衡量行政指导质量的重要依据。各级工商机关应当建立激励约束机制，将评估结果列入绩效考评的重要内容，促进行政指导水平的提高。

第二十六条　评估报告下达后，被评估单位应当按照评估报告及相关意见执行。必要时法制机构可以要求被评估单位作相应的整改，被评估单位应当及时向法制机构提交改进报告和反馈执行情况。

第二十七条　行政指导评估涉及合法性问题的，按照《泉州市工商行政管理机关行政指导监督暂行办法》的有关规定处理。

第二十八条　法制机构负责对评估报告及执行情况等相关材料进行整理、归档、备案和管理。

第六章　附　则

第二十九条　本办法由泉州市工商行政管理局负责解释。

第三十条　本规定自二〇〇五年十一月二十四日起施行。

四、《企业环境信用评价办法（试行）》（节选）

第一章　总　则

第一条　为加快建立环境保护“守信激励，失信惩戒”的机制，督促企业持续改进环境行为,自觉履行环境保护法定义务和社会责任,并引导公众参与环境监督,促进有关部门协同配合,推进环境信用体系建设,根据《环境保护法》的有关规定,以及《国务院办公厅关于社会信用体系建设的若干意见》(国办发〔2007〕17 号)和《国务院关于加强环境保护重点工作的意见》(国发〔2011〕35 号)关于建立企业环境信用评价制度的有关要求,制定本办法。

第二条　企业环境信用评价的信息收集、信用等级评定、评价结果公开与应用,适用本办法。

本办法所称企业环境信用评价,是指环保部门根据企业环境行为信息,按照规定的指标、方法和程序,对企业环境行为进行信用评价,确定信用等级,并向社会公开,供公众监督和有关部门、机构及组织应用的环境管理手段。

本办法所称企业环境行为,是指企业在生产经营活动中遵守环保法律、法规、规章、规范性文件、环境标准和履行环保社会责任等方面的表现。企业通过合同等方式委托其他机构或者组织实施的具有环境影响的行为,视为该企业的环境行为。

第三条　污染物排放总量大、环境风险高、生态环境影响大的企业,应当纳入环境信用评价范围。

下列企业应当纳入环境信用评价范围:

(一)环境保护部公布的国家重点监控企业;

(二)设区的市级以上地方人民政府环保部门公布的重点监控企业;

(三)重污染行业内的企业,重污染行业包括:火电、钢铁、水泥、电解铝、煤炭、冶金、化工、石化、建材、造纸、酿造、制药、发酵、纺织、制革和采矿业 16 类行业,以及国家确定的其他污染严重的行业;

(四)产能严重过剩行业内的企业;

(五)从事能源、自然资源开发、交通基础设施建设,以及其他开发建设活动,可能对生态环境造成重大影响的企业;

(六)污染物排放超过国家和地方规定的排放标准的企业,或者超过经有关地方人民政府核定的污染物排放总量控制指标的企业;

（七）使用有毒、有害原料进行生产的企业，或者在生产中排放有毒、有害物质的企业；

（八）上一年度发生较大及以上突发环境事件的企业；

（九）上一年度被处以5万元以上罚款、暂扣或者吊销许可证、责令停产整顿、挂牌督办的企业；

（十）省级以上环保部门确定的应当纳入环境信用评价范围的其他企业。

第四条　企业环境信用评价工作实行分级管理。

省级环保部门负责组织实施本行政区域内国家重点监控企业的环境信用评价工作。

其他参评企业环境信用评价的管理职责，由省、自治区、直辖市环保部门规定。

第五条　环保部门应当明确机构，负责具体组织实施企业环境信用评价工作。

第六条　企业环境信用评价，应当公开、透明，实行强制与自愿相结合的原则。

列入本办法第三条规定范围内的企业，应当参加环境信用评价。

鼓励未纳入本办法第三条规定范围内的企业，自愿申请参加环境信用评价。

参加环境信用评价的企业，以下简称“参评企业”。

第七条　环保部门和发展改革、人民银行、银行业监管机构及其他有关部门，密切合作，共同构建环境保护“守信激励，失信惩戒”机制。

第八条　环保部门应当记录企业的环境行为信息，建设企业环境行为信息管理系统，对企业环境信用评价工作实施信息化管理。

第九条　环保部门开展企业环境信用评价，不得向参评企业收取任何费用。

第十条　环保部门工作人员在企业环境信用评价工作中，滥用职权、玩忽职守、徇私舞弊的，依法给予行政处分。

第二章　评价指标和等级

第十一条　企业环境信用评价内容，包括污染防治、生态保护、环境管理、社会监督四个方面。

《企业环境信用评价指标及评分方法(试行)》附后。

第十二条　企业的环境信用，分为环保诚信企业、环保良好企业、环保警示企业、环保不良企业四个等级，依次以绿牌、蓝牌、黄牌、红牌表示。

第十三条　企业环境信用评价，采取评分方式。

环保部门根据参评企业的环境行为信息，按照企业环境信用评价指标及评分方法，得出参评企业的评分结果，确定参评企业的环境信用等级。

评定环保诚信企业，按照前款和本办法第十四条的规定执行。

第十四条　环保部门根据企业环境信用评价指标及评分方法，对遵守环保法规标准并且各项评价指标均获得满分，同时还自愿开展下列两种以上活动，积极履行环保社会责任的参评企业，可以评定为“环保诚信企业”：

(一)在污染物排放符合国家和地方规定的排放标准与总量控制指标的基础上，自愿与环保部门签订进一步削减污染物排放量的协议，并取得协议约定的减排效果的；

(二)自愿申请清洁生产审核并通过验收的；

(三)自愿申请环境管理体系认证并通过认证的；

(四)根据环境保护部为规范企业环境信息公开行为而制定的国家标准，即《企业环境报告书编制导则》(HJ 617-2011)，全面、完整地主动公开企业环境信息的；

(五)主动加强与所在社区和相关环保组织的联系与沟通，就企业的建设项目和经营活动所造成的环境影响听取意见和建议，积极改善企业环境行为，并取得良好环境效益和社会效果的；

(六)自愿选择遵守环保法规标准的原材料供货商，优先选购环境友

好产品和服务,积极构建绿色供应链,倡导绿色采购的;

(七)主动举办或者积极参与环保知识宣传等环保公益活动的;

(八)主动采用国际组织或者其他国家先进的环境标准与环保实践惯例的;

(九)自愿实施履行环保社会责任的其他活动的。

第十五条　在上一年度,企业有下列情形之一的,实行“一票否决”,直接评定为“环保不良企业”:

(一)因为环境违法构成环境犯罪的;

(二)建设项目环境影响评价文件未按规定通过审批,擅自开工建设的;

(三)建设项目环保设施未建成、环保措施未落实、未通过竣工环保验收或者验收不合格,主体工程正式投入生产或者使用的;

(四)建设项目性质、规模、地点、采用的生产工艺或者防治污染、防止生态破坏的措施发生重大变动,未重新报批环境影响评价文件,擅自投入生产或者使用的;

(五)主要污染物排放总量超过控制指标的;

(六)私设暗管或者利用渗井、渗坑、裂隙、溶洞等排放、倾倒、处置水污染物,或者通过私设旁路排放大气污染物的;

(七)非法排放、倾倒、处置危险废物,或者向无经营许可证或者超出经营许可范围的单位或个人提供或者委托其收集、贮存、利用、处置危险废物的;

(八)环境违法行为造成集中式生活饮用水水源取水中断的;

(九)环境违法行为对生活饮用水水源保护区、自然保护区、国家重点生态功能区、风景名胜区、居住功能区、基本农田保护区等环境敏感区造成重大不利影响的;

(十)违法从事自然资源开发、交通基础设施建设,以及其他开发建设活动,造成严重生态破坏的;

(十一)发生较大及以上突发环境事件的;

(十二)被环保部门挂牌督办,整改逾期未完成的;

(十三)以暴力、威胁等方式拒绝、阻挠环保部门工作人员现场检查的;

(十四)违反重污染天气应急预案有关规定,对重污染天气响应不力的。

第十六条　被评定为环保不良企业,或者连续两年被评定为环保警示企业的,两年之内不得被评定为环保诚信企业。

第三章　评价信息来源(略)

第四章　评价程序(略)

第五章　评价结果公开与共享(略)

第六章　守信激励和失信惩戒

第三十二条　建立健全环境保护守信激励机制。

对环保诚信企业,可以采取以下激励性措施:

(一)对其危险废物经营许可证、可用作原料的固体废物进口许可证以及其他行政许可申请事项,予以积极支持;

(二)优先安排环保专项资金或者其他资金补助;

(三)优先安排环保科技项目立项;

(四)新建项目需要新增重点污染物排放总量控制指标时,纳入调剂顺序并予以优先安排;

(五)建议财政等有关部门在确定和调整政府采购名录时,将其产品或者服务优先纳入名录;

(六)环保部门在组织有关评优评奖活动中,优先授予其有关荣誉称号;

(七)建议银行业金融机构予以积极的信贷支持;

(八)建议保险机构予以优惠的环境污染责任保险费率;

(九)将环保诚信企业名单推荐给有关国有资产监督管理部门、有关工会组织、有关行业协会以及其他有关机构,并建议授予环保诚信企业及其负责人有关荣誉称号;

(十)国家或者地方规定的其他激励性措施。

第三十三条　引导环保良好企业持续改进环境行为。

环保良好企业应当保持其良好环境行为，并逐步改进其内部环境管理。

各级环保部门应当鼓励环保良好企业改进其环境行为，引导其积极开展本办法第十四条所列履行环保社会责任的活动，推动其向环保诚信企业目标努力。

第三十四条　对环保警示企业实行严格管理。

对环保警示企业，可以采取以下约束性措施：

（一）责令企业按季度向组织实施环境信用评价工作和直接对该企业实施日常环境监管的环保部门，书面报告信用评价中发现问题的整改情况。

（二）从严审查其危险废物经营许可证、可用作原料的固体废物进口许可证以及其他行政许可申请事项。

（三）加大执法监察频次。

（四）从严审批各类环保专项资金补助申请。

（五）环保部门在组织有关评优评奖活动中，暂停授予其有关荣誉称号。

（六）建议银行业金融机构严格贷款条件。

（七）建议保险机构适度提高环境污染责任保险费率。

（八）将环保警示企业名单通报有关国有资产监督管理部门、有关工会组织、有关行业协会以及其他有关机构，建议对环保警示企业及其负责人暂停授予先进企业或者先进个人等荣誉称号。

（九）国家或者地方规定的其他约束性措施。

第三十五条　建立健全环境保护失信惩戒机制。

对环保不良企业，应当采取以下惩戒性措施：

（一）责令其向社会公布改善环境行为的计划或者承诺，按季度向实施环境信用评价管理和直接对该企业实施日常环境监管的环保部门，书面报告企业环境信用评价中发现问题的整改情况，改善环境行为的计划或者承诺的内容，应当包括加强内部环境管理、整改失信行为、增加自行监测频次、加大环保投资、落实环保责任人等具体措施及完成时限。

(二)结合其环境失信行为的类别和具体情节,从严审查其危险废物经营许可证、可用作原料的固体废物进口许可证以及其他行政许可申请事项。

(三)加大执法监察频次。

(四)暂停各类环保专项资金补助。

(五)建议财政等有关部门在确定和调整政府采购名录时,取消其产品或者服务。

(六)环保部门在组织有关评优评奖活动中,不得授予其有关荣誉称号。

(七)建议银行业金融机构对其审慎授信,在其环境信用等级提升之前,不予新增贷款,并视情况逐步压缩贷款,直至退出贷款。

(八)建议保险机构提高环境污染责任保险费率。

(九)将环保不良企业名单通报有关国有资产监督管理部门、有关工会组织、有关行业协会以及其他有关机构,建议对环保不良企业及其负责人不得授予先进企业或者先进个人等荣誉称号。

(十)国家或者地方规定的其他惩戒性措施。

第七章　附　则

第三十六条　有关地方环保部门已经制定企业环境信用评价管理规范性文件的,可以继续适用。

第三十七条　本办法自 2014 年 3 月 1 日起实施。

五、《绿色产品标识认证管理办法(征求意见稿)》(节选)

第一章　总　则

第一条　为了加快推进生态文明体制建设,扩大绿色产品有效供给,引导可持续的绿色生产和消费,规范绿色产品标识认证活动,依据《中华人民共和国产品质量法》《中华人民共和国认证认可条例》等法律、行政法规以及《生态文明体制改革总体方案》《国务院办公厅关于建立统一的绿色产品标准、认证、标识体系的意见》(国办发〔2016〕86 号)的规定,制定本办法。

第二条 本办法所称绿色产品标识认证,是指由认证机构依照本办法的规定,依据绿色产品标准清单中的标准,按照绿色产品标识认证规则,确定相关产品在全生命周期中符合特定的资源能源消耗少、污染物排放低、低毒少害、易回收处理和再利用、健康安全和质量品质高等指标要求,允许获证产品使用绿色产品标识的合格评定活动。

第三条 在中华人民共和国境内从事绿色产品标识认证以及获证绿色产品的生产、进口、销售活动,应当遵守本办法。

第四条 国家质量监督检验检疫总局(以下简称国家质检总局)主管绿色产品标识认证工作。

国家认证认可监督管理委员会(以下简称国家认监委)负责绿色产品标识认证工作的组织实施、监督管理和综合协调。

地方各级质量技术监督部门和各地出入境检验检疫机构(以下简称地方质检两局)按照各自职责,负责所辖区域内绿色产品标识认证活动的监督检查工作。

第五条 国家质检总局、国家认监委会同国务院有关部门建立绿色产品标准、认证与标识部际协调工作机制,共同协商建立统一的绿色产品标识认证目录、评价依据等实施体系,完善统一的绿色产品认证结果采信和财税金融支持政策等保障体系,推动绿色产品标识认证结果的有效利用。

第六条 绿色产品标识认证目录(以下简称目录)由国家质检总局会同有关部门联合确定、发布、调整。

绿色产品标识认证规则由国家认监委制定发布。

第七条 [技术委员会]国家认监委牵头组建绿色产品标识认证技术委员会,对涉及认证技术的相关问题进行研究和审议。

认证技术委员会为非常设机构,由相关技术专家担任委员。

第八条 国家认监委负责建立统一的绿色产品标识认证信息服务平台

(以下简称信息平台),对绿色产品标识认证所涉及的相关信息予以公开。

第九条 国家认监委按照平等互利的原则组织开展绿色产品标识认证国际互认。

认证机构开展绿色产品标识认证国际互认时,应当在国家认监委对外签署的国际互认协议框架内进行。

第十条 从事绿色产品标识认证相关活动的机构及其人员,对其所知悉的商业秘密和技术秘密负有保密义务。

第二章 标识和认证证书

第十一条 国家质检总局会同有关部门制定发布统一的绿色产品标识,国家认监委制定发布绿色产品认证证书样式、内容。

第十二条 绿色产品标识由基本图案、认证机构识别信息、信息编码组成。样式如下:

第十三条 获得绿色产品标识认证的相关生产者、进口商、销售商(以下统称认证委托人),应当建立绿色产品标识使用管理措施,对标识的使用情况如实记录和存档,并在产品或者其包装物、广告、产品介绍等宣传材料中正确标注和使用绿色产品标识。

认证机构应当采取有效措施,监督获证产品的认证委托人正确使用绿色产品标识。

第十四条 认证证书由认证机构出具。认证机构应及时向信息平台提供认证证书所覆盖绿色产品获证信息及相关认证资料。

第十五条 认证证书应当包括以下基本内容:

(一)认证委托人名称、地址;

(二)产品生产者(制造商)名称、地址;

(三)被委托生产企业名称、地址;

(四)产品名称和产品系列、规格/型号;

(五)绿色相关指标及评价依据;

(六)认证模式;

(七)发证日期;

(八)认证机构名称;

(九)证书编号;

(十)信息编码;

(十一)其他依法需要标注的内容。

第十六条 认证证书的有效性由认证机构根据产品相关评价依据予以确定。

第十七条 认证机构应当按照认证规则的规定,针对不同情形,及时作出认证证书的保持、变更、扩展、注销、暂停或者撤销的处理决定,并将处理决定及时提交信息平台予以发布。

第十八条 任何组织和个人不得伪造、变造、冒用、非法买卖和转让绿色产品标识、认证证书。

第三章 认证机构和人员要求

第十九条 认证机构应当依法设立,经国家认监委批准后方可从事绿色产品标识认证活动。

前款规定的认证机构应当符合《中华人民共和国认证认可条例》《认证机构管理办法》等法律法规规定的基本条件,以及绿色产品认证机构的能力要求。

认证机构名录及相关信息由国家认监委统一公布。

第二十条 从事绿色产品标识认证相关检验检测活动的实验室(以下简称实验室)应当满足绿色产品检验检测机构要求的能力。

第二十一条 从事绿色产品标识认证的检查人员,应当具备检查技术能力,并经国家认证人员注册机构注册。

第四章　认证实施

第二十二条　认证机构应当依据绿色产品标准清单中的标准和国家认监委发布的绿色产品标识认证规则开展认证。

认证规则应当至少包括产品适用范围、认证依据、认证模式、认证程序、其他合格评定结果的接受和要求等内容。

认证机构可根据需要,按照国家认监委制定的认证规则制定实施细则。

第二十三条　认证机构在开展绿色产品标识认证活动时,可以接受以下符合绿色产品标识认证要求的其他合格评定结果:

(一)其他认证机构出具的认证结果;

(二)实验室出具的检验检测结果。

认证机构应当向出具上述合格评定结果的机构建立信息交互机制。

第二十四条　认证机构可以在风险分析的基础上,选取部分认证环节接受企业自我声明结果。

第二十五条　凡列入目录的产品,认证委托人可委托认证机构开展绿色产品标识认证,并依据认证规则的规定提交相关认证材料。

第二十六条　认证机构受理认证委托后,应当依据相应的认证规则以及认证机构的其他相关要求开展认证。

认证机构应当对认证委托人所提供样品、申请材料的真实性进行审查。

第二十七条　实验室应当确保检验检测结果的真实、准确,并对检验检测全过程做出完整记录,归档留存,保证检验检测过程和结果具有可追溯性。实验室应当对其做出的检验检测报告内容以及结论负责。

第二十八条　根据认证规则需要进行工厂检查的,认证机构应当委派经国家认证人员注册机构注册的检查人员开展相关活动。认证检查人员应当对检查结果负责。

第二十九条　认证机构依据认证规则完成绿色产品相关指标全部

评价后，对符合认证要求的，为认证委托人出具认证证书；对不符合认证要求的，应当书面通知认证委托人，并说明理由。

认证机构应当对其作出的认证结论负责。

第三十条 认证机构应当依据认证规则的规定，对获得认证的产品及其生产企业实施有效的跟踪检查，根据相应情形作出保持、暂停或者撤销认证证书的决定，并上传至信息平台公布。

第五章 监督管理(略)

第六章 附则(略)

六、《厦门经济特区社会信用条例(草案征求意见稿)》(节选)

第一章 总 则

第一条 为了规范市场经济秩序，创新社会治理机制，提高社会信用水平，增强诚信意识，遵循有关法律、行政法规的基本原则，结合厦门经济特区实际，制定本条例。

第二条 本条例所称社会信用，是指具有完全民事行为能力的自然人、法人和非法人组织等(以下称信用主体)在社会活动和经济活动中履行法定义务或者约定义务的状态。

第三条 市人民政府应当加强对社会信用体系建设的统一领导，将社会信用体系建设纳入国民经济和社会发展规划，建立健全社会信用体系建设的协调机制、目标责任制和考核制度，统筹推进本市社会信用工作。区人民政府应当按照市人民政府的统一部署，负责统筹做好本辖区内的社会信用工作。

市、区人民政府确定的社会信用主管部门负责社会信用体系建设的综合协调和监督管理工作。

市、区人民政府其他有关部门在各自的职责范围内，负责有关的社会信用建设工作。

第四条 市人民政府确定的市公共信用信息管理机构具体负责下列工作：

(一)本市社会信用信息平台和信用信息资源库的建设和管理;

(二)组织起草社会信用体系建设相关规划、政策措施等;

(三)公共信用信息数据的梳理、归集、整理、异议受理等工作;

(四)提供公共信用信息查询、出具信用记录等;

(五)推动公共信用信息的开发与运用;

(六)配合开展社会信用的监督管理工作;

(七)市社会信用主管部门确定的其他工作。

第五条　市人民政府组织编制社会信用教育规划,开展社会公德、职业道德、家庭美德和个人品德教育等诚信教育。

市教育部门应当结合不同年龄学生特点,将诚信教育的内容纳入学生思想教育课程,对学生开展社会信用教育。

第六条　本市国家机关及其工作人员在履行职责以及其他生产、生活过程中应当依法办事、守法履约,在社会信用体系建设中发挥表率作用。

企事业单位、信用服务机构、行业协会以及其他组织应当遵纪守法,遵守行业信用规约和职业道德准则,加强自身信用建设。

倡导公众守信自律,提高诚信意识,共同参与推进社会信用体系建设。

第七条　鼓励社会各方共同参与社会信用建设,提高诚实守信意识,加强合作,共同推进信用联合奖惩,弘扬守信光荣、失信可耻的社会风气。

第二章　社会信用信息(略)

第三章　信用激励与惩戒

第十九条　市公共信用信息管理机构依托市社会信用信息平台建立统一的信用激励和惩戒系统。

第二十条　公共信用信息提供单位应当按照规定编制激励和惩戒行为清单、对象清单、措施清单,明确激励和惩戒的具体事项、标准、实施对象、实施措施、实施依据等,并通过守信激励和失信惩戒系统向社会公布。

具有管理公共事务职能的公共信用信息提供单位可以根据履职需要建立信用评价机制，对信用主体进行分级分类管理。

第二十一条　对守信的信用主体，公共信用信息提供单位可以在法定权限范围内采取下列激励措施：

（一）在行政管理和公共服务中给予优先办理、简化程序、降低检查频率等支持和便利；

（二）在财政资金补助、政府采购、政府投资工程建设招投标、政府购买服务、国有土地使用权出让、公共资源配置、荣誉评选等活动中同等条件下列为优先选择对象；

（三）对于从事非营利性的民生工程项目给予适当的财政补贴和政策支持；

（四）国家、省、市规定的其他措施。

第二十二条　对失信的信用主体，公共信用信息提供单位在法定权限范围内采取下列惩戒措施：

（一）在行政管理中列为重点监管对象；

（二）在行政管理中不适用简化程序、容缺受理、缩短审批时限等便利化措施；

（三）在公共资源配置、政府投资工程建设招投标等活动中作相应限制；

（四）限制其享受财政资金补助、政策支持以及参与表彰奖励；

（五）依照有关规定限制出境、限制乘坐高级交通工具、限制购买不动产及其他高消费等；

（六）依照有关规定限制进入特定市场、行业或者开展相关业务活动；

（七）国家、省、市规定可以采取的其他措施。

第二十三条　对信用主体实施信用惩戒措施，应当与信用主体违反法定或者约定义务的性质、情节和社会危害程度相适应，不得超越法定条件、处罚种类和幅度，并告知实施惩戒的依据、理由和救济途径以及解除惩戒措施的条件。

第二十四条　公共信用信息提供单位根据履职需要，在以下工作中查询信用主体信用奖惩情况：

(一)实施行政许可、行政检查、监督抽验和较大数额行政处罚裁量；

(二)政府采购、招标投标、资金和项目支持、国有土地使用权出让、科研管理等；

(三)国家工作人员招录、职务任用、职务晋升；

(四)表彰奖励；

(五)法律、法规规定的其他情况。

第二十五条　对守信良好或者严重失信的，公共信用信息提供单位根据有关标准，认定相关行业、领域守信联合激励对象、失信联合惩戒对象名单，并向社会公布，期限为五年。

守信联合激励对象名单、失信联合惩戒对象名单的认定应当执行国家统一标准或者经审定的省有关部门制定的标准；国家或者省有关部门尚未制定标准的行业、领域，市社会信用主管部门会同有关行业主管部门制定本行业、领域的地方认定标准，公开向社会征求意见后，经市人民政府审定并公布实施。

第二十六条　市人民政府建立联合奖惩目录，实行动态管理。联合奖惩目录包括联合奖惩行为清单、措施清单，以及联合奖惩发起单位、联合实施单位、响应反馈机制等内容。

市社会信用主管部门具体负责联合奖惩目录的编制和修订工作。

第二十七条　对认定的守信联合激励对象、失信联合惩戒对象，公共信用信息提供单位应当通过信用激励和惩戒系统发起联合奖惩，有关单位应当及时响应，并将奖惩情况反馈发起单位；不实施联合奖惩的，应当书面说明理由。

第二十八条　信用主体的失信行为尚未达到联合惩戒认定标准的，公共信用信息提供单位可以将其列入重点监测名单，对其发出警示，并及时推送至市社会信用信息平台。重点监测名单的有效期为一年。

信用主体被列入三个以上行业、领域重点监测名单的，市公共信用信息管理机构应当通过市社会信用信息平台向社会发出信用预警。

第二十九条　市、区人民政府应当建立信用承诺制度，组织编制信用承诺事项目录，并实行动态管理。

信用主体根据信用承诺事项目录作出的信用承诺，应当作为公共信用信息予以记录，向社会公开接受监督。

第三十条　在行政许可、审批过程中，申请人依照本条例第二十九条规定作出信用承诺的，行政许可或者审批机关可以按下列方式予以办理：

（一）简化许可或者审批流程；

（二）申请材料不齐全的，在申请人作出信用承诺后容缺许可、审批。

受到失信惩戒的申请人不适用前款规定。

在行政许可、审批中违反信用承诺，情节严重的，行政许可、审批部门可以将其直接列入失信联合惩戒对象名单。

第三十一条　鼓励市场主体对守信的信用主体给予优惠或者便利，对失信的信用主体限制其交易或者增加其交易成本。

第四章　信用主体权益保护（略）

第五章　信用服务业发展与监管

第四十条　市、区人民政府应当制定信用体系建设与大数据技术产业融合发展的政策，促进信用咨询、信用评价等信用服务业发展以及信用担保、信用保险等金融机构产品创新，培育信用服务机构和信用服务市场。

本市设立信用服务业发展引导基金，支持信用服务机构提供多样化、定制化的信用服务和信用产品。

第四十一条　相关部门在实施行政许可和审批、政府采购、政府投资工程建设招投标、政策扶持资金拨付等工作中，可以依照有关规定向信用服务机构购买信用咨询、信用评价等信用服务、信用产品，所需费用由其承担。

第四十二条　鼓励行政机关、公共企事业单位在提供公共服务过程中加强与相关企业和信用服务机构的合作，在社会保障卡、市民卡等公共服务凭证中根据持有人的信用状况加载相关企业提供的便利和优惠。

第四十三条　信用服务机构采集、处理信用信息、提供信用产品，应当遵循客观、公正和审慎的原则，自觉接受监管。

信用服务机构对在业务过程中知悉的国家秘密、商业秘密、个人隐私和其他个人信息负有保密义务，不得妨碍国家安全、公共安全和公共利益，不得损害信用主体的合法权益。

第四十四条　下列信用评级评价报告应当由使用单位推送到市社会信用信息平台：

(一)在政府采购、财政性投融资建设项目招投标活动中由信用服务机构出具的信用评级评价报告；

(二)在行政管理活动中要求行政管理相对人提供的信用评级评价报告。

第四十五条　(信用评级评价报告的监管)市社会信用主管部门应当对本条例第四十四条规定的信用评级评价报告开展抽检。

信用服务机构经抽检被认定为出具虚假信用评级评价报告累计三例以上的，限制其从事本条例第四十四条规定的业务。

信用服务机构对抽检认定结果有异议的，可以向市社会信用主管部门提出，市社会信用主管部门应当予以核实，及时处理并答复信用服务机构。

第四十六条　在符合信息安全规定、保护信用主体合法权益的前提下，经信用主体和公共信用信息提供单位的授权许可，市公共信用信息管理机构可以向符合规定条件的信用服务机构开放公共信用信息。

信用服务机构应当将使用前款规定的公共信用信息的情况书面告知市公共信用信息管理机构。

第四十七条　市人民政府可以将市社会信用信息平台归集、存储的公共信用信息数据进行市场应用开发与管理，提供社会信用信息服务。

授权本市使用以及依托本市有关信用数据平台存储、管理的国家及有关单位的信用信息，依照法律、法规规定或者有关协议约定，可以按前款规定市场应用开发与管理。

社会信用信息市场应用开发的具体管理办法，由市人民政府另行制定。

第四十八条　与信用相关的行业协会应当加强行业自律，制定和推行与信用相关的行业规范，提升行业服务能力和公信力。

第四十九条　鼓励市场信用信息采集者将其依法获取的市场信用信息以及对信用主体的信用评价信息按照规定推送至市社会信用信息平台，促进公共信用信息和市场信用信息融合应用。

市场信用信息采集者应当保证信用信息的准确、合法，市社会信用信息平台应当负责对市场信用信息进行筛查，确保信息安全，保障信用主体合法权益。

第五十条　鼓励台湾地区征信机构与大陆征信机构开展合作，为两岸同胞和企业提供征信服务。

支持本市信用服务机构积极参与国际合作，增强信用服务机构的国际影响力。

第六章　法律责任(略)

主要参考文献

一、著作

《马克思恩格斯全集》第10卷,人民出版社1962年版。

张金鉴:《行政学概要》,汉林出版社1982年版。

刘炳瑛:《马克思主义原理辞典》,浙江人民出版社1988年版。

杜维明:《儒家文化的现代转化》,中国广播电视出版社1992年版。

卢之超:《马克思主义大辞典》,中国和平出版社1993年版。

李淮春主编:《马克思主义哲学全书》,中国人民大学出版社1996年版。

诚仲模:《行政法之基本理论》(二),(台北)三民书局1997年版。

卓泽渊主编:《法理学》,法律出版社1998年版。

姜明安主编:《行政法与行政诉讼法》,北京大学出版社、高等教育出版社1999年版。

郭润生、宋功德:《论行政指导》,中国政法大学出版社1999年版。

贾春增:《外国社会学史》,中国人民大学出版社2000年版。

范愉:《非诉讼纠纷解决机制研究》,中国人民大学出版社2000年版。

孙笑侠:《法律对行政的控制——现代行政法的法理解释》,山东人民出版社2000年版。

陈新民:《公法学札记》,中国政法大学出版社2001年版。

莫纪宏:《现代宪法的逻辑基础》,法律出版社2001年版。

莫于川:《行政指导要论——以行政指导法治化为中心》,人民法院出版社 2002 年版。

胡建淼:《行政法学》(第 2 版),法律出版社 2003 年版。

傅红伟:《行政奖励研究》,北京大学出版社 2003 年版。

杨海坤、章志远:《中国行政法基本理论研究》,北京大学出版社 2004 年版。

应松年主编:《当代中国行政法》下卷,中国方正出版社 2005 年版。

朱新力、金伟峰、唐明良:《行政法学》,清华大学出版社 2005 年版。

徐国亮:《政府权威研究》,山东大学出版社 2006 年版。

许宗力:《法与国家权力》(一),元照出版有限公司 2006 年版。

《工商行政管理》编辑部、福建省工商局编:《工商机关行政指导》,中国工商出版社 2006 年版。

高鸿钧:《商谈法哲学与民主法治国——〈在事实与规范之间〉》,清华大学出版社 2007 年版。

罗豪才:《软法与协商民主》,北京大学出版社 2007 年版。

高鸿钧:《商谈法哲学与民主法治国——〈在事实与规范之间〉阅读》,清华大学出版社 2007 年版。

蔡定剑:《公众参与风险社会的制度建设》,法律出版社 2009 年版。

刘福元:《行政自制:探索政府自我控制的理论与实践》,法律出版社 2011 年版。

段海峰:《中国非强制性行政行为研究》,科学出版社 2013 年版。

陆伟明、周继超主编:《行政指导在行政执法中的规范运用——以重庆市北碚区实施行政指导为样本》,知识产权出版社 2013 年版。

[英]弗里德利希·冯·哈耶克:《通往奴役的道路》,滕维藻等译,商务印书馆 1962 年版。

[日]雄川一郎、高柳信一编:《现代的行政》,岩波书店 1966 年版。

[美]约翰·柯林斯:《大战略》,中国人民解放军军事科学院译,战士出版社 1978 年版。

[英]雪莱:《雪莱政治论文选》,杨熙龄译,商务印书馆 1981 年版。

[古希腊]柏拉图:《理想国》,郭斌和等译,商务印书馆 1986 年版。

[美]汉密尔顿等:《联邦党人文集》,程逢如等译,商务印书馆 1982 年版。

[美]克特·W·巴克:《社会心理学》,南开大学社会学系译,南开大学出版社 1984 年版。

[美]罗伯特·A·达尔:《现代政治分析》,王沪宁译,上海译文出版社 1987 年版。

[英]A.布洛克等编:《枫丹娜现代思潮词典》,社会科学文献出版社 1988 年版。

[英]罗杰·科特威尔:《法律社会学导论》,潘大松译,华夏出版社 1989 年版。

[日]西冈、久·松本、昌悦、川上宏二郎:《现代行政法概论》,康树华译,甘肃人民出版社 1990 年版。

[英]罗德·里克·马丁:《权力社会学》,丰子义等译,三联书店 1992 年版。

[美]列奥·施特劳斯、约瑟夫·克罗波西:《政治哲学史》(上),李天然等译,河北人民出版社 1993 年版。

[美]道格拉斯·C·诺思:《经济史中的结构与变迁》,陈郁、罗华平等译,上海人民出版社 1994 年版。

[日]棚濑孝雄:《纠纷的解决与审判制度》,王亚新译,中国政法大学出版社 1994 年版。

[古罗马]西塞罗:《论共和国　论法律》,王焕生等译,中国政法大学出版社 1997 年版。

[英]M.J.C.维尔:《宪政与分权》,苏力译,三联书店 1997 年版。

[英]弗里德利希·冯·哈耶克:《自由秩序原理》(上),邓正来译,三联书店 1997 年版。

[美]利普赛特:《政治人》,刘钢敏、聂蓉译,上海人民出版社 1997 年版。

[法]莫里斯·奥里乌:《行政法与公法精要》,龚觅等译,春风文艺出

版社 1999 年版。

[美]戴维·波普诺:《社会学》,李强等译,中国人民大学出版社 2000 年版。

[德]哈特穆特·毛雷尔:《行政法学总论》,高家伟译,法律出版社 2000 年版。

[美]丹尼斯·朗:《权力论》,陈振伦、郑明哲译,中国社会科学出版社 2001 年版。

[美]莱斯利·里普森:《政治学的重大问题——政治学导论》,刘晓等译,华夏出版社 2001 年版。

[美]理查德·B·斯图尔特:《美国行政法的重构》,沈岿译,商务印书馆 2002 年版。

[美]约瑟尔·M·林登:《无缝隙政府:公共部门再造指南》,汪大海等译,中国人民大学出版社 2002 年版。

[德]哈贝马斯:《在事实与规范之间》,童世骏译,三联书店 2003 年版。

[法]巴斯夏:《财产、法律和政府》,秋风译,贵州人民出版社 2003 年版。

[英]卡罗尔·哈洛、理查德·罗林斯:《法律与行政》,商务印书馆 2004 年版。

[英]菲利普·本:《刑罚与威慑》,《比较刑法》第 2 卷(刑罚基本理论专号),邢馨宇译,中国检察出版社 2004 年版。

[德]魏德士:《法理学》,丁晓春、吴越译,法律出版社 2005 年版。

[美]约瑟夫·S·奈:《软力量》,吴晓辉、钱程译,东方出版社 2005 年版。

[美]约瑟夫·S·奈:《硬权力与软权力》,门洪华译,北京大学出版社 2005 年版。

[美]斯科特·戈登:《控制国家——从古代雅典到今天的宪政史》,应奇等译,江苏人民出版社 2005 年版。

[法]爱弥儿·涂尔干:《职业伦理与公民道德》,渠东、付德根译,上

海人民出版社 2006 年版。

[美]亨德里克·房龙:《宽容》,晏榕译,国际文化出版公司 2007 年版。

[美]罗森布鲁姆·奥利里:《公共管理与法律》,张梦中译,中山大学出版社 2007 年版。

[日]盐野宏:《行政法总论》,杨建顺译,北京大学出版社 2008 年版。

[日]南博方:《行政法》(第 6 版),杨建顺译,中国人民大学出版社 2009 年版。

[美]理查德·拉克曼:《国家与权力》,郦青等译,上海世纪出版集团 2013 年版。

Max Weber, *Economy and Society*, edited by Guenther Richland Claus Wittich, New York: Bedminster Press, 1968, Volume Two.

BLACK'S LAW DICTIONARY, 1973.

Robert Bierstedt, *Power and Progress: Essays on Sociological Theory*, New York: McGraw-Hill, 1974.

Leo Strauss & Joseph Criseydes, *History of Political Philosophy*, Chicago: The University of Chicago Press, 1987.

Joseph S. Nye, Jr., "Soft Power," *Foreign Policy*, Fall, 1990.

Joseph S. Nye, Jr., *Bound to Lead: The Changing Nature of American Power*, New York: Basic Books, Inc., 1990.

William Robinson, *Promoting Polyarchy: Globalization, US Intervention, and Hegemony*, Cambridge: Cambridge University Press, 1996.

Jürgen Habermas, Between Facts and Norms: Contributions to a Discourse Theory of Law and Democracy, Beijing Sanlian Press: 2003.

二、论文

杨海坤:《行政指导——政府管理的一种新方式》,《河北学刊》1988 年第 4 期。

杨海坤:《论行政奖励》,《法学研究》1989 年第 3 期。

陈泉生:《行政指导刍议》,《法学研究》1991 年第 4 期。

[日]根岸哲:《日本的产业政策与行政指导》,鲍荣振译,《环球法律评论》1992 年第 1 期。

孙晓春:《戊戌、辛亥时期民主主义思潮初论》,《吉林大学社会科学学报》1994 年第 1 期。

关保英:《论市场经济与行政合同内涵的转变》,《法律科学》(西北政法学院学报)1994 年第 1 期。

刘立新:《日本行政指导述评》,《法学家》1995 年第 3 期。

孙英:《权利义务新探》,《中国人民大学学报》1996 年第 1 期。

[美]Rugh A. Wallace & Alison Wolf:《当代社会交换论的权力观析评》,王茂福、黄勤译,《武当学刊》(哲学社会科学版)1996 年第 2 期。

王天华:《试论中国的行政指导实践》,《行政与法》1996 年第 3 期。

王天华:《试论中国的行政指导实践》,《行政与法》1996 年第 4 期。

崔卓兰:《行政奖励若干问题初探》,《吉林大学社会科学学报》1996 年第 5 期。

世界银行:《有效的政府》,《科学决策》1997 年第 3 期。

季涛:《行政权的扩张与控制——行政法核心理念的新阐释》,《中国法学》1997 年第 2 期。

王人博:《宪政之累——近代中国宪政文化的沉思》,《现代法学》1997 年第 4 期。

崔卓兰:《试论非强制行政行为》,《吉林大学社会科学学报》1998 年第 5 期。

程燎原:《宪政与现代化》,《现代法学》1999 年第 1 期。

莫于川:《非权力行政方式及其法治问题研究》,《中国人民大学学报》2000 年第 2 期。

吴国千:《中国行政指导的实践及其问题研究》,《资料通讯》2000 年第 5 期。

汤俪瑾:《重新认识行政指导的本质以解决其救济问题》,《当代法学》2000 年第 6 期。

漆多俊:《论权力》,《法学研究》2001 年第 1 期。

王锡锌、邓淑珠:《行政事实行为再认识》,《行政法学研究》2001 年第 3 期。

应松年、薛刚凌:《论行政权》,《政法论坛》(中国政法大学学报)2001 年第 4 期。

李元书、李宏宇:《论权力的实质、渊源和特性》,《学习与探索》2001 年第 6 期。

张树义、梁凤云:《现代行政权的概念及属性分析》,《国家行政学院学报》2002 年第 2 期。

胡敏洁:《行政相对人程序性权利功能分析》,《江南大学学报》(社科版)2002 年第 2 期。

关保英:《论行政权的自我控制》,《华东师范大学学报》(哲学社会科学版)2003 年第 1 期。

张成福:《信息时代政府治理:理解电子化政府的实质意涵》,《中国行政管理》2003 年第 1 期。

崔金云:《合法性与政府权威》,《北京大学学报》(国内访问学者、进修教师论文专刊),2003 年。

代正群:《信息技术对公共行政的影响》,《湖南城市学院学报》(人文社会科学版)2003 年第 2 期。

王冰、杨虎涛:《自发信誉机制与社会强制信誉机制》,《江汉论坛》2003 年第 3 期。

上海市人民政府行政法制研究所“行政指导”课题组:《中国行政指导的实践与理论研究(上)》,《政治与法律》2003 年第 3 期。

许多奇:《从“分业”到“混业”:日本金融业的法律转变及其借鉴》,《法学评论》2003 年第 4 期。

廖扬丽:《论法理型政府权威的一般理论》,《齐齐哈尔大学学报》2003 年第 9 期。

苏玉堂:《建国以来我国行政奖励体系的演变》,《北京党史》2004 年第 2 期。

田启波:《马克思社会评价思想的历史考察》,《江汉论坛》2004 年第 7期。

姜明安:《制定行政程序法应正确处理的几对关系》,《政法论坛》2004 年第 9 期。

黄舒芃:《法律保留原则在德国法秩序下的意涵与特征》,《中原财经法学》2004 年第 13 期。

张艳丽:《行政权运行机制试析》,《学习与探索》2005 年第 1 期。

王锡锌:《中国行政执法困境的个案解读》,《法学研究》2005 年第 3 期。

王锡锌:《中国行政执法困境的个案解读》,《法学研究》2005 年第 3 期。

朱最新:《行政权概念新释》,《武汉大学学报》(哲学社会科学版)2005 年第 6 期。

喻中:《论行政权的两种形态及其法理意蕴——以授权性规范的表达方式为视角》,《社会科学》2005 年第 8 期。

朱最新:《社会转型中的行政调解制度》,《行政法学研究》2006 年第 2 期。

刘安伟:《泉州市工商局开展行政指导的实践历程》,《工商行政管理》2006 年第 3 期。

孙居涛、易重华:《重塑政绩考核体系是构建和谐社会的重要环节》,《学习论坛》2006 年第 3 期。

柳成焱:《论"人民公仆"理论的历史由来和基本要求——对〈江泽民文选〉中"公仆意识"的政治学解读》,《云南行政学院学报》2006 年第 6 期。

江宜怀:《我国警察权现代转向中的若干问题探析》,《中国人民公安大学学报》2006 年第 6 期。

喻少如:《多元纠纷解决机制中的行政调解》,《学术界》2007 年第 6 期。

徐祖荣:《构建以 GDP 和 GNH 为主要内容的地方政府政绩考核体系》,《求实》2007 年第 9 期。

尹夕阳:《论法律保留原则》,武汉大学硕士学位论文,2008 年。

吴开明:《浅谈新形势下强化政府的非权力性权威》,《中国行政管理》2008 年第 1 期。

蒋红珍:《非正式行政行为的内涵——基于比较法视角的初步展开》,《行政法学研究》2008 年第 2 期。

姜艳生:《对建立干部绿色政绩考核体系的思考》,《领导科学》2008 年第 3 期。

崔卓兰、刘福元:《行政自制——探讨行政法理论视野之拓展》,《法制与社会发展》2008 年第 3 期。

门中敬:《二元构成视角下的行政权》,《烟台大学学报》(社会科学版)2008 年第 4 期。

刘五生等:《行政奖励的法律规制研究》,《政府法治研究》2008 年第6 期。

范愉:《行政调解问题刍议》,《广东社会科学》2008 年第 6 期。

刘五生等:《行政奖励的法律规制研究》,《政府法治研究》2008 年第 6期。

高放:《“公仆”的理念与实践》,《中国浦东干部学院学报》2008 年第 6期。

门中敬:《行政软权力的特征和价值与功能》,《法学论坛》2009 年第 1期。

江必新:《行政法学研究应如何回应服务型政府的实践》,《现代法学》2009 年第 1 期。

门中敬、余湘青:《行政软权力:行政权重塑的另一个侧面》,《中国行政管理》2009 年第 2 期。

张晓丽:《法国行政调解专员制度探析》,《法制与社会》2009 年第 4 期上。

毛玮:《行政法红灯与绿灯模式之比较》,《法治论丛》2009 年第 4 期。

程关松:《公法理论中的三种功能主义范式》,《江西社会科学》2010 年第 9 期。

朱春华:《公共警告与“信息惩罚”之间的正义——“农夫山泉砒霜门

事件”折射的法律命题》,《行政法学研究》2010 年第 3 期。

郭庆珠:《ADR 在化解社会矛盾中的功能机制研究——以行政调解为研究样本》,《法学杂志》2011 年第 1 期。

门中敬:《行政软权力的法律规制模式研究》,《法学论坛》2011 年第 1期。

章志远、鲍燕娇:《公布违法事实的法律属性分析》,《山东警察学院学报》2011 年第 11 期。

吴情树:《形式法治与实质法治》,《检察日报》2011 年 2 月 10 日。

闫尔宝:《日本的行政指导:理论、规范与救济》,《清华法学》2011 年第 2 期。

闫尔宝:《日本的行政指导:理论、规范与救济》,《清华法学》2011 年第 2 期。

门中敬:《行政诉讼类型化的目的与标准》,《烟台大学学报》(哲学社会科学版)2011 年第 3 期。

肖望兵:《论服务型政府公共服务职能的有限性》,《湖南科技大学学报》(社会科学版)2011 年第 6 期。

于进、陈昊:《对价格违法行为应保持高压——访国家发展改革委价检司司长许昆林》,《中国经济导报》2011 年 8 月 9 日。

董星:《非正式行政行为研究》,南京工业大学硕士学位论文,2012 年。

史卫民:《论我国行政调解的适用范围与法律效力》,《理论月刊》2012 年第 1 期。

章志远:《作为行政强制执行手段的违法事实公布》,《行政法研究》2012 年第 1 期。

江必新:《中国行政合同法律制度:体系、内容及其构建》,《中外法学》2012 年第 6 期。

薛金礼、孙津:《以完善政绩考核体系健全群众利益诉求表达机制》,《辽宁行政学院学报》2013 年第 6 期。

陆益龙:《转型中国的社会秩序构建机制研究》,《人民论坛・学术前沿》2013 年 9 月下。

杜宏伟:《行政合同的基础理论与行政程序法的最新发展——第十五届海峡两岸行政法学学术研讨会综述》,《行政法研究》2014 年第 1 期。

王敬波:《基于服务行政的法治政府发展趋势——以〈柔性行政方式法治化研究〉为分析视角》,《哈尔滨工业大学学报》(社会科学版)2014 年第 1 期。

章志远:《作为声誉罚的行政违法事实公布》,《行政法研究》2014 年第 1 期。

门中敬:《中国富强宪法的理念传承与文本表征》,《法学评论》2014 年第 5 期。

温丙存:《日常生活、行政权威与乡村秩序的三重再生产——行政调解的乡村实践逻辑》,《南京农业大学学报》(社会科学版)2015 年第 5 期。

刘勋:《行政奖励应及时走出灰色地带》,《法制日报》2016 年 1 月 14 日。

刘太祥:《简牍所见秦汉行政奖励制度》,《南都学坛》(人文社会科学学报)2017 年第 1 期。

门中敬:《规范行政保留的宪法依据》,《国家检察官学院学报》2017 年第 1 期。

姜伟国:《论行政奖励的形式及其法制化——基于市场经济社会的法律思考》,《时代法学》2017 年第 1 期。

孙晋、蒋蔚:《行政指导型垄断的若干基本问题》,《法学杂志》2017 年第 4 期。

马太建:《推进政府合同规范化程序化法治化》,《唯实》2017 年第 4 期。

刘春:《行政保留的法治逻辑及其规范构成》,《中南大学学报》(社会科学版)2018 年第 1 期。

钱坤、张翔:《从议行合一到合理分工:我国国家权力配置原则的解释历史》,《国家检察官学院学报》2018 年第 1 期。

黎瑞、蒋建湘:《论中国古代的公众参与反腐及当代启示》,《湖湘论坛》2018 年第 4 期。

王锴:《论行政事实行为的界定》,《法学家》2018 年第 4 期。

林孙俊:《行政指导的性质与程序控制》,《领导科学论坛》2018 年第 11 期。

Talcott Parsons, "On the Concept of Political Power," *Proceedings of the American Philosophical Society* ,Vol. 107, No. 3(Jun 1963).

Joseph S. Nye,Jr. ,"The Changing Nature of World Power,"*Political Science Quarterly*,Vol. 105,No. 2,1990.

后记

“十一”放假前,《行政软权力与法治政府建设》一书终于完稿了,这让我长舒了一口气,欣喜和放松之余,不免有诸多感慨。

在读博士期间,受罗豪才教授、姜明安教授和莫于川教授的影响,加之个人对功能主义的关注和对行政权力的一些粗浅认识,有了将行政权划分为硬权力和软权力的想法,并形成了关于行政软权力的系列研究论文,分别发表在《中国行政管理》《法学论坛》《烟台大学学报》(哲学社会科学版)等杂志上。在研究过程中发现,以论文的形式很难将“行政软权力”“政府法治”的面貌全部勾画出来,故而有了将其编撰成册、以便能够进行详尽阐释的想法。不过,在研究论文的基础上编写书稿是一件很费心思的工作,因为无论是研究的框架还是结构,都很难达到逻辑结构严谨、体系完整的状态,所以就搁置了这一想法。2017 年,恰逢山东大学出版社组织申报国家出版基金项目“法治中国创新研究”系列丛书,希望将本书编入其中,这才有了付诸实施的动力。

当初写作行政软权力系列论文时,有一个初衷,即中国的法治建设不能脱离当前中国的政治现实和国情,在建设社会主义法治政府的过程中,应当更加重视功能主义理论视域下的服务政府建设,以便为公众参与国家和社会的公共治理提供行动的空间。进而言之,行政软权力的运用有助于政府服务职能的提升和国家作用的落实,用今天比较时髦的话来说,就是落实人民的主体性。在撰写本书的过程中,我的这一态度是始终明确而鲜明的。

本书的成书过程极为艰辛，为将已经发表的论文扩展成书，不得不增加一些内容，加之时间紧迫，这一过程近乎煎熬。幸运的是，在写作过程中我得到了诸多师友和家人的无私帮助。感谢肖金明教授对本书写作的支持和鼓励，感谢我的研究生张纪宇、文吉林、赵玉洁、李鑫鹏、武思蒙、赵雪莹、吕航航对文字校对、资料收集方面的帮助，还要感谢我的夫人在我写作书稿期间对家务劳动的付出。此外，山东大学出版社对本书的写作和出版非常关心，并在此过程中给予了很大的帮助。正是他们的帮助，本书才得以顺利出版发行，借此机会向大家表示真挚的谢意。

为方便阅读和理解，我对这篇文章中的一些关键性术语进行了标注，并尽可能做到通俗易懂。但是，由于时间匆忙，加之论文发表时间跨度长，导致本书在文字表达风格的一致性、逻辑进路的完整性以及结构安排方面，都存在着诸多无法弥补的问题与缺憾。但也正像是尼采所言："书一旦脱稿之后，便以独立的生命继续生存了"，其功过得失只好交由后人评判。不过，对于行政软权力的研究，我会持续予以关注，并期冀在不久的将来奉献更好的学术成果，以此感谢诸君对我的支持和厚爱。

由于时间紧迫，书中的错误和缺陷是不可避免的，希望读者们能够不吝赐教。

门中敬

丁丑年仲秋于青岛守寓斋